내부자가 파헤치는
마이크로소프트 혁신의 비밀

The Insider's Guide to Innovation at Microsoft
© 2025 Dean Carignan, JoAnn Garbin, Eric Horvitz.
Original English language edition published by Post Hill Press 1604 Westgate Circle, Suite 100,
Brentwood Tennessee 37027, USA. Arranged via Licensor's Agent: DropCap Inc.
All rights reserved.
Korean translation rights © 2025 Hansmedia
Korean Translation Edition published by arrangement with Post Hill Press through DropCap Inc.
and AMO Agency, Korea.

이 책의 한국어판 저작권은 AMO 에이전시를 통해 저작권자와 독점 계약한 한스미디어에 있습니다.
저작권법에 의해 한국 내에서 보호를 받는 저작물이므로 무단 전재와 무단 복제를 금합니다.

The Insider's Guide to
Innovation @ Microsoft

내부자가 파헤치는
마이크로소프트 혁신의 비밀

딘 캐리그넌, 조앤 가빈 지음 | 이윤진 옮김

한스미디어

| 추천의 글 |

미쳤다. 내가 마이크로소프트의 혁신에 관한 책에 추천사를 쓰고 있다니. 하지만 이 책은 마이크로소프트가 끊임없이 변화하고 살아남을 수 있었던 메커니즘과 사고방식을 포괄적으로 보여준다. 내부 전략과 생생한 통찰을 공개함으로써 독자들에게 마이크로소프트가 경쟁 우위와 영향력 그리고 시장 가치를 어떻게 키워왔는지에 대한 전술을 전수한다.

가이 가와사키 Guy Kawasaki
디자인 스타트업 캔바Canva 수석 에반젤리스트, 전 애플 수석 에반젤리스트
팟캐스트 〈리마커블 피플Remarkable People〉 진행자

이건 단순한 책이 아니다. 마이크로소프트의 창의성과 지속적 학습이 이뤄지는 공장에 들어갈 수 있는 황금 티켓이다. 혁신의 성공 사례로 가득해서 형광펜 하나로는 부족할 것이다. 숨 쉬듯 자연스러운 혁신의 자기 파괴적 세계에 뛰어들 준비가 됐다면, 주저하지 말고 들어와 보라! 간결하고 명확하며 매혹적인 책이다.

휘트니 존슨 Whitney Johnson
『Disrupt Yourself(자신을 파괴하라)』 저자
디스트립션 어드바이저Disruption Advisors CEO, 클레이튼 크리스텐슨 파괴적혁신펀드Clayton Christensen's Disruptive Innovation Fund 공동설립자

『블루오션 시프트』가 『블루 오션 전략』의 실행을 안내하듯, 『마이크로소프트 혁신의 비밀』은 마이크로소프트의 핵심 혁신 전략을 잠금 해제해 보여준다.

르네 마보안 Renée Mauborgn
INSEAD 블루오션 전략연구소 공동 소장 겸 교수
『블루오션 전략』, 『블루오션 시프트』, 『비욘드 디스럽션』 공동 저자

이 책은 마이크로소프트가 조직 구조부터 고객 참여 전략에 이르기까지 전체적인 가치 사슬을 어떻게 혁신하여 지속가능한 혁신을 추진하고 큰 가치를 창출했는지를 탐구한다. 견고한 혁신 전략을 구축하는 방법을 이해하고자 하는 사람이라면 눈을 뗄 수 없을 것이다.

개리 피사노 Gary P. Pisano
하버드 경영대학원 해리 E. 피기 Harry E. Figgie, Jr. 경영학 교수
『혁신의 정석』 저자

내가 마이크로소프트에 있었던 시간은 빠른 전환의 연속이었다. 발머에서 사티아로, 라이선스에서 사용 기반으로, 디스크에서 다운로드로, 온프레미스on-premise에서 클라우드로. 하지만 마이크로소프트는 항상 진화해 왔고, 종종 대중에게는 보이지 않는 방식으로 지금까지도 변화하고 있다. 캐리그넌과 가빈은 마이크로소프트의 다양한 시대를 아우르는 사례들을 모아, 세상에서 가장 핵심적인 기술 기업이 어떻게 그렇게 성공적일 수 있는지를 보여준다.

맷 월러트Matt Wallaert
MattWallaert.com, BeSci.io 설립자, 『끝에서 시작하라』 저자

『마이크로소프트 혁신의 비밀』은 '어디서든 놀라운 일을 만드는 내부자 가이드'로 불러도 손색이 없다. 이 책은 세계에서 가장 성공한 기업 중 하나가 어떻게 기업가적 정신과 행동을 활성화하여 변혁적인 성과를 이루는지를 뒷모습까지 들여다볼 수 있게 해준다.

카이한 크리펜도프Kaihan Krippendorff
아웃싱커스 네트워크Outthinker Networks 설립자
『Driving Innovation from Within(내부에서 혁신을 이끌어내는 방법)』 저자

이 책은 단순한 성공 사례 모음집이 아니다. 기술 발전과 사회적 가치를 우선시하는 혁신 문화를 어떻게 구축할 수 있는지에 대한 종합 안내서이다. 당신이 기업가이든, 최고경영진이든, 사회 변화를 꿈꾸는 사람이든, 이 책은 목적을 혁신 전략에 통합하고, 수익성 있고 긍정적 영향을 남기는 유산을 만드는 데 영감을 줄 것이다.

수전 맥퍼슨Susan McPherson
맥퍼슨 전략컨설팅 창립자 겸 CEO
「The Lost Art of Connecting(잃어버린 연결의 기술)」 저자

『마이크로소프트 혁신의 비밀』은 책임감 있는 차세대 비즈니스 및 기술 리더를 교육하기 위한 중요한 청사진을 제시한다. 학문 이론과 실무 현장의 간극을 메우며, 혁신과 긍정적인 사회 영향력을 동시에 이끌어낼 수 있는 리더를 양성하고자 하는 경영대학에 없어서는 안 될 교재다.

캐리 크로신스키Cary Krosinsky
작가, 선임 고문, 지속 가능 금융 연구소Sustainable Finance Institute 공동설립자
하버드대·브라운대·예일대·뉴욕대 강사

이 책이 특별하고 필요한 이유는 저자들이 수십 년 동안 실제로 성공적인 혁신을 경험해 왔고, 그 다양한 형태와 기능을 직접 목격했으며, 혁신에 대한 이론과 신화를 넘어 실제로 번영하는 데 필요한 패턴과 통찰을 책 속에 정제해 담았기 때문이다. 이 책은 반드시 소장하고 읽어야 할 필독서다.

래리 로버트슨 Larry Robertson
라이트하우스 컨설팅 Lighthouse Consulting 설립자, 혁신 자문가
『The Language of Man(인간의 언어)』『Rebel Leadership(반란 리더십)』저자

우리는 종종 위대한 아이디어와 돌파의 순간을 칭송하지만, 진정한 혁신은 일관되고 꾸준한 일상적 실천에서 비롯된다는 점을 과소평가하곤 한다. 딘 캐리그넌과 조앤 가빈은 혁신 과정을 훌륭하게 해독해 냈으며, 이 책을 모든 리더와 기업가에게 꼭 필요한 지침서로 만들었다.

이예바 마르티나이티테 Ieva Martinaityte 박사
창의성 과학자, 『Productive Creativity Method(생산적인 창의성 방법)』저자
직장 내 창의성 교수

혁신과 지속가능성은 뗄 수 없는 관계이다. 재생 사업이나 넷 포지티브net positive를 구축하는 것은 비즈니스의 다음 진화 단계이며, 『마이크로소프트 혁신의 비밀』은 우리를 그 길로 이끄는 혁신적인 사고방식과 실천에 대해 매우 귀중한 조언을 제공한다.

앤드루 윈스턴Andrew Winston
비즈니스 전략 및 지속가능성 분야의 선도적 자문가
강연자, 베스트셀러 작가

이 책을 우리의 가족들에게 바칩니다.

플라비아Flavia, 루카스Lucas 그리고 에릭Eric

제인Jane, 팀Tim, 에드Ed 그리고 조지George

이 책은 도전하는 모든 이들을 위한 것이다.

우리는 혁신이란 가치를 창출하는 행위라고 믿는다. 그리고 그 정의에 걸맞은 책을 쓰기 위해 밤낮없이 노력했다. 이 책이 여러분의 책상 위, 소중하게 아껴보는 참고도서들 옆, 항상 손 닿는 곳에 놓여 있기를 바란다. 밑줄을 긋고, 여백에 메모도 잔뜩 써놓고, 모서리를 접고 별표나 물음표, 느낌표도 가득 표시하는 책이 되기를 바란다. 이 책에서 한두 가지 도구를 골라 직접 활용해 본다면 더욱 좋겠다.

무엇보다 더 많은 혁신을 이뤄낼 여러분에게 이 책이 작게나마 힘이 되길 바란다. 마이크로소프트의 이야기들을 여러분과 나눌 수 있어 정말 기쁘다. 그리고 이 여정을 함께해주어 진심으로 감사하다.

앞으로 전진!

루돌프 디젤Rudolf Diesel은 발상과 발명,
혁신의 차이를 이렇게 설명했다.

"아이디어가 떠오르는 순간은 창조적인 정신 활동으로 즐거운 때다.
이 시기는 아직 현실과는 아무런 관련이 없으므로
모든 게 가능할 것처럼 느껴진다.

아이디어를 실행에 옮기는 단계는 실현에 도움이 되는 모든
수단을 준비하는 시간이다. 여전히 창조적이고 즐겁지만,
자연적인 장애물을 극복하는 과정이기도 하다.
설령 실패하더라도 이 과정을 통해 단련되고 고양된다.

그러나 그 아이디어를 도입하려는 순간부터 어리석음과 시기
질투, 무관심과 악의, 은밀한 방해와 노골적인 이해 충돌과의
싸움이 시작된다. 사람들과 부딪히는 끔찍한 시기다.
성공하더라도 그것은 순교와도 같은 것이다."

『디젤 엔진의 탄생Die Entstehung des Dieselmotors』, 베를린, 1913

| 차례 |

추천의 글   4
서문   20
들어가며   23
가설 | 사례들 | 패턴들

이 책을 읽는 방법   39

The Cases: 7가지 케이스

XBOX 혁신 문화를 조성한다   43

Xbox: 게임 경험의 혁신 | Xbox 360: 게임 사업의 성숙
BXT: 혁신 성공을 위한 프레임워크 | Xbox One: 출시 실패
Xbox One 이후: 신뢰 재구축 | 오늘날의 Xbox팀
혁신하는 문화 | 이어지는 이야기

비주얼 스튜디오 코드 혁신가의 딜레마를 수용한다   70

무에서 유로 성장할 수 있는 자유 | 성장에서 확장으로
만든 제품 직접 사용하기 | 제로섬 게임이 아니다

마이크로소프트 오피스 전략적 디자인으로 가치를 창출한다   89

디자인이 우선: 거대한 피라미드를 재구성하다 | 새로운 기능 금지
디자이너의 도구 상자를 열다 | 디자인 도구 몇 가지 더
훌륭한 사용자 경험 만들기 | 엔지니어링이 길을 찾다
성공의 척도 | 생각, 행동, 감정 | 준비가 결실을 맺다

코그니티브 서비스 극한의 협업으로 패배를 극복한다   110

처음에 성공하지 못하더라도 | 잠깐, 왓슨은 어땠을까?
다시 도전 | 패배할 시간은 없다 | 복리 효과 | 모두가 이기는 게임
성장통 | 성숙을 향해

마이크로소프트 리서치 미래로 가는 다리를 놓다   131

MSR의 첫 번째 도전 | 야망에서 현실로
계산할 수 없는 위험을 위한 공간 마련 | 유일한 상수는 변화
큰 실책 | 혁신에 더욱 전념하다 | 앞으로의 길

빙 언더독의 이점을 활용한다   156

구글이 없었다면 빙도 없었을 것이다 | 성장이 성장을 낳는다
제약은 창의성을 낳는다 | 숨은 영웅을 찾습니다
학습을 위한 실험 | 지속적인 성장 달성 | 신기술 수용
딥러닝 생태계 구축 | 그리고 모든 것이 바뀌었다
모험은 계속된다

책임 있는 혁신 부수지 않고 빠르게 움직인다   183

다섯 가지 여정 | 성공 요인: 새로운 사고방식이 필요하다

The Patterns: 4가지 패턴

패턴 1: 매일 혁신 혁신을 표준화하고 구조화하며 신뢰할 수 있게 만든다   209

운영화란 무엇인가? | 매일 혁신의 기반을 다진다
혁신은 순환한다

패턴 2: 수년간의 혁신 지속적이고 적응력 있는 혁신을 달성한다   235

혁신의 전체 수명주기란? | 왜 이렇게 어려운 걸까?
혁신을 더 쉽게 만드는 방법
변화의 곡선을 헤쳐 나가는 실용적인 조언

패턴 3: 모두가 함께하는 혁신 감정으로 변화를 이끈다   256

혁신의 가장 큰 경쟁자 | 관성 극복: 행동 변화의 여정
과정을 실천으로 옮기기
마지막 팁: 마케팅과 더 일찍 협업하라

패턴 4: 기술 이상의 혁신 가치 사슬 전체를 혁신한다   278

일상적 혁신과 근본적 혁신을 넘어서
피드백 루프: 수요와 공급의 매핑 | 모두 종합해 보면

결론 300
기본 원칙 1: 혁신은 회사 전체의 노력이다
기본 원칙 2: 혁신은 순환한다
기본 원칙 3: 혁신은 신뢰 위에서 움직인다
맺음말 | 대화는 계속되어야 한다

감사의 글 306
주석 308
참고문헌 314

서문

혁신은 종종 막연하고 포괄적인 용어로만 논의된다. 그래서 정작 이를 실제로 이끌고 지속시키는 근본적인 힘은 가려지곤 한다. 혁신의 중심에는 깊은 호기심과 활발한 상상력이 있고, 가능성에 대한 낙관적 비전에서도 에너지를 얻는다. 하지만 아무리 탁월한 아이디어라도 현실 세계에 영향을 미치는 데까지는 상당한 거리가 존재한다.

훌륭한 아이디어가 실제 혁신으로 이어지기 위해서는 역동적이고 힘을 실어주는 학습 조직 안에서 유망한 도전들이 길러지고 인정받아야 한다. 조직의 모든 구성원에게 혁신을 장려해야 하고, 동료와 리더가 모두 이를 몸소 실천해야 한다.

1993년 스탠퍼드대학에서 박사 과정을 마무리할 무렵에 창업한 AI 스타트업이 마이크로소프트에 인수되면서 나도 자연스럽게 합류하게 되었다. 당시 젊은 창업가였던 나는 큰 조직에 들어가면 우리 팀이 가진 창의적인 정신이 약해지지 않을까 걱정했다. 마이크로소프트의 첫 AI 연구팀 중 하나를 구성하면서, 나는 공동 창업자들에게 이렇게 말한 기억이 난다. 우리의 혁신적 우위를 유지하기 위해 노력하고 마이크로소프트를 '우리의 새로운 스타트업'으로 생각하자고. 그리고 그 기대를 저버리지 않았다.

지난 30여 년간 나는 마이크로소프트에서 수많은 혁신 여정을 목도하고 그 여정에 직접 참여하는 짜릿한 경험을 해왔다. 마이크로소프트 리서치에서 여러 리더십 역할을 거쳐 최고과학책임자Chief Scientific Officer로 일하는 지금까지 세 명의 CEO와 수많은 리더와 엔지니어, 연구자 들과 협력해 왔다. 마이크로소프트의 혁신에 대한 헌신은 창립 초기부터 오늘날까지 변함없이 이어지고 있으며, 그 의지는 여전히 강력하다고 자신 있게 말할 수 있다.

이처럼 반세기에 걸쳐 지속된 혁신의 빠른 속도는 면밀히 살펴볼 가치가 있다.『마이크로소프트 혁신의 비밀』은 마이크로소프트의 가장 획기적인 제품과 서비스를 탄생시킨 비옥한 토양과 동력을 깊이 들여다볼 수 있는 특별한 기회를 제공한다. 이 책은 특히 기술 분야 종사자들에게 유용하겠지만, 다양한 분야와 조직 전반에 적용할 수 있는 여러 교훈도 담고 있어 더 폭 넓은 독자층에게도 의미 있을 것이다.

공동 저자 딘 캐리그넌과 조앤 가빈은 혁신적인 환경에서 쌓은 풍부한 경험을 바탕으로 깊이 있는 통찰과 교훈을 제공한다. 딘은 다양한 산업 분야에서 경력을 쌓았으며, 마이크로소프트에서만 20년을 근무하며 Xbox 같은 전략적 프로젝트부터 마이크로소프트 리서치의 AI 연구 지원까지 다양한 경험을 했다. 현재는 최고과학책임자실에서 선도적 프로젝트를 이끌고 있다. 조앤은 지속가능성과 기술이 교차하는 분야에서 크고 작은 기업들과 협업했다. 이렇게 풍부한 기업가적 경험을 바탕으로 지난 15년간 혁신가들의 교훈을 정리하고 개인과 팀을 위해 모범 사례를 개발하는 데 집중해 왔다.

딘과 조앤의 상호보완적인 배경 덕분에 이 책에 실린 이야기와 분석이 더욱 풍부해졌다. 책에는 마이크로소프트의 50년 역사에서 주요한 성과를 다룬 유익한 여러 사례 연구가 담겨 있다. 또한 저자들은 팀이 어떻게 기회를 포착하고 도전을 극복했는지 보여주는 흥미로운 혁신 이야기들을 공유하고, 폭넓은 연구와 심층 인터뷰를 바탕으로 주요 성과를 가능하게 했던 숨은 많은 동력도 밝혀낸다.

『마이크로소프트 혁신의 비밀』은 마이크로소프트의 영향력 있는 성취를 따라가는 흥미로운 여정일 뿐만 아니라, 어떤 분야의 혁신에도 적용할 수 있는 귀중한 교훈도 담고 있다. 기술에 관심 있는 사람은 물론, 단순히 호기심 많은 독자에게도 이 책의 이야기와 성찰은 깊은 사고를 자극하고 영감을 줄 것이다.

2024년 7월

워싱턴주 레드먼드에서

에릭 호비츠 Eric Horvitz

| **들어가며** |

상상해 보자.

지금은 2000년, 당신은 마이크로소프트에서 일하고 있다. 당신이 속한 팀은 비디오 게임 콘솔 사업을 시작하려고 한다. 사실 이 프로젝트는 생명유지장치를 달고 있는 것과 다름없다. 사실 이것도 과분한 표현이다. 생명을 유지 중이라는 건 적어도 시스템 일부는 제대로 작동하고 있다는 뜻이니까 말이다. 하지만 팀이 만든 시제품은 접착테이프와 껌으로 고정되어 있고, 내킬 때만 작동하는 것처럼 보인다. 경쟁사와 게임 업계뿐만 아니라 마이크로소프트 내부에서도 이 프로젝트가 실패할 거라고 예상한다. 팀 규모도 작고 아직 존재하지도 않는 플랫폼을 전 세계에 출시하기까지 남은 기간은 18개월도 채 되지 않는다. 이런 일은 소니Sony나 닌텐도Nintendo 같은 업계 거대 기업에게도 최소 5년은 필요한 일이다.

이 시점에 당신은 세계에서 가장 치열하고 성공한 기술 리더인 빌 게이츠Bill Gates와 스티브 발머Steve Ballmer를 마주 보고 앉게 된다. 준비된 것은 예비 기획안뿐이지만, 두 사람의 눈을 똑바로 쳐다보며 마이크로소프트의 주력 운영 체제를 사용하지 않겠다고 말해야 한다. 마이크로소프트 윈도Microsoft Windows와의 통합은 빌 게이츠가 직접 지시한 사항이었다. 하지만 이 부분은 당신이 더 잘 안다며 이렇게 설명할 것이다. 윈도는 사무용 생산성에는 최적화되어 있지만, 게이머들이 기대하는 경험을 제공하기에는 너무 무겁고 느리다고.

이게 끝이 아니다.

얼마 지나지 않아 당신은 마이크로소프트 경영진에게 제품 포장 어디에도 마이크로소프트 로고가 들어가서는 안 된다고도 주장하게 된다. 마이크로소프트가 연상되면 고객과 구축하려는 이미지를 망치기 때문이다. 사람들은 마이크로소프트라고 하면 파티션이 있는 사무실과 형광등 불빛, 업무 지구와 같은 것을 떠올린다. 마이크로소프트는 캘린더와 스프레드시트, 이메일, 워드프로세서를 제공하는 회사이지, 게임 세계의 자유와 모험과는 거리가 멀다.

무엇보다 이 모든 일이 빌 게이츠의 공개 발언 이후에 벌어지고 있다. 마이크로소프트는 소프트웨어를 만드는 회사고, 다른 모든 것은 방해물이라고 밝힌 터였다. 당신과 테이블을 사이에 두고 앉아 있는 사람은 소프트웨어가 저비용 고수익 제품이라는 사실을 세상 누구보다 잘 알고 있다. 반면, 하드웨어는 비용이 많이 들고 수익은 매우 낮다. 사실 대부분의 게임 회사는 하드웨어를 손해 보며 판매하고, 비디오 게임 판매에서 투자 비용을 회수하려 한다. 그런데도 당신은 성공하는 유일한 길이 자체 콘솔을 만드는 것이라고 주장한다. 그뿐만이 아니다. 마이크로소프트가 이미 컴퓨터용으로 사용하고 있는 기존 하드웨어를 전혀 활용하지 않을 계획이다. 비용 효율 따윈 접어 두고 모든 세부 사항을 처음부터 새롭게 설계하고 만들어야 게이머들을 끌어올 수 있다.

이쯤 되면 누군가는 이렇게 묻지 않을 수 없다. 어떻게 팀 전체가 보안 요원의 동행하에 주차장으로 이동하고, 개인 물품은 종이 상자에 아무렇게 담기는 결말이 아닌 채로 이런 회의가 끝났을 수 있는지 말이다. 더 정확히 말하면, 어떻게 당신 팀은 모든 역경과 당연한 논리를 뛰어넘어 빌 게이츠와 스티브 발머에게 무려 10억 달러의 투자를 받아낼 수 있었는지 궁금할 것이다.

이 이야기는 하나의 팀과 제품이 20년 동안 어떻게 함께 진화해 왔는지에 관한 것이다. Xbox 사례는 이 책 전반부에 소개되는 일곱 개의 사례 연구 중 하나이며 각 장마다 특정한 도전을 극복해 가는 다양한 인물이 등장하는 독특한 혁신에 관한 일화가 담겨 있다.

각 장은 그 자체로만 보면 별개의 이야기처럼 들리지만, 전체적으로 보면 네 가지 공통된 실천 패턴이 드러난다. 책 후반부에서는 이 네 가지 패턴에 대해 살펴본다. 이 패턴들은 마이크로소프트에서 혁신이 어떻게 일어나는지를 설명한다. 혁신은 매일 그리고 해마다 반복될 뿐 아니라 모든 사람과 함께 모든 비즈니스 영역에서 이루어진다.

왜 이 책인가? 왜 지금인가? 왜 우리인가?

세상에는 혁신을 다룬 책이 넘쳐난다. 1985년에 출간되어 지금까지도 유효한 피터 드러커의 『미래사회를 이끌어가는 기업가 정신Innovation and Entrepreneurship』부터 『혁신기업의 딜레마The Innovator's Dilemma』 『제로 투 원Zero to One』 『린 스타트업The Lean Startup』 『모든 것이 달라지는 순간

Seeing Around Corners』 등 창의성부터 문제해결 그리고 협업에 관한 수천 권의 책과 『넷 포지티브Net Positive』 『AI 이후의 세계The Age of AI』와 같은 주제별 분석서까지 셀 수 없이 많은 책이 세상에 나왔다. 이 책들은 기업과 산업 전반에 걸쳐 혁신의 다양한 측면을 탐구한다. 각기 훌륭한 프레임워크와 도구와 사례 들을 담고 있으며, 이 책을 쓸 때도 많은 부분을 참고했다.

그럼에도 이 책엔 두 가지 중요한 차별점이 있다. 그것은 바로 주제와 저자다.

많은 책이 여러 기업의 혁신 패턴을 살펴보지만, 이 책에서는 단 하나의 기업을 깊이 파헤친다. 왜 마이크로소프트인가? 우선 마이크로소프트는 세계에서 가장 다각화된 기술 회사다. 기업용 소프트웨어부터 소비자 기기, 소셜미디어, 대규모 인프라에 이르기까지 다양한 범주를 아우르고 있다. 사실상 하나의 회사 안에 여러 회사가 있는 셈이며, 모기업을 공유한다는 점이 분석에 공통분모 역할을 했다.

2024년 4월에 마이크로소프트는 창립 50주년을 맞이했다. 지난 50년 동안 단 세 명의 CEO가 회사를 이끌었다. 빌 게이츠는 '모든 책상과 모든 가정에 컴퓨터를' 보급하고자 했던 선구자였고 그 목표는 대부분 실현되었다. 스티브 발머는 무슨 수를 써서라도 이긴다는 신념의 경쟁자였지만, 아이러니하게도 그러한 접근이 큰 손실을 초래했다. 사티아 나델라Satya Nadella는 사람들이 함께 일하는 방식에서 모든 혁신이 시작된다는 통찰을 깨달은 변혁가였다. 이 책에서는 서로 전혀 다른 스타일의 리더십이 이끈 하나의 조직에서 이루어진 수백 가지의 혁신 사례들을 살펴볼 수 있다.

　마이크로소프트는 또한 세계에서 가장 가치 있는 기업 중 하나로, 지난 50년간 거의 내내 그 자리를 지켜왔다. 한 회사에 수십 년에 걸쳐 다양한 혁신적 과제와 기회가 존재한다는 점은 혁신을 연구하고 전파 가능한 실천 방안을 개발하는 데 매우 풍부한 토양이 된다.

　이 책의 두 번째 차별점은 저자들이 마이크로소프트의 내부자라는 점이다. 딘Dean과 조앤JoAnn은 여전히 마이크로소프트 중심부에서 리더로 활동하는 혁신가들이다. 이들은 실제로 현업에서 일하며 전략과 실행을 이끌고, 책 첫머리에 인용한 디젤의 글처럼 새로운 현실을 헤쳐 나가고 있다.

　이 책은 서로 다른 길을 걸어왔지만, 공통점이 많은 두 동료 간의 대화에서 시작되었다. 당시 딘은 마이크로소프트에서 17년간 근무한 베테랑이자 회사 내 여러 혁신 조직에서 활동한 경험이 있는 사내 기업가였다. 반면 조앤은 마이크로소프트에 입사한 지 1년 밖에 되지 않았을 때였다. 하지만 이미 네 개의 수익성 있는 사업과 수많은 프로그램과 제품을 개발한 경험이 있는 기업가적 통찰의 소유자였다. 딘과 조앤은 서로 경력에 관한 이야기를 나누며, 매우 유사한 도전 과제를 많이 겪었고 같은 교훈도 많이 배웠다는 사실을 알게 되었다. 1년간 지속된 대화를 통해 두 사람은 마이크로소프트에서 혁신이 '실제로' 어떻게 이루어지는가에 깊은 흥미를 느꼈고, 세 가지 가설을 세우게 되었다.

가설

혁신에는 일관되게 나타나는 진리가 있다

딘과 조앤은 모든 혁신을 관통하는 일련의 붉은 실이 존재하지 않을까 의심하기 시작했다. 하드웨어인지 소프트웨어인지가 중요할까? 기존 제품을 발전시켰는지, 아니면 완전히 새로운 사업인지가 상관이 있을까? 그들은 이 질문에 답할 가치가 있다고 판단했다. 그래서 고위 경영진부터 실무 현장의 신입 팀원까지 회사 내 모든 사람과 이야기를 나누며 최대한 많은 것을 배우기로 결심했다.

이러한 진리는 마이크로소프트의 다른 사람들에게도 유용하다

정말 모든 종류의 마이크로소프트 혁신에 공통된 진리가 있다면, 이 사실을 공유하는 것은 모든 직원에게 도움이 될 것이다. 딘과 조앤은 자신들의 통찰을 동료들이 창의적인 과정을 탐색할 때 활용할 수 있도록 요약하고 정리하기 시작했다. 작업을 진행하면서 그들은 이러한 교훈이 모든 직원에게 배포될 수 있는 책의 형태가 될 수도 있겠다고 생각한다. 마치 업무 치트키나 비법 모음집처럼 말이다. 말하자면 '마이크로소프트 혁신 요리책'인 셈이다.

이 진리는 마이크로소프트를 넘어 누구에게나 가치가 있다

더 많은 이야기를 들을수록 두 사람은 노트를 채워나가는 교훈들이 기술 자체보다는 오히려 기술을 만든 사람들과 훨씬 더 깊은 관련이 있다는 사실을 깨달았다. 탁월한 경영 사례와 아쉬운 판단 실수, 뛰어난 운영 능력, 전략적 실패, 시행착오, 성공과 실패. 이 모든 것에 사람이 있었다. 마이크로소프트처럼 방대한 자원과 기술을 보유한 회사는 드물어도, 모든 회사에는 사람이 있다. 그리고 모든 회사는 변화의 속도에 적응하고 이를 이겨내는 사람들의 역량에 생존이 달려 있다. 그렇기에 이 책은 단순한 마이크로소프트만의 혁신 요리책이 아니다. 어떤 산업, 어떤 회사, 어떤 규모든, 혁신을 추구하는 사람이라면 누구나 이 책에 담긴 통찰을 자신의 일에 적용할 수 있을 것이다.

사례들

이 책에 등장하는 많은 사람이 마이크로소프트 밖에서는 전설적인 존재로, 업계의 아이콘이자 선구자다. 하지만 딘과 조앤에게 이들은 동료일 뿐이다. 복도에서 마주치고 같은 커피머신을 쓰며, 같은 주차장과 회의실을 공유하는 평범한 사람들이다. 이렇게 가까이 있기에 저자들은 이들을 일상적으로 접촉할 수 있었다. 주로 사용한 조사 방법은 인터뷰였다. 인터뷰를 참 '많이' 했다. 인터뷰에서 들은 개인적인 이야기를 충실히 담아내며 직접 얻은 기억과 관점을 기록했다. 이후 그 내용을 세밀히 조사하고 사실 확인을 거쳐 맥락을 만들고 객관적인 설명을 붙였다. 그렇게 혁신의 각기 다른 측면을 탐구하는 일곱 개의 사례 연구가 탄생했다.

Xbox
혁신 문화를 조성한다

약 12만 명이 소프트웨어 개발에 주력하는 마이크로소프트라는 대기업 안에서 게임 하드웨어를 만들겠다는 꿈을 품고 몇몇 직원이 뭉쳤다. Xbox팀은 제품 이전에 먼저 문화를 만들었다. 처음에는 쉬웠다. 게임에 대한 집착에 가까운 열정으로 사는 몇몇 하드코어 게이머들로 구성된 팀이었기 때문이다. 그들은 자연스럽게 비전과 가치를 공유하고, 헌신과 책임감도 나누었다. 하지만 팀이 커지기 시작하면서 Xbox 경영진은 핵심 그룹의 독특한 역동성을 유지하기 위해 노력해야 했다. 그 힘은 생산성 소프트웨어 회사가 게임 하드웨어를 만들도록 설득할 만큼 끈질기고 1년 전만 해도 이런 아이디어를 비웃었을 최고의 인재들을 끌어들일 만큼 매력적인 문화였다. 수십 년의 업계 경험을 축적한 경쟁 상대를 누르고 게임 비즈니스 모델 자체를 바꿨을 뿐만 아니라, 문화의 힘으로 스스로 계속 재구성하며 오늘날 게임 업계의 강자 중 하나로 자리 잡을 수 있었다.

비주얼 스튜디오 코드
혁신가의 딜레마를 수용한다

시장 점유율이 아무리 탄탄하고 제품이 사용자의 마음과 생각과 생활 속에 아무리 깊이 자리 잡고 있어도, 변화는 반드시 찾아온다. 일반적으로 파괴적 혁신은 경쟁사나 새로운 아이디어를 가진 스타트업, 혹은 기존 기업이 미처 인지하지 못한 트렌드에서 발생한다. 하지만 만약 이 변화가 같은 기업 내부에서 신중하게 길러지고 조율된 것이라면 어떨까? 비주얼 스튜디오 코드Visual Studio Code는 웹 기반 개발자를 위해 새롭게 만들어진 코딩 도구다. 이 도구는 새로운 고객층을 기존 윈도 개발자 기반과 함께 마이크로소프트로 끌어들였다. 이는 자기 혁신과 통합적 구축을 통해 상호 가치를 창출한 이야기다.

마이크로소프트 오피스
전략적 디자인으로 가치를 창출한다

"망가지지 않았다면 고치지 말라." "바퀴를 새로 발명할 필요는 없다." "괜히 배를 흔들지 말라."

제대로 작동한다면 그냥 내버려두라는 격언은 쉽게 들을 수 있다. 2018년에 마이크로소프트 오피스Microsoft Office는 매출 300억 달러를 기록했다. 이는 어떤 잣대로 봐도 '충분히 괜찮은' 수준 이상이었다. 배를 흔들 필요도 없고, 바퀴를 다시 발명할 필요도 없었다. 그렇다면 오피스팀은 왜 널리 보급된 생산성 제품군을 전면 개편하는 엄청난 작업에 착수했을까? 더 정확히 말하면, 오랫동안 잘 작동한 내부 구조를 왜 재편했을까? 그리고 이 과정은 어떻게 이루어졌을까? 오피스는 프로세스 초기에 디자인을 개입시키고 처음부터 끝까지 여러 이해관계자의 합의를 끌어내면서 최종 사용자 가치를 성공의 기준으로 정의한 사례다.

코그니티브 서비스
극한의 협업으로 패배를 극복한다

인공지능(AI) 경쟁이 한창이었던 2016년에는 구글과 아마존이 압도적인 선두 주자였다. 그러나 뜻밖에 마이크로소프트가 전면에 나서며 수십 년 동안 AI 과학자들을 곤혹스럽게 했던 여섯 가지 분야에서 획기적인 진전을 이루어냈다.

이 믿기 어려운 이야기에 좀 더 흥미를 보태면, 놀라운 성과를 이룬 주역은 막대한 예산과 인력을 갖춘 대규모 팀이 아니었다. 대부분 주니어급 인재로 구성된 소규모 팀이 해낸 것이다. 이들은 극한의 협업 방식을 통해 일곱 개 사업부에서 인재들을 모으고, 서비스형 AI라는 새로운 제품 카테고리를 만들어냈다. 이 카테고리는 현재 마이크로소프트에서 가장 크고 자금 지원이 풍부한 사업 중 하나로 성장했다.

마이크로소프트 리서치
미래로 가는 다리를 놓다

연구 기회를 놓친 사례는 모든 기업에 경종을 울리는 이야기가 되었다. 사내의 한 연구원이 최초로 디지털카메라를 발명했지만, 코닥은 이를 채택하지 않기로 했다. 제록스의 팔로알토 연구소는 다양한 기술을 개발했지만, 이를 활용해 개인용 컴퓨터 시장을 지배한 것은 애플과 마이크로소프트였다. 왜 발명은 할 수 있어도, 혁신하는 것은 그토록 어려운 걸까? 그리고 다른 연구소들은 실패했지만, 마이크로소프트 리서치(Microsoft Research, MSR)는 어떻게 이 부분에서 성공할 수 있었을까? MSR이 동시대 어떤 기업보다 기초 연구에 크게 공헌하면서도 상업화에 대한 노력을 균형 있게 유지할 수 있었던 비결이 궁금하지 않은가?

빙
언더독의 이점을 활용한다

마이크로소프트 역사에서 빙Bing은 현대판 다윗이나 마찬가지였다. 그러나 물매와 돌이 아닌 0과 1을 가지고 골리앗과의 싸움에 나섰다. 빙의 거대한 적, 검색 시장에서 90퍼센트의 압도적인 점유율을 자랑하는 구글은 거인 중의 거인이었다. 빙은 단지 불가능에 도전한 이야기가 아니라, 전략적 긴장에 대한 교훈이며 사업의 모든 측면을 혁신적으로 사고하여 거인들이 판치는 땅에서 아무리 약자라도 일어설 수 있는 여지가 있다는 것을 증명하는 사례다.

책임 있는 혁신

부수지 않고 빠르게 움직인다

"빠르게 움직이고 과감히 부숴라. Move fast and break things."

귀에 쏙 들어오는 표현이지만 나쁜 조언이기도 하다. 개인정보보호부터 환경 문제까지 모든 것이 위태로운 상황에서 얻을 수 있는 보상은 위험을 감수할 만한 가치가 없다. 수년에 걸쳐 마이크로소프트는 보안, 개인정보보호, 접근성, 책임 있는 인공지능(Responsible Artificaial Intelligence, RAI), 지속가능성 등을 망가뜨리지 '않고' 빠르게 나아갈 수 있는 기술을 개발해 왔다. 각 중점 영역마다 고유한 고려 사항이 있지만, 이들 모두에 공통된 점이 하나 있다. 바로 책임 있는 관행이 처음부터 통합되어 있으면 최상의 결과를 얻을 수 있다는 것이다.

패턴들

일곱 개의 사례 연구에서 다양한 공통 요소가 드러나지만, 다음 네 가지 패턴은 혁신에 관한 기존 논의에 새로운 관점을 더해준다. 이들은 시간이 지나고 기술이 바뀌고 산업이 달라져도 반복하고 확장할 수 있는 혁신 실천의 기반이 된다.

패턴 1: 매일 혁신
혁신을 표준화하고 구조화하며 신뢰할 수 있게 만든다

역사적으로 볼 때, 혁신의 권위자조차 놀랄 만큼 정말 파괴적인 발전이 갑자기 등장한 예가 드물지만 없지 않았다. 그러나 가만히 앉아서 무언가 기발한 것이 내 무릎에 떨어지기를 바라는 것은 올바른 사업 계획이 아니다.

하지만 혁신은 의도적이고 반복 가능한 과정으로 만드는 것이 가능하다. 이는 여러 차례 실현되어 왔다. 마이크로소프트에서 혁신은 권장 수준을 뛰어넘는다. 리더는 혁신을 규칙적이고 체계적인 관행으로 바꾸는 데 필요한 언어와 측정 지표, 도구 그리고 프로세스를 확립함으로써 혁신이 이루어지도록 한다.

패턴 2: 수년간의 혁신
지속적이고 적응력 있는 혁신을 달성한다

"더 나은 쥐덫을 만들면 사람들은 저절로 찾아온다."

하지만 현실은 다르다. 사람들이 당신을 찾아오기 전에, 먼저 그 발명이 구상한 대로 작동하는지 체계적으로 검증해야 한다. 부품을 대량 생산하고 포장할 제조업체도 찾고 제품을 효과적으로 마케팅해야 한다. 무엇보다 중요한 것은, 경쟁자가 나타나 당신의 치즈를 가로채기 전에 더 나은 쥐덫을 다시 만들어야 한다.

발명의 순간은 고된 노력의 끝이 아니라 시작일 뿐이다. 팀의 규모나 산업 분야는 중요하지 않다. 모든 혁신가는 혁신 프로세스의 시작부터 누군가 또는 무언가가 성공을 방해하고 다시 처음으로 돌아가는 순간까지 잘 알려진 동일한 경로를 따라간다. 물론 회사가 경직되어 영원히 뒤처지는 경우를 제외하고는 적응 주기는 끝이 없다. 우리가 살펴본 마이크로소프트의 각 팀은 아이디어 발상부터 확장과 성숙에 이르기까지 혁신 수명주기의 각 단계를 이해하고 이에 맞게 적응했다. 각 단계에는 고유한 도전과 기회, 필요한 역할과 역량, 전환과 가속 또는 일시정지를 결정짓는 중요한 순간들이 있다.

패턴 3: 모두가 함께하는 혁신
감정으로 변화를 이끈다

지속적인 성공을 위해서는 혁신 프로세스를 이해하는 것이 매우 중요하다. 그런데 그만큼 중요한 게 인간의 본성을 이해하는 것이다. 스스로 아무리 이성적이라 믿어도, 인간은 감정에 의해 움직이는 존재다. 소속감이나 성취감 같은 인간의 기본 욕구가 협력 과정에서 크게 작용한다. 이해관계자들과 일찍, 자주 그리고 공감하며 소통한다. 그를 통해 각 그룹에 가장 중요한 것이 무엇인지 그리고 혁신을 세상에 알리는 데 무엇이 필요한지 빠르게 파악할 수 있다. 이 과정에서 때로는 잠재적 적대자를 옹호자로 바꿀 기회를 얻기도 한다.

하지만 주의해야 할 점은 이 모든 과정이 모든 곳에서, 동시에 일어난다는 것이다. 여기에는 연구, 엔지니어링, 디자인, 커뮤니케이션 그리고 고객이 모두 포함된다. 협력업체, 동료, 회사 경영진도 이 과정에 관여한다. 회사 내부는 물론 외부, 더 나아가 전 세계에서 이루어진다. 다행히 무에서 유를 창조하고 이를 확장해 나가는 여정을 안내하는 잘 정립된 방법이 있다. 그 여정은 감정에서 시작한다.

패턴 4: 기술 이상의 혁신
전체 가치 사슬을 혁신한다

아이 한 명을 키우는 데 온 마을이 필요한 것처럼 혁신을 실현하는 데는 가치 사슬 전체가 필요하다. 아이디어를 실행 가능한 제품으로 개발하는 업스트림upstream 활동과 그 제품을 고객이 가치를 느끼는 방식으로 시장에 출시하는 다운스트림downstream 활동이 있다.

가치 사슬 어디에서 혁신이 이루어지든 팀이 낡고 경직된 정체된 관행 속에서 일해야 한다면 혁신적인 결과물을 내놓을 가능성은 낮다. 하지만 팀이 근본 프로세스를 혁신할 수 있는 시간과 공간 그리고 권한을 갖게 되면 모든 것이 달라진다. 그들은 같은 목표에 집중하고 올바른 행동을 보상한다. 지속적인 관계를 구축하고 질 높은 피드백을 생성하며, 가장 가치 있는 결과를 더 예측 가능하게 달성한다. 이것이 바로 혁신을 가능하게 하는 혁신이다.

이러한 통찰은 '블록 중심' 혁신을 달성하는 데 필요한 최종 요소다. 블록 중심 혁신은 이 책에서 처음으로 마이크로소프트 외부에 공개되는 프레임워크인 '파스퇴르–피사노 혁신 구성Pasteur-Pisano Innovation

Configuration'을 통해 시각화되는 개념이다. 이는 이 책 전체의 내용을 집약한 결과물이며, 연습을 통해 여러분의 팀을 새로운 가치 창출의 차원으로 안내할 수 있을 것이다.

이 책을 읽는 방법

처음부터 끝까지 순서대로 읽어도 좋고, 패턴 부분부터 살펴본 후 사례 연구를 읽으며 더 자세한 맥락을 파악할 수도 있다. 가장 흥미를 끄는 사례부터 시작해도 되고, 각 장의 마지막에 있는 핵심 요약을 먼저 살펴봐도 좋다. 책의 거의 모든 페이지에 유용한 도구와 통찰이 담겨 있고, 다양한 부분이 서로 연결되어 있다. 이제 자신만의 방식으로 모험을 시작해 보자!

THE CASES

7가지 케이스

XBOX

혁신 문화를 조성한다

드래건과 외계인, 우주 해병대, 영웅과 악당, 승리와 패배가 공존하는 장대한 모험. 게임은 시각적 스토리텔링의 세계다. 이러한 이야기들 뒤에는 표현하기 어렵고, 논의되는 맥락에 따라 형태가 달라지는 모호한 개념이 있다. 바로 문화다.

문화라고 하면 어떤 사람들에게는 회사 연수나 팀 단합 활동이 떠오를 수 있다. 다른 사람들에게는 그 시대의 미술, 음악, 패션을 의미할 수도 있다. 직장에서든 개인적으로든 본질적으로 문화란 우리가 공유하는 가치와 신념, 행동을 말한다. 이는 거창한 선언이나 단발성 사건에서 나오는 것이 아니다. 함께 생활하고 일하면서 생기는 수많은 상호작용과 우리가 사용하는 언어와 이미지 그리고 우리가 내리는 결정과 하는 행동에서 비롯한다.

이러한 문화의 관점에서 마이크로소프트 게이밍(Microsoft Gaming, 이하 게이밍)의 여정을 살펴보면, 반복과 전파가 가능한 혁신의 도구와 전략이 보인다. Xbox로 시작한 게이밍은 20년 넘게 게임, 게이머, 게임 개발자에 대한 애정을 표현해 왔다. 이들의 사업은 재미에 초점을 맞추고 있지만, 재미를 실현하는 방식에 대해서는 매우 진지하다. 게이밍의 CEO인 필 스펜서Phil Spencer는 이렇게 말한다. "최고의 성과를 내려면 업무 환경이 제대로 작동해야 합니다. 팀의 핵심 메커니즘과 내부 문화가 무너지면 모든 것이 흔들립니다."[1]

그렇다면 게이밍팀이 언제, 왜, 어떻게 성공하고, 실패하고, 변화했는지 살펴보자.

Xbox: 게임 경험의 혁신

Xbox는 게이머들로 구성된 작은 팀에서 시작되었다. 이들은 단순한 게임 업계 종사자가 아니라, 밤낮으로 틈만 나면 게임을 즐기는 열렬한 게임 팬이었다. 초기 Xbox팀은 사무실에서 플랫폼을 설계하며 오랜 시간을 보냈지만, 일과가 끝나도 저녁 늦게까지 남아 함께 비디오 게임을 하며 유대감을 쌓고 꿈을 키웠다. 게임을 하다 잠시 멈출 때도 게임에 대해 이야기하거나 게임 관련 글을 읽었다.

한 미디로 그들은 게임에 '푹 빠져' 있었다.

하지만 이런 이유로 빌 게이츠와 스티브 발머가 Xbox에 투자한 것은 아니었다. 사실 그 반대였다. 두 사람은 게임을 '두려워'했다. 1990년대 후반 마이크로소프트 제품이 가정용 PC를 점령했지만, 거실을 장악한 것은 소니의 TV와 음향 시스템 그리고 플레이스테이션 게임 콘솔이었다. 게임은 항상 디지털 혁신의 최첨단에 있었고 가장 강력한 프로세서와 가장 앞선 기술 개발을 요구했다. 빌 게이츠와 스티브 발머는 소니가 TV 게임 시장에서 PC 문서 편집 시장으로 넘어오는 것을 쉽게 상상할 수 있었다. 이는 마이크로소프트에 실존적 위협으로 보였다. 하지만 마이크로소프트가 게임 분야로 확장해 상황을 뒤집으리라는 건 누구도 상상하기가 어려웠다. SQL 서버를 만드는 사람들에게서 누가 게임을 사고, 엑셀Excel을 개발하는 사람들과 함께 누가 게임을 '창작하고' 싶어 하겠는가?

하지만 현실은 달랐다. 많은 사람이 모여들었다. Xbox는 게임 업계 최고 인재들을 하나둘 영입하기 시작했다. 곧 수십 명, 얼마 지나지 않아 수백 명의 인재가 합류했다. 처음에 사람들을 끌어들인 건 문화가 아니었다. (초창기 경영진인 로비 바흐Robbie Bach는 Xbox의 초기 문화를 '광란mosh pit'이라고 표현했다) 사실 두 가지 열정이 결합한 덕분이었다. 바로 게임에 대한 사랑과 소프트웨어 개발에 대한 애정이었다.

당시의 마이크로소프트가 게임에 대해서는 잘 몰랐을 수 있어도, 운영 체제 및 소프트웨어 회사로서 소프트웨어 개발만큼은 훤히 꿰뚫고 있었다. 마이크로소프트는 소프트웨어 개발을 '사랑'했고 특히 소프트웨어 개발 도구 제작에 열정적이었다. (〈비주얼 스튜디오 코드〉장과 〈코그니티브 서비스〉장을 참고) 여기에 게임이 콘솔을 판매하는 것이지, 그 반대가 아니라는 Xbox팀의 내부적 통찰이 결합하면서 혁신의 성공 기반이 마련되었다. Xbox는 게임 개발자를 위한 게임 플랫폼을 구축했다. 이 플랫폼의 인터페이스는 다른 회사 제품의 번거롭고 복잡한 프로세스와는 완전히 달랐다. 덕분에 게임 개발자들은 스토리텔링, 캐릭터 제작, 놀랄 만큼 사실적인 게임 세계 구현에 집중할 수 있었다. Xbox는 게임 개발자들을 이해하고 기술적으로 뒷받침할 수 있는 파트너였다.

열정적인 게이머들로 구성된 팀은 또 다른 열정적인 게이머들을 불러들이는 제품을 만들어냈다. 새롭게 합류한 인재들은 계속해서 제품을 개선했고, 이는 더 많은 인재를 팀으로 끌어모았다. 이들이 공유하는 게임에 대한 사랑은 팀을 하나로 묶고 업계를 선도하는 혁신을 만들어내는 원동력이 되었다.

예를 들어, 초창기 팀은 Xbox Live(이후 Xbox Network로 변경)를 출시했다. 이 구독 기반 서비스는 사용자 중심의 여러 기능 가운데 게이머들이 인터넷을 통해 다른 Xbox 사용자들과 협력하고 경쟁할 수 있도록 하는 게 목적이었다. 이러한 혁신은 클라우드 게임 플레이와 소셜 네트워킹의 시초가 되었다.

당시 상황을 살펴보자. Xbox Live가 출시된 2002년에 가장 인기 있는 소셜미디어는 프렌드스터Friendster였고 사용자 수는 300만 명이었다. 페이스북은 2004년이 되어서야 생겼다.[2] AOL는 가장 인기 있는 웹사이트였다. '웹 서퍼'들의 하루 평균 인터넷 사용 시간은 46분에 불과했고, 그중 80퍼센트는 전화 접속으로 이루어졌다.[3] 그만큼 초창기였다. 처음에는 자연스럽고 손쉽게 높은 성과와 혁신적인 게임 중심 문화를 유지할 수 있었다. 하지만 Xbox가 성장함에 따라 경영진은 이러한 문화를 발전시키기 위해 의도적으로 노력해야 했다.

Xbox 360: 게임 사업의 성숙

첫 번째 Xbox의 성공적인 출시는 창립자들의 강점과 사용자 경험에 집중한 덕분이었다. 그러나 이후 Xbox 360으로 이어지는 제품의 진화와 팀의 변화는 두 가지 문화적 전환에서 비롯되었다. 첫 번째 변화는 경영진이 수익성과 확장성에 집중하기로 의식적으로 방향을 튼 것이다. 스타트업 단계에서 벗어나 사업 성장 단계로 넘어가는 것은 모든 혁신에서 자연스럽고 필수적인 과정이며, 그렇지 않으면 해당 제품은 영원히 틈새시장에 머무르거나 경쟁업체에 밀려 사라질 수밖에 없다.

두 번째 전환은 조직 구조와 프로세스를 발전시킨 것이다. 음악이나 영화 등 다른 산업과 마이크로소프트 내 전 부문에서 사람들이 Xbox로 유입되면서 경영진은 모든 구성원이 능력을 최대한 발휘할 수 있도록 조직적 역량이 필요하다는 것을 깨달았다.

또한 경영진은 원한다고 해서 또는 말한다고 해서 문화가 바뀌지 않는다는 것도 알고 있었다. "조직 문화는 리더들의 행동에 따라 변합니다. 이건 절대적입니다."라고 로비는 말했다. Xbox 리더들에게 이는 곧 '자신들'의 업무 수행 방식에 큰 변화가 일어날 것을 의미했다.

먼저 조직 구조에서 사업부 관리자(business unit manager, BUM)를 모두 없앴다.

당시 마이크로소프트에는 사업부 관리자들이 있었다. 누구나 선망하는 자리였다. 사업부 관리자가 되면 '자기' 팀과 '자체 손익계산서'를 관리할 수 있었다.[4] 하지만 경영진은 조직이 1+1=3의 시너지를 활용하는 데 부서 간 사일로 현상(silo effect)이 걸림돌이 된다는 것을 알고 있었다. 경영진의 해결책은 Xbox 전체를 로비가 관리하는 단일 손익계산서 구조로 전환하여 하나의 손익계산서는 하나의 팀이 관리하도록 바꾸는 것이었다. 이 변화는 당시 관리자들에게 무엇을 의미했을까? 가장 높은 평가와 존경을 받던 시니어 리더 중 한 명은 회사를 떠났다. 그러나 다른 리더들은 자신의 행동이 조직 문화를 만든다는 것을 알고 있었기에, 그가 떠나는 것을 감수했다.

또 다른 중요한 변화는 경영진이 의사결정권을 현장에 더 가까운 사람들에게 넘겼다는 점이다. 경영진은 비즈니스 원칙을 수립하고 팀을 중점 분야별로 재편성한 다음, 이들에게 해당하는 의사결정권을 위임했다. 팀은 이러한 변화에 빠르게 적응해 나갔다. 기존의 방식에서 벗어나 '결정과 지시'가 아닌 '코칭과 지원' 중심으로 전환하는 데 거의 18개월이 걸렸다.

새로운 방식에 적응하자 Xbox팀은 활기를 띠기 시작했다. 불가피한 의견 충돌도 있었지만 대체로 건설적인 논쟁이었다. 열정적인 분위기는 사업 중심의 대화 문화로 바뀌었다. 성공은 소수의 관리자 집단이 아니라, 이제 규모가 매우 커진 팀의 집단적 역량에 달려 있었다.

결과는 어땠을까?

Xbox 360은 이전 모델에서 크게 도약한 제품으로 디지털 시대의 중심에 자리 잡은 기능들을 자랑했다. 이러한 발전은 스트리밍 거대 기업인 넷플릭스Netflix와 독점 파트너십을 맺었을 때 가장 뚜렷하게 나타났다. 당시 넷플릭스는 여전히 DVD를 우편으로 배송하는 서비스로 널리 알려져 있었지만, 이 협업을 통해 Xbox 360 사용자들은 넷플릭스의 방대한 영화 컬렉션에 즉시 온디맨드on-demand로 접근할 수 있었고, Xbox 콘솔은 많은 가정에서 중심적인 엔터테인먼트 허브로 탈바꿈했다.

이후 Xbox 360은 키넥트Kinect라는 새로운 동작 감지 액세서리를 선보였다. 키넥트는 음성, 카메라, 동작 감지 기술을 결합하여 컨트롤러에서 복잡한 버튼 조작을 없앴고 일반 사용자도 많은 게임에 접근이 용이하도록 했다. 출시 후 60일 만에 800만 대가 판매되며, 세계에서 가장 빠르게 팔린 소비자 전자 기기로 기네스 기록을 세웠다.[5] 초기 음성 인식 기능을 탑재한 제품 중 하나였던 키넥트는 이후 스마트 스피커와 리모컨 그리고 온도 조절 장치 등 수많은 기술의 발전에 기여했다.

개발자 친화적인 플랫폼과 강력한 하드웨어가 결합한 혁신 덕분에 Xbox 360는 2010년에 미국에서 가장 많이 사용된 게임 콘솔이 되었고, 마이크로소프트는 게임 업계의 주요 강자로 자리 잡을 수 있었다.[6]

BXT: 혁신 성공을 위한 프레임워크

게이밍 역사에서 두 시기의 성공 사례를 살펴보았다면 이제 팀의 실패 사례를 이야기할 차례다. 이를 위해 Xbox의 초기 크리에이티브 리더 제이 앨러드J Allard가 명명한 혁신 프레임워크인 BXT를 사용할 것이다. BXT는 비즈니스(Business), 경험(eXperience), 기술(Technology)의 약자로, 이는 모든 제품 팀이 집중해야 하는 세 가지 핵심 요소를 의미한다. BXT를 삼각형으로 상상해 보면 다양한 상황을 시각화할 수 있다.

몇 가지 참고할 것이 있다. 첫째, BXT에서 세 요소가 완벽하게 균형

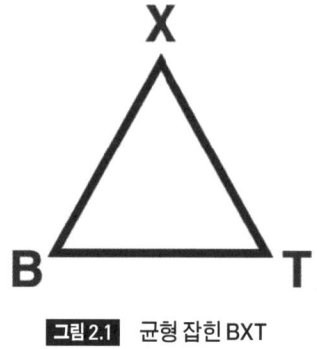

그림 2.1 균형 잡힌 BXT

을 이루는 경우는 거의 없다. 보통은 한두 가지 요소가 다른 요소보다 우선시되며 그에 따라 삼각형의 모양과 결과가 달라진다.

둘째, 오늘날에는 이와 유사한 프레임워크가 많다. 이를테면 실행 가능성이나 실현 가능성, 바람직성 같은 용어를 사용하는 모델이나, 전략 맵Strategy Map의 네 가지 관점을 포함하는 모델 등이다. 사실 BXT는 더는 Xbox에서 사용되는 용어는 아니지만 여전히 Xbox의 DNA에 깊이 새겨져 있다.

셋째, BXT의 장점은 기하학적 제약에 있다. 180도만 사용할 수 있기 때문이다. 그러므로 하나의 각도에 우선순위를 두면 다른 두 각도가 작아질 수밖에 없다.

스타트업 단계에서 Xbox는 경험에 크게 집중했지만, 경영진의 지원을 유지할 만큼 비즈니스 요소도 갖추고 있었다. 기술은 경험을 뒷받침하기 위해 개발되었다.

성장 단계에서 Xbox는 수익성과 확장성을 위해 비즈니스에 우선순

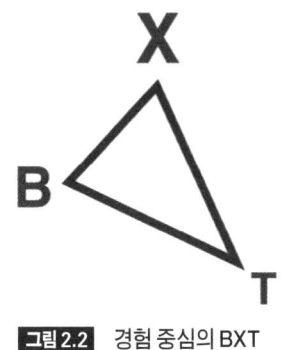

그림 2.2 경험 중심의 BXT

위를 두었다. 그러나 경험을 희생하지는 않았다. 기술은 비즈니스와 경험을 뒷받침하는 방향으로 발전했다.

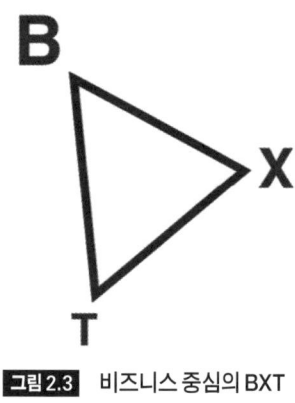

그림 2.3 비즈니스 중심의 BXT

하지만 이후 BXT는 균형을 잃게 된다.

Xbox One: 출시 실패

Xbox 역사에서 가장 큰 전환점이 된 사건을 물으면, 인터뷰에 참여한 모든 사람이 Xbox One의 출시를 언급했다. 그들은 당시 상황에 대해 모두 솔직하게 말했다. "감이 없었죠." "핵심 고객을 간과했어요." "그냥 완전히 망했어요."

시간이 지나면 Xbox One의 많은 기능이 인기를 얻게 되지만,

2013년 5월 제품 발표 당시의 반응은 아무리 좋게 말해도 긍정적인 평가를 받지 못했다. 핵심 문제는 패키징에 있었다. 제품의 외관이나 물리적인 상자가 아니라 판매 방식에 문제가 있었다. 마이크로소프트는 Xbox One을 콘솔, 차세대 키넥트, 실시간 TV 통합이나 음악 등 다양한 고급 엔터테인먼트 기능 그리고 '항상 켜져 있고 항상 연결된Always On, Always Connected' 보장을 모두 하나의 패키지로만 판매한다고 발표했다. 다른 방법으로는 구매할 수가 없었다. 가격은 무려 499달러로, Xbox 360보다 20퍼센트 인상된 가격이었다.

　Xbox 팬들은 399달러 소니 플레이스테이션 4로 대거 이동하며 Xbox 플랫폼을 떠났다.[7]

　하지만 가격은 여러 이유 중 하나일 뿐이었다. 혁신적이긴 했지만, 키넥트는 가족용 게임이나 운동에 관심 있는 사람들의 기호에 더 잘 맞았다. 매스 이펙트Mass Effect 3부작, 헤일로 3Halo 3, 폴아웃Fallout 같은 게임에 열광하는 하드코어 게이머들이 고강도 게임 플레이를 잠시 멈추고 키넥트 디즈니랜드 어드벤처Kinect Disneyland Adventures나 댄스 센트럴Dance Central을 하며 긴장을 풀 일은 없었다. 열혈 게이머들이 원하는 건 키넥트가 아니었다. 사용하지도 않을 주변 장치에 돈을 지불해야 하는 것은 많은 이들에게 구매를 망설이게 하는 요인이었다.

　항상 온라인 상태를 유지해야 한다는 점도 문제였다. 이 아이디어의 의도는 사용자의 삶을 더 편하게 만들려는 것이었다. 게임 디스크를 넣고 바꿀 필요 없이 모든 것을 콘솔에 로컬로 저장할 수 있었던 것이다.

하지만 디지털 저작권 관리(Digital Rights Management, DRM) 시스템을 사용하기 때문에 기기가 온라인 상태여야 했다. 이는 소프트웨어 불법 복제를 막기 위한 목적도 있었다. 그러나 의도치 않게 친구나 가족과 게임을 공유하거나 중고 게임을 사는 데 제약이 생겼다.

마지막으로 Xbox One이 일체형 홈 엔터테인먼트 기기로 포지셔닝된 것도 문제였다. 기술적으로는 인상적이었지만 많은 사람들에게 게임이 더는 우선순위가 아니라는 인상을 주었다. BXT에서 B와 T가 X보다 앞선 셈이었다.

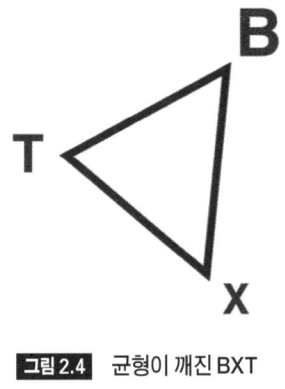

그림 2.4 균형이 깨진 BXT

Xbox One 이후: 신뢰 재구축

게임 커뮤니티의 빠르고 부정적인 반응은 Xbox팀에 큰 충격을 주었다. 당시 Xbox 엔지니어링을 이끌고 있던 카림 초드리Kareem Choudhry는 당시 상황을 회상하며 이렇게 말했다. "우리가 할 수 있는 일은 스스로 판 구덩이에서 빠져나오기 위해 사람들에게 기쁨을 주는 것뿐이었습니다."[8] 새로운 리더십이 투입되었고, 마이크로소프트 게임 스튜디오를 이끌던 필 스펜서가 새 책임자로 임명되었다. 그는 Xbox 부문에서 가장 열정적인 게이머로도 널리 알려져 있었다. 필은 Xbox One 출시에서 얻은 중요한 교훈 중 하나를 이렇게 회상했다.

> Xbox One 론칭을 통해 느낀 점은, 우리가 엔터테인먼트 시장을 공략한 매우 명확하고 타당한 이유가 있었다는 겁니다. 파워포인트 슬라이드에서는 그 계획이 그럴듯해 보였죠. 하지만 고객이 가진 요구, 질문, 열망에 대한 답이 아니었습니다. 오히려 '우리'가 가고자 했던 방향이나 제품 손익과 규모 확장을 위해 필요한 내용이었습니다.

Xbox One 출시 이후 많은 사람이 자리에서 물러났을 것으로 생각하기 쉽다. 하지만 새로운 경영진은 위험과 실패를 감수할 수 있는 안전한 환경을 만드는 데 주력했다. 그렇게 하지 않으면 혁신적인 문화가 죽게 될 것을 잘 알고 있었기 때문이다. 이를 모두에게 분명히 알리기 위해 경영진은 전체 회의를 열어 팀을 잘못된 방향으로 이끈 것에 대해 스스로 책임을 졌다. 그리고 팀원들이 함께 그 실패를 인정할 수 있도록 했다. 이 제품을 시장에 내놓기까지 팀은 수년간 열심히 일해왔고, 모두가 결과물에 자부심을 느끼고 있었다. 실패를 지켜보는 것은 가슴 아픈 일이었다. 그들은 숨을 고르고, 다시 함께 일어섰다. 이것이 Xbox One S 와 Xbox One X가 각각 3년, 4년 뒤에 출시되었을 때 Xbox One을 만들었던 사람들이 다시 설계에 참여할 수 있었던 이유 중 하나다. 그들에게는 초기 출시 경험에서 얻은 지혜가 있었다.

전체 회의 이후 경영진은 게임 업계 전면에 나섰다. 인터뷰에 응하고 소셜미디어에서 활발히 활동했으며, 직접 게임을 하면서 플레이어와 크리에이터 들과 대화를 나눴다. 내부적으로든, 외부적으로든 신뢰를 회복하기 위해 할 수 있는 모든 일을 했다. 그들은 말이 아닌 행동으로 문화를 변화시킨다는 것을 다시 한번 보여주었다. 그리고 실제로 조직의 운영 방식을 크게 바꾸었다.

당시 콘솔 소프트웨어 공개는 보통 1년에 두 번, 많아야 세 번 있을 정도로 중요한 이벤트였다. 모든 것이 완벽해야 한다는 압박감이 있었다. 완벽하지 않으면 문제를 해결하기 위해 다음 공개까지 오랜 시간을 기다려야 했다. Xbox 경영진은 이 시스템에 안전밸브를 추가했다. 월별 업데이트를 도입한 것이다. 매달 업데이트가 이루어지니 팀은 코드가 얼마나 완벽한지에 대해 더 솔직해질 수 있었다. 완벽하지 않더라도, 한두 달 뒤에 다시 개선할 수 있었다. 공개주기가 짧아지면서 사소하고 다양한 실험을 자주 할 수 있었다. 팀은 몇 달 동안의 노력이 물거품이 될까 봐 두려워하지 않고 아이디어를 시험해 볼 수 있었고, 이는 심리적 안정감을 주고 혁신에도 큰 도움이 되었다.

이러한 변화는 BXT의 X(경험)에 초점을 맞춘 고객 피드백 시스템의 확장과 함께 이루어졌다. 이 시스템은 팀의 일상적인 논의와 의사결정 과정에 자연스럽게 녹아들었다. Xbox.com에 '사용자 의견' 전용 공간을 마련해 플레이어들이 아이디어를 제출하고, 다른 게임 팬들은 마음에 드는 제안에 투표할 수 있도록 했다. 이를 통해 팀은 고객이 가장 원하는 기능과 요소를 담은 위시리스트를 확보할 수 있었고, 출시 때마다 거의 즉시 반응을 알 수 있는 민첩한 피드백 루프를 갖게 되었다. 새로운 기능이 팬들에게 인기가 있는지를 30분이면 파악할 수 있었다. 만약 사용자가 그 기능을 싫어한다면, 훨씬 더 빨리 알게 되었다.

출시 초기에 사용자 포럼에 가장 많이 올라온 의견은 "새 Xbox 하드웨어에서 옛날 Xbox 게임을 할 수 없다."라는 것이었다. 타당한 지적이었다. 당시에는 고전 게임을 최신 콘솔에서 하려면 해당 게임의 새로운 버전을 다시 구매해야 했다. 따라서 콘솔 업그레이드에는 큰 결심이 필요했다. 기존 게임 라이브러리를 포기하고 처음부터 다시 시작해야 했기 때문이다. 그럼에도 게임 업계의 지배적인 생각은 하위 호환성은 불필요하고 아무도 오래된 게임을 하고 싶어하지 않으며, 기술적으로도 구현하기가 너무 어려워서 어쩌면 불가능할 수도 있다는 것이었다. 카림은 다음과 같이 말했다.

초기에는 게임 업계 리더 대부분이 하위 호환성을 끔찍한 아이디어라고 생각했어요. 하지만 우리는 반대에 부딪히면서도 이를 밀어붙였습니다. 시간이 지난 지금은 모두가 하위 호환성이 '당연히 필요하다'라고 말합니다. 초기에는 엄청난 반대가 있었지만 말이죠.

Xbox팀은 업계 생각에 휩쓸리기보다 고객의 목소리에 귀를 기울이고 이를 실현하기로 했다. 2015년에 모든 Xbox 게임에 무료로 하위 호환성을 제공하겠다고 발표하자, 엄청난 환호가 터져 나왔다.[9] 이 발표는 팀이 Xbox One 출시 후 겪은 힘든 시기를 빠져나올 수 있었던 결정적인 순간으로 자주 언급된다.

오늘날의 Xbox팀

Xbox One이 출시된 지도 10년이 지났다. 그동안 Xbox팀은 수백만 건의 고객 의견을 받아 검토하고, 수많은 라이브 스트리밍에서 게이머들과 소통하며 게임을 최우선으로 생각하는 마음가짐을 잃지 않았다. 이제 전 세계 인구의 약 40퍼센트에 해당하는 30억 명이 모바일과 PC, 콘솔, 클라우드 플랫폼에서 게임을 즐기고 있다.[10] 게임은 1인 개발자부터 수백 명이 함께 하는 대형 스튜디오까지, 다양한 규모의 개발자들에 의해 만들어지고 있다. 이들을 모두 지원하기 위해 Xbox는 끊임없이 혁신하고 경쟁사뿐 아니라 스스로에게도 도전을 거듭해 왔다.

그 예로 게임 패스Game Pass가 있다. Xbox 초기 경영진이 사업부 관리자를 없애고 게임 스튜디오 운영 방식을 혁신했던 것처럼, 게임 패스는 게임 유통 방식과 수익 모델을 뒤흔들었다. 게이머는 이제 게임을 개별적으로 구매하지 않고, 월간 구독료를 내고 게임 패스 라이브러리에 있는 수백 개의 게임을 다양한 플랫폼에서 즐길 수 있다. 게임 패스는 BXT 가운데 X(경험)를 구현한 것으로 게이머들이 더 많은 게임을 더 다양한 방식으로 즐길 수 있게 해준다.

이 서비스는 게임 제작자에게도 이점이 있다. 작은 개발사에는 더 큰 노출 기회를 주고, 더 넓은 사용자 기반과 데이터 흐름을 통해 피드백을 받을 수 있으며, 개별 판매보다 예측 가능한 수익 구조를 제공한다. 게다가 오래된 게임에서 발생하는 잔여 이익을 얻을 수 있으며, 다운로드 콘텐츠나 인게임in-game 구매와 같은 새로운 수익 창출 기회를 제공한다.[11]

물론 초기 Xbox의 혼란을 떠올리게도 하지만, 게임 패스가 많은 장점에도 불구하고 처음부터 경영진 모두가 좋은 아이디어로 받아들인 것은 아니다. 개별 게임과 콘솔 판매에 기반한 기존 비즈니스 모델이 무너질지도 모른다는 우려가 많았다. 이는 자연스럽고 논리적인 걱정이었고, 카림은 이를 두고 "게임 패스는 우리가 혁신가의 딜레마를 깨는 행위였다."라고 말했다. 그는 이렇게 할 수 있었던 이유로 '작은 불씨가 불꽃으로 타오를 수 있도록 충분히 기다려준 일관된 리더십'을 꼽았다.

게임 패스 역시 과거의 하위 호환성 때와 마찬가지로, 필은 그 가능성을 보고 게이밍팀이 이를 실현할 수 있도록 시간과 자원을 아끼지 않았다. 그는 위험 감수에 대한 자신의 리더십 철학을 공유하며 이렇게 말했다. "이 회사에서 내가 내 역할을 제대로 수행하고 있다면, 스타트업처럼 생각하고 있어야 합니다. 게임 같은 분야에서 10퍼센트의 이익 성장으로는 회사가 존재할 수 없습니다. 우리는 모두에게 다가갈 수 있는 일을 해야 합니다."

마이크로소프트는 자원이 풍부하기 때문에 수많은 불씨에 불을 붙일 수 있는 능력이 있다. 그러려면 효과 없는 것은 과감히 정리할 수 있는 비전과 원칙이 필요하다. 인터뷰 당시 필의 뒤편에 놓여 있던 차세대 콘솔처럼 말이다. 팀은 열심히 개발했고, 콘솔은 세련되고 강력했으며 대부분의 요건을 충족했다. 그러나 전부는 아니었다. 원하는 가격대를 맞출 수 없었고 그래서 제품을 출시하지 않기로 결정했다. 대신 여기서 배운 것을 다음 기회에 활용했다.

게이밍 팀은 게임 패스에 얽힌 이야기뿐 아니라, 시작했다가 접은 프로젝트 사례들도 알려주었다. 그들은 성공과 실패를 동일한 무게로 다루며 이야기했고, 둘 다 존중하는 문화를 말뿐 아니라 행동으로도 보여주었다.

혁신하는 문화

마이크로소프트 출신 쿠마르 메타Kumar Mehta는 저서 『이노베이션 바이옴The Innovation Biome』에서 '겉으로 드러난 것 뒤에 있는 것을 혁신하라'는 개념을 소개한다. 그는 대부분의 혁신 가치는 눈에 띄는 최종 산물이 아니라, 그 이면의 바탕에 있는 시스템을 혁신함으로써 창출된다고 주장한다. 예를 들어, 바퀴를 생각할 때 축이 없는 바퀴가 무슨 의미가 있는지, 그리고 그 둘 중 무엇을 만들기가 더 어려운지 생각해 보라는 것이다.[12]

Xbox 경영진은 문화가 곧 혁신의 축이라는 사실을 깨달았다. 이 장 전체에서 볼 수 있듯, 그들은 Xbox 역사 속 중요한 시점마다 의도적으로 조직 문화에 변화를 주었다. 특히 Xbox One 출시 이후의 시기는 새로운 접근 방식의 시작점이 되었고, 이때부터 문화는 비즈니스 전략 만큼이나 중요한 전략적 요소로 다뤄지기 시작했다.

그들이 처음 한 일은 카림의 비서실장과 조직 내 전략적 리더를 겸하는 줄리아나 티오안다Juliana Tioanda의 역할에 문화 혁신을 포함하는 것이었다. 이후 줄리아나는 케이트 루Kate Luu를 첫 문화 책임자로 영입했다. 이 직책은 오직 문화 변화를 주도하는 데 전념하는 자리였다. 두 사람 모두 인사 분야 출신이 아니었다. 이들은 제품 전문가였고, 이는 곧 접근 방식에서 명확히 드러났다. 두 사람은 디자인 사고design thinking로 제품에 접근하듯이 인사 시스템 혁신에 접근했다. 공감하고, 문제를 정의해 아이디어를 도출하고, 시제품을 만들어 테스트하는 것이다.

Xbox의 온보딩on-boarding 프로그램이 좋은 예다. 분기별로 진행되는 이 프로그램은 최근 입사자들과 Xbox 경영진, 베테랑 직원들을 한 자리에 모아 연결한다. 이 자리에 참석한 사람들은 Xbox의 정신에 몰입하

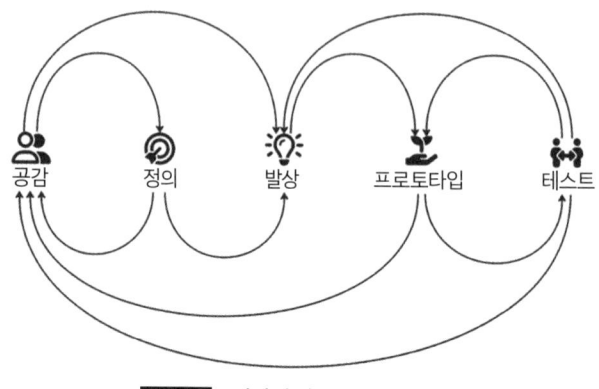

그림 2.5 디자인 사고는 비선형 과정

며 핵심 가치와 역사, 과거의 실수와 그로부터 얻은 교훈을 배운다. 이 프로그램은 Xbox 안에서 기대되는 행동과 의사결정의 원칙을 심어주고 신입 팀원이 즉시 소속감을 느낄 수 있도록 전략적으로 설계되었다.

5년 전, 줄리아나와 케이트는 50명을 대상으로 프로그램을 처음 시범 운영했다. 수많은 시행착오와 학습을 거쳐 지금은 마이크로소프트 전 영역의 비즈니스 파트너를 포함해 약 7,000명을 지원하는 규모로 확장되었다. 이처럼 신중한 접근 방식은 신선하고 독창적인 관점을 Xbox 성공의 필수 요소로서 기꺼이 받아들이도록 한다. 이를 통해 Xbox는 '조직 문화에 적합한 인재' 대신 '조직 문화에 다양성을 더할 인재'를 채용하는 방식으로 발전했다.

또 다른 예로, Xbox 팀은 OKR(Objectives and Key Results) 목표 설정 프레임워크를 도입했다. 이 프레임워크는 개인과 조직이 가장 중요한 일에 집중하고 노력의 방향을 정렬하며 목표 달성의 진척을 추적할 수 있도록 돕는다. 이 프로젝트를 추진하면서 줄리아나와 케이트는 조직에 맞도록 프로세스를 조정해야 했다. "이 개념을 조직에 자리 잡게 하는 데 2년이 걸렸어요."라고 줄리아나는 회상한다. "혁신은 움직임입니다. 우리는 완벽함보다 진전을 우선시하는 법을 배웠어요."

오늘날 Xbox에는 다양한 단계에 있는 프로그램들이 운영되고 있으며, 조직 전반에 걸쳐 수많은 문화 리더가 활동하고 있다. 이들을 매달 연결하고 아이디어 정렬과 창출을 돕는 문화 위원회Culture Council도 존재한다. 이러한 구조와 체계 덕분에 팀과 회사는 2023년 액티비전 블리자드Activision Blizzard 인수와 같은 대담한 결정을 내릴 때 자신감을 가질 수 있었다.

뉴스 머리기사에서는 게임 라이브러리 통합이 창출하는 가치에 주목했겠지만, Xbox팀은 사람들이 하나로 뭉쳤을 때 만들어내는 복합적 가치를 잘 알고 있다. 이것이야말로 Xbox의 혁신을 관통하는 중심축이다. 단순한 제품 통합을 넘어 다양한 관점과 역량이 하나로 어우러져 창의적인 해결책을 이끌어내는 문화를 만드는 것, 그것이 Xbox가 추구하는 방향이다.

이어지는 이야기

　Xbox와 그 팀들이 걸어온 여정은 첫 콘솔 출시부터 액티비전 블리자드 인수에 이르기까지, 기술과 비즈니스 모델 혁신만큼이나 문화적 혁신의 역사이기도 했다. 전 세계 수십억 명의 게이머를 아우르며 계속 성장해 나가는 게임 산업에서, 문화적 진화를 위한 끊임없는 노력은 마이크로소프트 게이밍의 유산이자 미래를 위한 청사진이다. 바로 여기에 X(경험)의 진정한 힘이 있다.

핵심 요점

◆ 경험에서 시작하라

게이밍의 성공은 게임에 대한 열정에서 비롯되었고, 이는 사용자 중심의 게임 경험을 만들려는 깊은 헌신으로 이어졌다. 기술 중심 기업인 마이크로소프트에서 사용자 중심을 유지하는 것은 지속적인 도전 과제다. 줄리아나는 이렇게 말했다. "우리는 기술 회사입니다. 그러니 BXT의 T(기술)에서 시작하는 것은 당연합니다. 하지만 제가 관찰한 변화는 T에서 X(경험)와 B(비즈니스)로 전환하는 데 걸리는 시간이 훨씬 짧아졌다는 겁니다."

◆ 모든 수준에서 실험하라

이 팀의 여정은 성공과 실패 모두에서 배우는 실험 문화를 잘 보여준다. 그들은 위험을 두려워하지 않고, 피드백과 결과에 따라 방향을 바꾸는 것도 마다하지 않았다. 카림은 이렇게 설명했다. "조직도에서 위로 올라가도 실험 정신은 여전히 필요합니다. 다만 그 스케일이 달라지죠. 그렇다면 게이밍의 CEO인 필에게 코드 실험에 해당하는 게 뭘까요? 부서를 신설하고, 수억 달러를 투자하면서 3년 동안 프로젝트를 진행하고, 결과가 좋지 않으면 중단하고 다른 걸 하는 겁니다."

◆ **문화는 동사다**

게이밍 조직이 초기의 '광란' 분위기에서 더 구조화되고 전략적으로 정렬된 조직으로 진화한 과정은 문화가 성공을 이끄는 역동적인 요소임을 보여준다. 그들의 사례는 문화 역시 다른 제품처럼 '공감-설계-구축-테스트-반복'의 프로세스를 통해 만들어낼 수 있다는 것을 증명한다. 케이트는 이렇게 말했다. "저에게 중요한 것은 파일럿입니다. 작게 시작하는 거죠. 많은 사람이 문화 캠페인을 거대하게 만들어 전사에 확산시켜야 한다고 생각합니다. 하지만 제가 Xbox에서 성공적이었다고 느낀 것은 작게 시범적으로 해본 뒤, 그 과정에서 배움을 얻고, 그 배움을 공유하고, 그 다음에 점차 확장해 나가는 방식이었습니다."

저자 하이라이트

딘 나는 2009년에 게이밍 부문에 합류했는데, 그때 이미 10년이나 된 조직이었다. 그럼에도 민첩하고 빠르게 움직이며 고객에게 집중하는 분위기가 여전히 스타트업 같았다. 지금도 그 분위기는 변함없다는 점이 이 사례에서 가장 인상적인 부분이다. 이것이 20년 넘게 지속적인 혁신을 이뤄낸 게이밍의 역량일 것이다.

혁신 과정은 사실 매우 고되다. 혁신가들은 항상 변화하는 사용자 선호와 경쟁사의 움직임, 새로운 기술 혁신 등을 면밀히 살피고 대응해야 한다. 이처럼 새로운 영역을 개척하기 위해 끊임없이 노력하다 보면, 조직의 방향이 '혁신'에서 '발명'으로 흐트러질 위험이 있다. 고객에게 가져다 주는 혜택보다 새로움 그 자체를 추구하게 되는 것이다. 이는 Xbox One 출시에서 실제로 발생한 문제였다. 팀은 기술적 혁신에 너무 집중한 나머지, 핵심 사용자 기반에 그 기술이 어떤 의미를 갖는지는 간과하고 말았다. 하지만 중요한 것은 고객 중심의 문화적 토대가 오랜 시간에 걸쳐 탄탄하게 형성된 덕분에 그 기반이 변함없이 유지되었다는 점이다. 팀은 출시 실수에서 교훈을 얻고 빠르게 방향을 전환했지만, 사용자들과의 신뢰 회복에는 오랜 시간이 걸렸다.

이 사례에서 또 하나 인상적인 점은 시간의 흐름에 따라서 게이밍이 혁신의 전략적 초점을 전환해 온 것이다. 하드웨어에서 네트워크 기반 경험으로, 다시 클라우드 게임으로 그리고 최근에는 게임 패스와 같은 비즈니스 모델 혁신으로 초점이 계속 이동 중이다. 각 패러다임의 전환은 조직에 광범위하고 때로는 고통스러운 변화를 요구했지만, 이는 게이머들의 변화하는 요구를 충족하는 데 중요한 역할을 했다. 〈패턴 2: 수년간의 혁신〉장에서 설명한 것처럼 이러한 전환을 반복하고 성공적으로 수행하는 능력이야말로 진정한 혁신 조직의 특징이다.

조앤 두 가지를 강조하고 싶다. 첫 번째로 초창기 창립 멤버들은 경영진을 만족시키기 위해 비전을 타협하지 않았다. 그들은 플레이어와 제작자 모두를 위한 최고의 게임 플랫폼을 만들고자 했다. 이것은 기존의 윈도나 다른 마이크로소프트 제품을 통합하는 대신 자신들의 지식과 경험을 바탕으로 처음부터 직접 설계하고 개발한다는 것을 의미했다. 그들은 그것이 가능함을 신속하게 보여주는 현명함도 있었다. 초기 프로토타입은 그들의 비전이 실현 가능하다는 것을 입증했다. 만약 팀이 처음부터 타협하거나 "우리를 믿으세요, 할 수 있습니다."라고 말로만 설득하려 했다면 Xbox 사례는 없을지도 모른다.

다행히 우리에게는 Xbox의 이야기가 있고, 그 안에는 많은 교훈이 담겨 있다. 이것이 두 번째로 강조하고 싶은 점이다. 본문에는 담지 못한 팀의 통찰이 너무나 많다. 가능한 한 많은 내용을 이 책 후반부 〈패턴들〉와 블로그 그리고 웹사이트(www.innovationatmicrosoft.com)의 보충 자료에 담았다.

여기에서 인용하고 싶은 필의 말이 하나 있다. "창작 과정에는 많은 구경꾼이 필요한 게 아닙니다. 참여자가 필요합니다. 그러니 경기장에 나가 경기를 하고 싶다면 함께 뜁시다. 하지만 매일 나와 있어야 합니다. 그저 구경만 하고 싶다면 경기가 언제 열릴지 알려드리죠. 하지만 지금은 경기가 없습니다."

이런 태도가 팀이 돌파구를 만들어 내는 데 필요한 신뢰와 공간을 만들어낸다.

비주얼 스튜디오 코드

혁신가의 딜레마를 수용한다

"이 세상에서 확실한 것은 죽음과 세금뿐이다." 벤저민 프랭클린 Benjamin Franklin은 수영용 오리발과 이중초점안경, 피뢰침, 미국 우편국 등을 고안해냈을 정도로 혁신적인 인물이었지만 세 번째를 말하지 않은 것은 의아하다. 바로 파괴적 혁신이다.

제아무리 시장 점유율이 높고 사용자의 일상에 깊이 스며든 제품이어도 변화를 피할 수는 없다. 일반적으로 파괴적 혁신은 경쟁사나 새로운 아이디어를 가진 스타트업, 또는 기존 기업이 간과한 트렌드에서 비롯한다. 하지만 마이크로소프트 비주얼 스튜디오는 달랐다. 팀은 잠재적 파괴의 가능성을 인식했고 그것을 확장의 기회로까지 전환했다.

이번 사례는 전략적인 혜안과 일관된 실행에 관한 것이다. 이 이야기는 마이크로소프트 경영진이 사업 중단이 불가피하다는 사실을 예리하게 인식하면서 시작한다. 그들이 초기에 내린 결정 두 가지가 팀을 올바른 방향으로 이끌었다. 이후 11년 동안 팀은 그 길을 따라서 아무것도 없는 상태에서 시작해 무언가를 만들고, 시장을 선도하는 기업으로 성장했다.[13]

이제 그 출발점을 살펴보자.

2011년, 비주얼 스튜디오는 윈도 PC 애플리케이션 개발자들을 위한 대표적인 도구였다. 비주얼 스튜디오는 소프트웨어 개발에 필요한 모든 기능을 담은 스위스 군용 칼 같은 존재였다. 그러나 페이스북이나 유튜브 또는 링크트인과 같은 소위 '웹 기반' 애플리케이션이 일반화되면서 기존과 다른 요구와 필요를 가진 새로운 유형의 개발자가 등장하기 시작했다. 이 새로운 개발자들은 코드 작성, 테스트 등 각 작업에 특화된 더 간단한 도구를 직접 조합해 사용하는 방식을 선호했다. 웹 기반 개발자들은 비주얼 스튜디오와 같은 일체형 도구를 사용하지 않았다. 심지어 윈도 PC조차 쓰지 않는 경우도 많았다.

바로 이 시점에서 스콧 거스리Scott Guthrie와 제이슨 잰더Jason Zander가 등장한다. 두 사람 모두 마이크로소프트에서 20년 이상 경력을 쌓은 기업가 성향의 임원이었다. 그들은 회사의 강점과 기회를 잘 이해하고 있었다. 무엇보다, 그들은 새로운 시장이 형성되고 있다는 것과 마이크로소프트가 이 시장에 맞춰 혁신해야 한다는 사실을 인식하고 있었다.

스콧 구(회사 내부에서는 스콧 거스리를 이렇게 부른다)와 제이슨은 클레이튼 크리스텐슨Clayton Christensen의 저서 『혁신기업의 딜레마』를 직접 언급하지는 않았지만, 그들의 접근 방식은 기존 기업이 파괴적 혁신을 거부하는 경우가 많다는 이 책의 경고를 반영하고 있었다. 크리스텐슨은 이렇게 간결하게 설명한다. "기존 기업의 성공을 이끈 바로 그 의사결정과 자원 배분 과정이 바로 파괴적 기술을 거부하게 만드는 요인이 된다."[14] 이 통찰은 두 사람이 유지하고자 했던 균형을 잘 보여준다.

Xbox 전략에서 힌트를 얻은 스콧 구와 제이슨은 새로운 팀을 만들었다. 한 가지 중요한 차이점은, 기존에 있던 팀과 새로운 팀이 모두 같은 조직인 마이크로소프트 개발자 부문(Microsoft Developer Division, DevDiv)에 소속되었다는 것이다. 이렇게 하면 기존 제품과 시장 점유율을 위협하지 않으면서 혁신을 추구할 수 있었다. 또한 두 제품이 지식과 기술을 공유함으로써 서로 개선하는 데 도움을 줄 수 있었다.

무에서 유로 성장할 수 있는 자유

다음 단계는 이 성장을 처음부터 진두지휘할 리더를 영입하는 것이었다. 스콧 구와 제이슨은 IBM의 수석 엔지니어이자 유명한 소프트웨어 엔지니어이며 혁신을 거듭해 온 에릭 감마Erich Gamma를 찾아갔다. 그들이 제안한 것은 마이크로소프트 내에서 눈에 띄지 않는 스타트업을 만드는 것이었다. 새로운 시장에 완벽히 적응하는 개발자 10만 명을 데려오라는 게 단 하나의 요구 사항이었다. 그들은 어떻게, 얼마나 빨리, 어디에서부터 시작할지조차 간섭하지 않았다. 에릭은 이 도전을 마다할 수 없었다. 그렇게 스위스 취리히에서 비주얼 스튜디오 코드(Visual Studio Code, VS Code)팀이 탄생하게 되었다.

에릭은 이전에 함께 일했던 사람들로 새로운 팀을 구성했다. 이들 모두가 도전에 열정을 가지고 있었다. 팀은 처음 5년 동안 빠르게 작업을 진행했지만, 매년 한두 명만을 채용하며 천천히 성장했다. 단 한 명의 팀원만이 미국 워싱턴주 레드먼드에 있는 마이크로소프트 본사에서 근무하고 있었다.

팀이 취리히에 있다는 것은 초기 성공 요인이자 잠재적 위협이기도 했다. 한편으로는 9시간의 시차 덕분에 팀은 대부분의 근무 시간에 구애 받지 않고 자유롭게 제품 개발에 집중할 수 있었다. 각종 회의나 내부 절차에 할애하는 시간도 적었다. 반면에 새로운 팀이 먼 나라에 떨어져 있으니 회사 내에서는 존재감이 미미할 수도 있었다. 그러나 이 팀에는 크리스 디아스Chris Dias가 있었다.

마이크로소프트에서 20년 넘게 근무한 베테랑이자 레드먼드에 있는 '유일한' 팀원이었던 크리스는 취리히팀이 방해받지 않도록 보호하면서 동시에 본사 내에서 팀의 존재감을 키우는 역할을 했다. 그는 회사가 어떻게 돌아가는지 잘 알고 있었고, 일을 어떻게 되게 하는지도 잘 알고 있었다. 또한 거대한 조직과 작은 스타트업팀 사이의 경계를 어떻

> # 프로젝트 티치노
> 현대적이고 개방적이며 멀티 플랫폼을 지원하는 개발자 도구
>
> 티치노Ticino는 마이크로소프트 개발 도구 포트폴리오 안에 새로운 주력 개발 도구를 구축하고, 이와 연계된 도구 플랫폼과 생태계를 육성하기 위한 프로젝트다. 티치노는 윈도, OSX, 리눅스에서 실행되는 개발 도구(티치노 워크벤치)를 제공하며, 개방적인 생태계 및 도구와 쉽게 통합될 수 있도록 설계된 플랫폼과 서비스 기반 위에 구축된다.
>
> 최초 버전에서는 웹 환경에 익숙한 웹 기반 개발자를 주요 타깃으로 하여, 멀티 플랫폼 개발, 디버깅, 그리고 Project K, Node.js 애플리케이션, 크로스 플랫폼 .NET 컴포넌트의 배포 시나리오를 지원하는 티치노 프리뷰 버전을 빌드 2015 BUILD 2015 전후로 공개할 예정이다.
>
> ## 왜 티치노인가?
> 마이크로소프트 개발자 도구 및 서비스에 참여하는 개발자 수를 두 배로 늘리겠다는 목표를 추진하면서 우리는 현재의 도구 포트폴리오로 새로운 고객층을 효과적으로 공략하기 어려운 몇 가지 문제를 발견했다.
>
> 예를 들어 웹 기반 개발자도 기존 개발자와 유사한 문제를 겪고 있지만, 이들의 일상적인 개발 워크플로는 매우 다르다. 범용 통합 개발 환경(IDE)을 거의 사용하지 않으며, 대신 코드 편집기, 브라우저 도구, 명령줄 유틸리티, 웹 기반 도구와 같은 가벼운 전문 도구를 선호한다. 또한 다수가 윈도가 아닌 운영 체제를 사용해 개발 작업을 수행한다. 우리 조사에 따르면 이들은 유연한 워크플로를 유지하면서도 더 나은 코딩 및 디버깅 기능을 원하고 있다.

그림 3.1 프로젝트 티치노 전략 메모 (티치노는 이후 VS Code로 발전)

게 지켜야 할지도 알고 있었다.

크리스의 인맥도 귀중한 자산이었다. 팀에 필요한 사람이 있으면, 크리스는 회사 어디에 적합한 사람이 있는지 알고 있을 가능성이 컸다. 이러한 방식으로 팀은 작은 규모로 유지될 수 있었다. 이는 에릭과 크리스가 동의한 전략이기도 했다. 이유는 세 가지였다. 첫째, 작은 팀은 민첩하게 움직이기 쉽다. 둘째, 작은 팀은 사내 정치나 관료주 또는 기타

혁신을 방해하는 요소에서 비교적 자유로울 수 있다. 셋째, 작은 팀은 대규모 조직에서 눈에 잘 띄지 않는다. 조직 내에서 언제 존재감을 드러낼지를 결정하는 것은 사내 기업가에게 중요한 결정 중 하나다. (〈코그니티브 서비스〉장 참조)

이것은 이번 사례의 두 번째 핵심 주제인 꾸준한 실행력으로 이어진다. VS Code를 누가 만들었는지만큼이나 어떻게 만들어졌는지도 중요하다. 팀은 첫날부터 고객과 회사에 즉각적인 가치를 창출한다는 원칙을 세웠다. 경영진의 지원이 있다 해도 빠르고 지속적인 결과를 내야만 마이크로소프트 내에서 자신들의 존재가치를 증명할 수 있다는 것을 알고 있었다.

그래서 팀의 모토가 '출시, 출시, 출시Ship, Ship, Ship'다. '매달 품질 있는 제품을 출시하자'라는 뜻이다. 팀은 회의를 위해 모이지 않는다. 함께 일하기 위해 모인다. 말로 '설명'하기보다 실제로 '보여준다'. 회의마다 노트북을 가져와 함께 코드를 검토하고 작성한다. 이 실행의 힘은 팀이 시작한 지 3개월 만에 첫 번째 출시를 했을 때 분명히 드러났다. 5년 뒤, 월간 활성 사용자 50만 명이라는 이정표에 도달했을 때도 효과는 분명했다. 오늘날에는 전문 개발자의 70퍼센트가 사용하는 가장 인기 있는 코드 편집기라는 자리를 차지하고 있다.[15]

성장에서 확장으로

제품 사용자가 50만 명이 넘을 정도로 성장했지만, 팀은 여전히 작았고 개발자는 10명뿐이었다. 크리스는 여전히 레드먼드에 홀로 있었다. 이 상태가 지속될 수는 없음을 모두 알고 있었다. 이제는 팀의 규모를 확장할 때였다.

첫 번째 영입 대상은 카이 메첼Kai Maetzel이었다. 그는 에릭과 함께 인턴으로 시작한 소프트웨어 엔지니어였다. 25년 넘게 여러 회사에서 경력을 쌓으며 두 사람은 딱히 대화가 없어도 텔레파시가 통할 정도의 관계로 발전했고, 서로를 직관적으로 이해했다. 무엇보다 제품 개발에 관해서 가치관을 공유했다. 카이가 합류했을 때 처음 맡게 된 과제는 기존 문화를 유지하면서 레드먼드에 새로운 팀을 만들어 그룹의 규모를 두 배로 늘리는 일이었다. 그는 이 일에 집중하면서 마이크로소프트에서의 첫 9개월을 보냈다.

면접관이었거나 면접 대상자였던 적이 있는 사람이라면 누구든 그 과정에 내재한 함정과 어려움을 잘 알고 있을 것이다. 어떤 지원자는 완벽하게 자신을 포장하고 모든 질문에 모범적으로 대답하지만, 정작 팀에 합류하고 나면 기대에 못 미치기도 한다. 반면 어떤 사람은 면접 과정에서는 어색하게 보여도, 일단 채용 절차를 통과한 다음에는 업무에 매우 잘 맞고 사내 문화에도 훌륭하게 적응하는 경우가 있다.

VS Code팀은 독특한 방식으로 문제를 해결했다. 그들은 모든 지원자를 오디션 형식으로 초대했다. 지원자는 이틀 동안 다양한 팀원과 함께 실제로 코드를 작성했다. 누구든 자신의 본모습을 그렇게 오래 숨길 수는 없을 것이란 생각이 깔려있었다. 이틀이면 긴장을 풀고 겉모습 뒤의 진짜 모습을 드러내기 충분한 시간이었다. 채용팀은 보통 첫 반나절은 적응 시간으로 보고 중요하게 생각하지 않았다. 대신 그 이후부터 본격적인 평가를 시작했다. 기대치 또한 높았다. 함께 작성한 코드는 설령 지원자가 채용되지 않더라도 고객에게 바로 제공할 수 있을 만큼 완성도가 있어야 했다. 이틀이 지나면 양측 모두 앞으로 몇 달, 몇 년간 서로에게 어떤 것을 기대할 수 있을지 알 수 있었고 서로 적합한지도 확실하게 판단할 수 있었다.

두 명의 개발자가 한 컴퓨터에서 함께 코딩하는 '페어 코딩pair coding'은 카이가 '함께 구체적인 일을 하는 것'이라고 표현하는 실행 방법 중 하나다. 팀이 하는 모든 일은 명확한 가치와 목표에 따라 형성된다. 그러나 이 가치와 목표를 단순히 외우는 것만으로는 충분하지 않다. 그것들은 실천되어야 한다. 이 팀에게 있어 그들의 가치는 모든 활동에 스며들어 있다. 깃허브GitHub나 엑스(X, 옛 트위터)에서 사용자와 상호작용을 하고 회의를 운영하는 방식, 심지어 사용하는 언어의 종류까지 말이다.

겉보기에는 유사한 프로세스일지라도, 실제로 실행되었을 때만 그 효과가 드러난다. 이는 다양한 양육 방식과도 비슷하다. 개입 시기와 방식에 따라 효과도 다르다. VS Code팀에 있어 결정적인 순간들은 팀원들과 정기적으로 업무 점검을 할 때 자주 일어났다. 하지만 이 시간은 일반적인 일대일 면담과는 달랐다.

면접 과정에서 지원자와 팀이 이틀간 함께 코드를 작성했던 것처럼 매니저-엔지니어 세션의 주된 목적도 함께 일하는 것이었다. 엔지니어들은 노트북을 가져와 자신의 작업을 깊이 있게 공유해야 했다. VS Code의 핵심 가치 중 하나가 지속적인 출시인 만큼 각 세션은 작업을 조금이라도 더 진전시키는 데 초점을 맞췄다.

이러한 미팅은 모든 것을 작업 중심으로 만들고 사용자 가치를 창출하는 것을 통해 팀원 각자가 성장하고 성공하도록 돕는 것이 궁극적인 목적이었다. 실행하기는 어렵지만 장점이 많은 커다란 아이디어를 가지고 오면, 대화는 그 아이디어를 명확히 정의하도록 돕는 방향으로 흘러갔다. 사용자에게 어떤 가치가 있는지를 파악하고, 이를 월별 배포 주기에 맞게 어떻게 단계적으로 구축할 수 있을지 결정했다. 함께 아이디어를 단순화하고 본질에 집중함으로써 빠르게 가치를 전달하는 방법을 찾았다.

이러한 실천은 팀의 또 다른 가치인 집단적 제품 소유권을 구현했다. 아이디어는 어디에서든 나올 수 있었다. 엔지니어들은 제품 관리에 대해 이야기하고, 제품 관리자도 코드를 작성했다. 직책과 관계없이 모든 팀원이 들어오는 기능 요청과 버그 리포트를 분류해야 했으며, 이 역할은 매달 팀 내에서 순환되었다. 이를 통해 모든 구성원이 사용자와의 관계를 더 깊이 이해하고, 제품에 대해서 총체적인 시야를 가질 수 있었다.

일정 예시

1주차	2-3주차	4주차	계획 수립, 기술 부채 관리
계획 수립, 기술 부채 관리	실행	마무리 단계	배포 및 출시
계획 수립 및 재계획 기술 부채 감소 개발 도구 개선	팀 회의에서 매일 데모 시연 깃허브 흐름을 통한 협업	전원 테스트 참여 전원 버그 수정 전원 문서/코드 작성	복구 빌드 제공 출시 1주 뒤

그림 3.2 비주얼 스튜디오 코드 팀 프로세스

팀은 초기 검토를 자동화하는 봇bot을 개발하여 분류 업무를 없앴지만, 팀원들은 여전히 문제 보고서와 기능 요청을 통해 사용자들과 직접 소통했다. 또한 매주 진행되는 회의에서 현재 월간 계획과 진행 상황을 팀 전체가 함께 검토하면서 전체적인 관점을 유지했다.

한때 17명이 900만 명의 사용자를 지원했을 정도로 팀을 작게 유지한 덕분에 가치관을 확립하고 깊이 공유할 수 있었다. 여러 가치관은 결국 '사용자와의 거리 제로(0)'라는 개념으로 집약되었다. 이는 개발자 커뮤니티와 직접 소통하고 그들의 요구를 이해하며 그 요구를 제품에 반영하는 데 방해되는 모든 관행이나 절차를 제거하겠다는 약속이었다. 이를 통해 팀은 사용자와 공감대를 형성하고, 커뮤니티는 제품 개발 과정에서 핵심적인 역할을 하게 되었다.

만든 제품 직접 사용하기

사용자와의 거리를 없애려면 팀이 만드는 소프트웨어를 직접 사용하는 것이 필수였다. 이는 기술 업계에 널리 알려져 있는 관행인데, '도그푸딩dogfooding'이라는 이름으로 불린다. 다소 특이하지만 묘하게 어울리는 이 표현은 마이크로소프트에서 탄생했다. 1998년 마이크로소프트의 매니저 폴 마리츠Paul Maritz는 "Eat your own dog food.(직접 만든 개밥을 먹어 보라.)"라는 제목의 이메일에서 이 용어를 처음 사용했다.[16] 그는 여기에서 회사가 제품을 고객에게 판매하고자 한다면 직원들 또한 그 제품을 사용해야 한다고 강하게 주장했다.

VS Code의 경우, 도그푸딩은 모든 사용자에게 매달 안정적인 버전을 제공하는 동시에, 팀과 실험적인 사용자들이 사용할 수 있는 매일 업데이트되는 '인사이더insider' 버전을 운영하는 것을 의미했다. 팀은 인사이더 버전과 정식 월간 버전 간의 전환을 쉽게 만들어, 내부 직원뿐만 아니라 외부 사용자들도 적극적으로 인사이더 버전을 써보도록 유도했다. 이렇게 강력한 피드백 루프를 구축함으로써 VS Code팀은 실제 환경에서 제품을 테스트하고, 사용자 관점에서 소프트웨어를 이해할 수 있었다. 사용자들이 어떤 부분에서 기뻐하고 놀라는지 혹은 어떤 점에서 짜증을 내고 혼란스럽고 답답해하는지를 빠르게 파악할 수 있었던 것이다. 이에 대해 카이는 이렇게 설명했다. "수천 명의 사용자가 다양한 구성 환경에서 사용하는 데이터를 통해 우리는 품질 문제를 그 어떤 방법보다 정확히 파악할 수 있고, 필요한 경우 몇 시간 안에 핵심 문제를 해결할 수 있습니다. 이슈 트래킹과 기획, 테스트, 제품 로드맵 그리고 디자인 논의와 같이 복잡하고 다소 지저분한 과정들도 전부 공개되어 있습니다."

VS Code팀은 '사용자와의 거리 제로' 원칙을 실천하기 위해 개발자 커뮤니티를 활발히 키우는 데 집중했다. 2015년에 커뮤니티 협업과 투명성을 새로운 차원으로 끌어올리는 중대한 결정을 내렸다. 바로 프로젝트를 오픈 소스로 전환하고, 개발자들이 코드 버전을 관리하고 공유하며 추적할 수 있는 대표적인 플랫폼 깃허브에 공개한 것이다.[17] VS Code팀은 단순히 소프트웨어만 공유한 것이 아니었다. 앞으로의 개발 계획과 테스트 전략, 월별 릴리스 노트release note, 로드맵 등도 전부 열람할 수 있게 했다. 이러한 투명성은 제품의 방향을 명확히 하고, 커뮤니티의 소중한 기여를 이끌어내는 데 큰 도움이 되었다. 이는 사용자와 함께 걷겠다는 VS Code팀의 철학을 가장 잘 보여주는 사례였으며, 사용자와 팀 간의 거리를 완전히 없애고자 했던 노력의 결정체였다.

업계를 선도한 제품 출시의 역사를 돌아보면 VS Code팀이 마치 미래를 내다보는 선견지명이 있었던 것처럼 보인다. 물론 모든 걸 미리 알고 있었던 것은 아니다. 핵심은 경청하는 자세였다. 사용자와의 대화 속에서 영감을 주는 제안을 포착하고 이를 바탕으로 개선을 반복하며, 매달 출시에 반영했다. 지속적인 피드백 수용과 대응은 사용자들의 신뢰를 쌓았고, 그들이 제품 발전에 일조하는 것처럼 느끼도록 했다.

VS Code의 인기가 높아졌을 때도 팀은 안주하지 않았다. 고객의 피드백에 집중하며 신속하게 가치를 전달하는 데에 계속 주의를 기울였고, 처음 VS Code를 좋아했던 개발자들의 마음이 몇 년이 지나도 변하지 않도록 노력했다. 에릭은 이렇게 설명했다. "우리는 제품 개발을 지속적인 학습 활동으로 봅니다. 우리가 안다고 생각할 때조차 실제로는 절반 정도만 알고 있을 뿐이라고 인정합니다. 그래서 우리는 학습 속도를 극대화하는 방식으로 최적화합니다."

학습이 혁신의 필수 요소라는 점을 인식하고 있지만, 팀은 실험이 실제로 유용하고 가치 있는 결과물을 내놓는 것을 대신하게 내버려두지 않았다. 10년이 넘는 기간 동안 그들은 단 한 번의 예외도 없이 매달 안정적이고 품질 높은 새로운 버전을 꾸준히 출시해 왔다.

제로섬 게임이 아니다

비주얼 스튜디오와 VS Code의 관계를 이해하려면 윈도 메모장과 마이크로소프트 워드를 떠올려보면 도움이 될 것이다. 메모장은 빠르게 간단한 목록을 만들거나 여러 곳에서 복사한 텍스트를 임시로 붙여 넣을 때 유용하다. 그러나 메모장으로 석사 논문을 작성하는 사람은 없다. 그럴 때 필요한 건 워드다. 워드는 정식 문서를 작성하는 데 필요한 모든 기능을 갖추고 있다. 하루 종일 두 프로그램을 모두 사용할 수도 있고, 하나만 사용할 수도 있다. 하지만 어느 하나가 다른 하나를 완전히 대체하기는 어렵다.

마이크로소프트는 두 제품이 비슷하지만 사용자층은 서로 겹치지 않는다는 걸 알고 있었다. 따라서 경영진에게 주어진 과제는 두 제품의 구분을 유지하면서도, 협업의 기회를 극대화하는 것이었다.

"같은 부서에 속해 있다는 사실이 오히려 강점입니다." 비주얼 스튜디오, VS Code, 깃허브 및 기타 여러 제품을 총괄하는 DevDiv의 사장 줄리아 리우슨Julia Liuson은 이렇게 말한다. 처음부터 이 그룹은 비주얼 스튜디오와 VS Code가 가능한 한 동일한 코드 조각을 공유하도록 하는 것을 목표로 삼았다. 예를 들어 두 제품 모두 C++ 언어로 프로그래밍하는 개발자를 위한 기능을 제공한다. 윈도 운영 체제에서 개발하는 사람들은 주로 비주얼 스튜디오를 사용했고, 리눅스에서 개발하거나 여러 플랫폼을 대상으로 개발하는 경우에는 VS Code를 선호하는 경향이 있다. 이에 DevDiv는 C++ 확장 기능을 위한 단일팀을 구성하여 두 제품 모두에서 사용할 수 있도록 코드와 전문 지식을 효과적으로 공유했다.

하지만 기능을 공유하면 자칫 제품 간 정체성이 흐려지고 고유 가치가 약해질 위험이 있다. 따라서 고객 중심 전략을 처음부터 명확하게 수립하는 것이 매우 중요했다. 경영진은 비주얼 스튜디오와 VS Code 중 어떤 제품이 어떤 고객과 시나리오에 적합한지를 결정하여 사용자 유치와 유지를 계획했다. 두 제품을 경쟁 구도로 놓는 대신, 상호 이익을 주고받을 수 있도록 조직을 전략적으로 설계하여 함께 발전하고 성공할 수 있도록 한 것이다.

팀 사이에서 갈등이 쉽게 발생할 수 있는 또 다른 분야는 자금 지원이다. 줄리아와 팀은 아이디어는 어디에서든 나올 수 있다는 성장 마인드셋에 따라 행동한다. 이 가치관은 구조와 행동을 통해 구체화되었다. 그중 하나가 바로 새로운 아이디어를 '가설'이라고 부르는 방식이다.

가설은 검증의 대상이다. 검증을 통해 가설이 참인지 거짓인지 증명할 수 있다. 어느 쪽이든 우리는 무언가를 배우게 된다. 조직 전체가 아이디어가 아닌 가설이라는 단어를 사용하면, 구성원들이 생각을 공유할 때 느끼는 위험을 줄일 수 있다. 자신의 주장이 절대적인 진리가 아니라 하나의 이론이라면, 다른 사람이 제시하는 질문이나 의문을 공격이 아니라 검증과 개선을 위한 도움으로 받아들일 수 있다. 이에 따라 사람들은 가설을 더 빠르게 더 자주 공유하고, 팀은 그만큼 더 자주 협업하고 학습할 수 있는 기회를 얻게 된다.

DevDiv도 정확히 이렇게 일한다. 1년에 두세 번 미니 피치mini-pitch 세션을 갖는다. 이 세션은 발표라기보다는 대화에 가깝다. 한 팀이 가설을 소개하고 그에 대한 질의응답이 이어진다. 대화를 통해 경영진은 해당 가설이 고객의 요구를 충족하는지를 기준으로 초기 검증이 되었는지를 판단한다.

이때 '왜 우리가 해야 하는가?' '이 새로운 아이디어를 실현하기에 마이크로소프트는 적합한 회사인가?' '우리가 잘할 수 있는 범위인가?'

와 같은 질문을 함께 던진다. 어떤 아이디어는 스타트업이나 파트너사 혹은 다른 조직이 더 잘 수행할 수 있다. 어떤 경우에는 마이크로소프트가 직접 만드는 것이 최선일 수 있지만, 오픈AI 같은 곳에 투자하거나 깃허브처럼 이미 만들어진 회사를 인수하는 편이 훨씬 더 효과적일 수 있다.

프로젝트가 승인되면, 소수의 전담 인력이 배정되어 가설을 더 깊이 검증한다. 일부 조직에서는 혁신을 위해 직원에게 일정 비율의 시간을 할당하도록 하기도 한다. 하지만 DevDiv의 경영진은 무에서 유를 창조하려면 100퍼센트의 집중이 필요하다고 믿는다. 스타트업처럼, VS Code의 초기 개발 때처럼 말이다.

핵심 요점

◆ **혁신가의 딜레마를 받아들인다**

새로운 고객 세그먼트가 등장할 때 기존 제품에 단순히 기능만 추가하려는 유혹을 뿌리쳐야 한다. 새로운 고객 세그먼트의 고유한 요구를 인정하면, 혁신적이고 차별화된 제품을 만들 수 있다.

◆ **가치 창출에 집중한다**

실제 고객을 위한 가치를 창출하는 것이 시장을 선도하는 제품과 서비스를 개발하는 데 필수적이다. 줄리아는 이를 멋지게 표현했다. "혁신이란 고객의 삶을 변화시키는 무언가를 창조하는 것이다. 고객의 삶을 근본적으로 바꾸지 못한다면, 그건 혁신이 아니라 그냥 멋진 아이디어일 뿐이다."

◆ **신뢰할 수 있는 협업 네트워크를 구축한다**

스콧 구와 제이슨은 에릭을 알고 영입했고, 에릭은 오랜 파트너 카이와 초기 개발팀을 불러 모았다. 크리스는 회사 전반에 걸친 자신의 네트워크를 활용해 일을 추진했다. 문화나 프로세스는 문서상으로는 비슷해 보일 수 있다. 함께 일해 봐야 그 사람이 무엇을 잘하고 못하는지를 알 수 있다. 새로운 사람을 알아보는 방법으로 이틀간 '함께 구체적인 일하는' 방식의 면접이 효과적일 수 있다.

저자 하이라이트

딘 이 사례에서 인상 깊은 점은 이 일이 얼마나 쉽게 혁신가의 딜레마에 빠질 수 있었는가다. 비주얼 스튜디오처럼 확고히 자리 잡고 수익성 높은 제품은 웹 기반 개발자와 같은 새로운 고객 세그먼트를 일시적이거나 수익성이 없거나 전략적으로 중요하지 않다고 판단하고 무시할 위험이 크다. 기껏해야 기존 제품에 몇 가지 기능을 추가해서 새로운 세그먼트를 겨냥하고, 대부분의 투자는 기존 고객을 위한 방향으로 진행된다. 그러나 DevDiv 경영진은 이 새로운 웹 기반 세그먼트의 잠재력을 예견했고, 이들의 요구가 전혀 새로운 제품을 만들 만큼 타당하다고 인정했다.

VS Code가 성공하고 사용자 기반이 확장하면서 두 번째 위험이 나타났다. 전형적인 혁신가의 딜레마에서는 기존 제품(여기서는 비주얼 스튜디오)이 신생 제품(VS Code)을 흡수하거나 주변화시켜 자신들의 사용자와 사업을 방어하려 한다. 하지만 DevDiv 경영진은 명확하게 비즈니스적 관점에서 두 제품의 존재 이유를 꾸준히 소통함으로써 이런 결과를 피했다. 그들은 두 제품 간의 상호 의존성을 만들었다. 각 팀이 서로 제품에 일부 코드를 제공하도록 하여, 두 팀 모두 서로의 성공에 이해관계를 갖도록 한 것이다. 또한 실무적으로도 두 팀 간의 정기적인 상호작용을 유도하여 마찰 가능성을 줄였다. 두 제품의 지속적인 성장은 이 접근법이 현명했음을 보여준다.

조앤 이틀에 걸친 공동 창작 면접 채용 프로세스는 획기적이다. 무엇을 만들든, 성공은 훌륭한 팀을 구성하는 것에서부터 시작한다. VS Code팀의 실무 중심 채용 방식은 기술 역량을 평가할 뿐 아니라 이틀 동안 함께 일하면서 팀과 지원자 모두 첫인상에 의존하지 않고, 미래의 협업 관계가 어떤 모습일지 명확히 파악할 수 있게 해준다.

이 방식은 소프트웨어 개발자를 위한 채용 방법으로 소개되었지만 혁신적인 팀, 나아가 모든 팀에서 다양한 직무에 쉽게 응용할 수 있다. 예를 들어 디자이너라면 이틀 동안 제품 모형이나 스토리보드, 사용자 흐름도 등을 함께 만들어보는 작업을 통해 창의력과 협업 스타일 그리고 문제 해결 능력을 자연스럽게 드러낼 수 있다. 데이터 분석가는 기존 팀원들과 함께 데이터를 분석하고 트렌드를 파악하며, 해결책을 제안해 볼 수 있다. 마케팅 전문가는 홍보 캠페인을 기획하고, 재무 담당자는 비즈니스 재무 분석이나 예산안을 작성하는 일에 참여할 수 있다. 역할에 상관없이 이 방식의 핵심은 실시간 협업이다. 이를 통해 채용팀과 지원자 모두 진정성 있게, 지속할 수 있는 생산적인 관계를 평가할 수 있다.

마이크로소프트 오피스

전략적 디자인으로 가치를 창출한다

소개가 필요 없는 제품이다. 마이크로소프트 오피스Microsoft Office(이하 오피스)는 1989년에 처음 출시된 이후, 마이크로소프트 역사만큼이나 오랫동안 우리 곁에 존재해왔다.[18] 그동안 워드Word는 사용자들이 수조 건의 문서를 작성하는데 기여했다. 엑셀Exel은 데이터 분석을 대중화했으며, 파워포인트PowerPoint는 우리가 이야기를 전달하는 방식을 완전히 바꿔놓았다. 35년이 넘는 오피스 역사에는 수많은 사례 연구가 존재한다. 하지만 이번 이야기의 초점은 2018년부터 2023년 사이에 이루어진 중요한 변화들에 맞춰져 있다. 이는 전략적 디자인의 힘을 보여주는 시기이기도 하다.

이 장에서는 본 책의 세 번째 주제를 다룬다. 〈Xbox〉장에서는 새로운 사업을 수년간 '독립적으로' 구축하고 성장시킨 후, 회사 전체와 통합하는 과정을 소개했다. 〈비주얼 스튜디오 코드〉장에서는 기존 제품을 수정하는 대신, '기존 조직 내'에서 새로운 팀을 만들고 제품을 개발하여 새로운 시장을 공략한 사례를 다뤘다. 이번 장에서는 '점진적인 변화로 유명한 오래된 조직'에서 'CEO의 주목을 받는 멋진 팀'으로 탈바꿈하는 과정을 소개한다.

이번 사례에서 다룰 성공적인 혁신은 다음 세 가지 중요한 변화에 힘입어 가능했다.

- 디자인 우선 조직으로의 전환
- 기존 제품에 새로운 기능 적용
- 직접적인 성공 측정

디자인이 우선: 거대한 피라미드를 재구성하다

마이크로소프트가 생긴 이래 제품이나 기능을 개발하는 팀은 대부분 개발자와 테스터 그리고 프로그램 관리자로 구성되었다. '거대한 피라미드great pyramid'로 불리는 이 삼각형 구조에서 개발자는 기능을 만들고 테스터는 기능이 제대로 작동하는지 확인했으며, 프로그램 관리자는 제품 사양서(엔지니어링 요구사항)를 작성하고 개발 일정도 세워서 팀의 전반적인 진행 상황을 관리했다.

〈Xbox〉장에서 소개한 BXT(비즈니스-경험-기술) 프레임워크를 떠올려보면 개발자, 테스터, 프로그램 관리자는 BXT 중 T(기술)에 해당하는 역할이었다. 오피스에는 '제품 관리자'도 있었는데 이들은 전반적인 제품 전략에 집중하며 BXT의 B(비즈니스)를 담당했다. 그렇다면 BXT의 X(경험)는 누가 담당했을까?

2018년, 수밋 초한Sumit Chauhan은 워드와 파워포인트의 신임 제품 책임자로 부임했다. 그녀는 오피스 조직 전체를 대상으로 수년 단위의 릴리스 일정을 월별 방식으로 전환하는 엔지니어링 작업을 이끈 바 있었다. 게이밍과 마찬가지로, 릴리스 빈도의 증가는 개발팀에 안도감을 주었다. 작지만 더 잦은 릴리스가 더 많은 실험과 도전을 가능하게 한 것이다. 수밋은 이러한 흐름에 동참할 사람들을 찾아 몇 가지 새로운 변화를 도입했다.

첫 번째 변화는 거대한 피라미드의 대대적인 재구성이었다. 오랫동안 이어져 온 개발자-테스터-프로그램 관리자 3인 체제를 개편하여 테스터 대신 디자이너를 포함했다. 수밋 이전에는 디자인팀이 제품 초기에 거의 참여하지 않았다. 기능이 만들어진 후 시각적 개선을 위해 후반부에 투입되는 게 일반적이었다. 그러나 아름다움은 좋은 디자인을 구성하는 하나의 요소에 불과하다. 디자인 원칙 열 가지 중 나머지 아홉 가지는 기능성과 관련된 요소들이다.[19] 새로운 구조에서 디자인은 엔지니어링과 동등한 위치에 서게 되었다.

디자이너는 솔루션의 다양한 측면을 고려한다. 누구를 위한 것이고 왜 필요한지, 언제, 얼마나 자주 사용하는지, 어떤 맥락에서 사용하는지 등을 고민한다. 디자이너의 탐구는 다양한 관점에서 시작된다. 예를 들어, 인간 중심 디자인은 사용자 관점에서 제품과의 상호작용을 탐색한다. 자연 중심 또는 생명 중심 디자인은 인간을 포함한 자연과의 상호작용 방식이나 자연이 문제를 어떻게 해결하지를 살펴본다. 어떤 분야든 디자이너는 제품이나 서비스 바깥에서 시작하여 안으로 접근한다. 다시 말해, X에서 시작해 T로 접근하는 것이다.

수밋은 디자인 및 리서치 팀에 대니얼 배런Daniel Varon을 영입했고, 자신이 가진 영향력과 조직 내 신뢰를 바탕으로 그에게 힘을 실어주었다. 새로운 체계에서 디자인이 제품 작동 방식에 대한 최종 결정을 내리는 역할을 맡게 되었다. 대니얼은 그 영향에 대해 이렇게 회상했다. "디자인이 이제 제품 수명 주기의 전 과정에 참여하게 되었습니다. 그 덕분에 프로젝트 후반에 사소한 개선이 아니라 정말 크고 혁신적인 디자인 아이디어에 집중할 수 있게 됐습니다."

제품 초기 단계부터 디자이너를 참여시킨다는 것은 파격적인 발상이었다. 게다가 디자이너에게 실질적인 결정 권한을 부여한다? 이는 거의 이단 행위와 다름없었다. 하지만 곧 다가올 변화에 비하면 이 정도는 아무것도 아니었다.

새로운 기능 금지

클레이튼 크리스텐슨이 『혁신기업의 딜레마』에서 설명한 것처럼, 많은 대기업이 결국 무너지게 되는 한 가지 이유는 '과잉 서비스over-serving'라는 개념 때문이다.

과잉 서비스는 기업이 기존 제품을 고객의 필요 수준을 넘어 계속 개선할 때 발생한다. 주류 소비자가 사용하지 않을 기능을 도입하거나, 고객 입장에선 가치를 느끼지도 못하고 지불 의사도 없는 기능을 제공하는 경우가 이에 해당한다. 그 사이에 신규 진입자는 서비스가 부족하거나 전혀 제공되지 않는 시장에 경쟁 제품을 출시한다. 시간이 지나면서 기존 기업은 주류 사용자로부터 점점 더 멀어지지만, 신규 진입자는 주류 사용자와 가까워진다. 결국 신규 진입자는 시장을 장악하고 기존 기업을 대체한다. 이것이 크리스텐슨이 파괴적 혁신 이론에서 말하는 과잉 서비스다.[20]

다른 관점에서 과잉 서비스를 보면, '과도한 엔지니어링과 부족한 디자인'으로 설명할 수 있다. 이런 일은 너무 흔하다. 누구나 한 번쯤은 사용자가 필요로 하거나, 원하거나, 제대로 사용할 수 있는 범위를 훨씬 뛰어넘는 기능을 갖춘 제품이나 서비스 혹은 프로세스를 경험해 본 적이 있을 것이다. 심지어 처음 출시된 제품조차 이 딜레마에 빠지곤 한다. 실제로 스타트업이 실패하는 이유 중 하나는 시장 적합성을 찾기도 전에 너무 많은 것을 너무 일찍 만들어 자원을 소진하기 때문이다.

다행히 오피스의 새로운 경영진은 이러한 문제를 인지하고 '새로운 기능 금지'를 선언했다. 수밋은 그 당시 생각을 이렇게 밝혔다. "사용자 대부분은 제품의 극히 일부만 사용합니다. 그래서 우리는 더 이상 기능을 추가하지 않기로 했습니다. 우리의 첫 번째 과제는 이미 있는 기능과 깊이를 사용자에게 제대로 전달하는 것이었습니다."

이 선언이 변화의 첫 번째 단계였다. 목표를 명확히 했으니, 두 번째 단계는 목표를 어떻게 달성할지를 정의하는 것이었다. 이를 위해 그들은 다시 디자이너들에게 눈을 돌렸다.

디자이너의 도구 상자를 열다

앞서 언급했듯이, 제품팀의 기술 담당자들은 엔지니어링 요구사항으로 구성된 명세서를 작성하고 이를 바탕으로 작업을 진행한다. 잘 작성된 요구사항은 명확하고 간결하며 모호하지 않아야 한다.

디자이너들은 이와 비슷하지만 다른 도구를 사용한다. 바로 '가이드 원칙'이다. 가이드 원칙은 혁신 초기 단계에서 무엇을, 왜 해야 하는지를 결정할 때 세우는 가드레일 같은 개념이다. 가이드 원칙은 그 이름처럼 디자인 과정을 안내하는 역할을 하는데, 구체적으로 정의하는 것은 아니다. 이 원칙들은 원하는 목표를 달성하도록 틀을 제공하지만, 창의성을 발휘할 수 있는 여지는 충분히 남겨둔다.

요구사항과 가이드 원칙을 여행 경로라고 가정해 보면, 요구사항은 특정 도로를 특정 차량으로 이동할 때 '1,017피트 지점에서 왼쪽으로 37도 회전한 다음 203피트 진행 후 정지할 것'처럼 작성할 수 있다. 이에 비해 가이드 원칙은 '빠르고 안전하게 집에 도착할 것'에 가깝다.

오피스의 경영진은 '클릭 한 번으로 놀라운 결과를'이라는 기본 원칙을 세우고 이를 고수했다. 수밋은 다음과 같이 설명했다.

> 시간이 지나면서 오피스팀에는 사용자들이 세밀한 제어를 원한다는 인식이 자리 잡았습니다. 이 부분은 옮기고, 저 부분은 수정하고 싶어한다는 것이죠. 하지만 저는 아니라고 말했습니다. 사용자에게 처음부터 놀라운 기능을 제공하면 그대로 사용할 겁니다. 멋진 슬라이드 한 장을 만드는 데 30분씩 투자할 시간과 인내심이 있는 사람은 없습니다. 사람들은 필요해서 하는 것이지 선택해서 하는 것이 아닙니다.

'새로운 기능 금지' 원칙에 '클릭 한 번으로 놀라운 결과를'이라는 기본 원칙이 더해지면서, 팀은 혁신에 필요한 가드레일을 갖추게 되었다. 말하자면, 제약이 창의성을 낳은 것이다.

디자인 도구 몇 가지 더

　디자인팀은 제품 개발 초기 단계부터 비전을 명확히 전달하기 위해 시각적 요소를 활용했다. 스케치, 렌더링, 만화 스타일의 일러스트레이션 등 어떤 형태든지 구체적인 이미지를 제시하면 팀 전체가 같은 것을 두고 소통하기에 유용했다. 이러한 시각적 요소가 없었다면 팀원 각자가 최종 사용자 경험에 대해 일관되지 않은 부정확한 개념을 가지고 의사결정을 할 위험이 있었다.

　오피스 제품 그룹의 디자인 총괄 부사장인 존 프리드먼Jon Friedman은 차세대 도구 구상에 핵심적인 역할을 했다. 게다가 500명으로 구성된 팀을 이끌고 이를 실현했다. 존은 이렇게 말했다.

　　디자인 사고의 강력한 측면 중 하나는 사람들 앞에 스케치를 올려놓는 겁니다. 사실 프로토타입이든 샘플 화면이든 그림이든 상관없습니다. 그렇게 하는 순간 그 스케치가 아무리 형편없어도 모두가 같은 것을 놓고 뭐가 맞고 틀렸는지를 이야기하게 됩니다. 그 순간부터 집단적인 디자인 작업이 시작되는 것입니다.

　시간이 지나면서 오피스 디자인팀은 정적인 이미지에서 벗어나, 실제 작동하는 사용자 인터페이스 프로토타입을 만들어 새로운 경험을 시연하기 시작했다. 이 단계는 기본 코드가 작성되기 전에 이루어졌다. 이 프로토타입으로 팀 전체가 새로운 기능을 사용자 관점에서 클릭 하나하나, 화면 하나하나를 따라가며 직접 경험할 수 있었다. 마치 항공기를 제작하기 전에 비행 시뮬레이터를 설계해 조종사에게 피드백을 받는 것과 같았다. 이를 통해 기술 명세서만으로는 전달할 수 없는 통찰을 공유하게 되었다. 존은 이 장점을 잘 포착했다. "사진 한 장이 1,000마디 말보다 가치 있다면, 프로토타입 하나는 사진 1,000장만큼 가치가 있습니다."

훌륭한 사용자 경험 만들기

오피스팀의 또 다른 중요한 방향은 '완성도'에 집중하는 것이었다. 이 맥락에서 완성도는 훌륭한 사용자 경험을 제공하기 위한 접근 방식이다. 인간에게는 품질 높은 결과물을 만들고자 하는 본능적인 욕구가 있다. 그러나 대규모 조직에서 이 욕구를 끌어내기란 쉽지 않다. 개발자에게는 코드, 프로그램 관리자에게는 제품 명세서처럼 각자의 산출물이 최종 사용자 경험의 아주 작은 부분에 불과하기 때문이다. 그래서 최종 제품을 가리키며 "이건 내가 만들었어"라고 말하기가 어렵다.

오피스팀의 해결책은? 사용자 경험만을 집중적으로 다루는 새로운 카테고리의 비즈니스 리뷰를 만들었다. 제품 팀의 모든 구성원이 사용자 피드백을 심층 분석하여 고객의 기대를 충족했는지, 놓쳤는지 혹은 뛰어넘었는지를 점검했다. 비즈니스 리뷰와 코드 리뷰는 수십 년간 마이크로소프트의 DNA에 있었다. 하지만 경험 리뷰는 사용자들이 오피스 소프트웨어를 어떻게 체험하는지에 대한 새롭고 필수적인 관점을 제공했다. 나아가 경험 리뷰를 통해 모든 팀원이 자신의 작업이 최종 제품에 어떻게 기여하고 있는지 더 잘 이해하게 되었다. 그리고 그 경험은 매번 더 나은 결과를 만들기 위한 공동의 책임감을 형성하는 계기가 되었다. 존은 이렇게 설명했다. "경험 리뷰의 장점은 사용자 경험에 대해 집단적 책임감이 생긴다는 겁니다. 모두가 한 걸음 물러나 눈가리개를 벗고 자신이 만든 기능이 실제 시나리오 속에서 어떻게 작동하는지를 함께 살펴보게 됩니다."

팀은 최소 신뢰 경험(minimum trustworthy experience, MTE)과 변혁적 가치(transformational value, TV)라는 두 가지 책임 기준을 사용하여 사용자 경험에 대한 집중도를 높였다. MTE는 기능의 완성도와 안정성에 대한 고객의 인식을 반영했다. 이는 완벽함을 기다리지 않고 빠르게 기능을 출시하고 학습해야 한다는 애자일agile 개발 방식을 인정한 것이다. MTE는 최소한의 기준을 설정하여, 새로운 기능이 사용자 신뢰를 잃는 방식으로 실패하지 않도록 했다. TV는 그 반대편에 있는 개념이다. 사용자 만족을 측정하고, 오피스 애플리케이션을 사용하는 방식을 변화시킬 수 있다고 느끼는 경험을 나타냈다. TV는 각 기능 도입의 '목표'였다. 오피스의 사용자 경험 연구 디렉터인 페니 콜리슨Penny Collisson은 이렇게 설명했다. "우리가 먼저 신뢰를 얻지 않으면 변화를 이끌어낼 수 없어요. 그리고 사람들이 변화를 느끼지 못하면 시간이나 노력, 돈을 투자하려 하지 않을 겁니다."

엔지니어링이 길을 찾다

만약 이 오피스 이야기의 배경이 2023년이었다면 개발팀은 당연히 AI를 활용하여 문제를 해결했을 것이다. 하지만 이때는 2018년이었다. AI가 텍스트를 읽고, 쓰고, 분석하고, 요약하고, 종합하는 능력이 아직 초기 단계에 머물러 있었던 때다. 그럼에도 오피스의 경영진은 AI가 나아갈 방향을 미리 내다봤고, 각 제품을 기기-걷기-달리기 전략을 통해 그 길로 이끌었다.

워드에는 이미 맞춤법과 문법 검사 같은 규칙 기반 도구들이 마련되어 있었다. 이를 머신러닝machine learning으로 전환하는 것이 첫 번째 단계였다. 그다음은 문장 재구성을 제안하는 기능으로 확장하고, 최종적으로 문단 전체를 생성할 수 있는 수준으로 발전시키는 것이 목표였다.

파워포인트에서는 AI 덕분에 누구나 멋진 프레젠테이션을 만들 수 있게 되었다. 몇 장의 슬라이드만 완성하면 파워포인트의 디자이너Designer 기능이 수십 가지의 다양한 레이아웃과 시각 스타일을 생성해 주었다. 이는 이전까지는 전문 그래픽 디자이너의 손길이 필요했던 수준의 품질이었다. 빌 게이츠는 처음 디자이너 기능을 보고 지금까지 본

AI 활용 사례 중에서 최고라고 평가했다.

엑셀에서는 사용자가 자연어로 데이터에 관해 질문을 입력하면 자연어로 답을 받을 수 있었고, AI가 데이터 전처리와 분석과 같은 모든 기본 작업을 수행했다.

이러한 변화를 실현하기 위해 오피스팀은 이해하기는 쉬워도 해결하긴 어려운 문제인 파편화fragmentation를 극복했다. 워드와 파워포인트 그리고 엑셀, 아웃룩Outlook은 모두 오피스라는 브랜드 아래 있었다. 그러나 각각의 조직은 조금씩 다른 문제를 해결하고자 했다. 예를 들어 엑셀에서는 데이터 구조화와 수학적 계산 기능이 핵심이지만, 파워포인트에서는 시각적 요소가 더 중요하다. 따라서 애플리케이션마다 파일 구성 방식이나 데이터 관리 방식이 조금씩 달랐다. 워드에서 AI 기반 문장 재작성 기능이 개발되어도 엑셀, 파워포인트, 아웃룩에 그대로 적용하기는 어려웠다. 각 제품마다 통합 및 테스트를 해야 하는 번거로운 과정이 필요했다.

이 문제를 해결한 것이 바로 증강 루프Augmentation Loop였다. 증강 루프는 오피스 각 제품의 복잡성을 제거하고 새로운 AI 기술을 오피스 전체에 빠르게 적용할 수 있게 해주는 소프트웨어 계층이다. 이 기술은 새로운 AI 기능의 배포 속도를 높이고 실험 비용도 낮췄다. 팀은 실제 사용 환경에서 새로운 AI 모델을 대규모로 테스트한 후 개선하여 정식 출시할 수 있었다. 도입은 빠르게 진행되었다. 출시 후 몇 년 만에 증강 루프는 150개의 고급 AI 기능을 10억 명이 넘는 오피스 사용자에게 제공하게 되었다. 초기 프로그램 관리자 중 한 명인 로한 샤Rohan Shah는 다음과 같이 말했다.

> 증강 루프는 오피스 데이터를 통합된 방식으로 활용할 수 있어 AI 지능에 민첩성과 확장성을 가져다 주었습니다. 처음에는 두 개의 오피스 애플리케이션에서 시작했지만, 추진력을 얻자 마이크로소프트 곳곳에서 자신들의 기능을 오피스에 통합하거나 오피스 AI를 활용하고 싶다는 문의를 해왔습니다. 이 과정에서 우리는 조직 간 장벽을 허물 수 있었습니다.

탁월한 디자인 리더십이 팀과 제품의 잠재력을 끌어냈고 뛰어난 엔지니어링이 그것을 현실로 만들었다. 하지만 이 모든 것이 제대로 작동하기 위해서는 한 가지 변화가 더 필요했다.

성공의 척도

기술 조직에서 흔히 그렇듯, 오피스는 기술적 요구사항과 출시 일정을 충족하는 것을 성공의 기준으로 삼아왔다. 요구사항에 따라 예산과 기한에 맞춰 제품을 출시하면 일을 잘 한 것으로 여겼다. 이는 최선의 방식은 아니지만 소규모 혹은 신규 제품에는 적합할 수 있다. 제품을 출시했지만 아무도 구매하지 않는다면 수익으로 드러나기 때문이다. 이는 뭔가 잘못되었다는 분명한 신호다. 오피스처럼 규모가 크고 널리 사용되는 제품의 경우, 단순히 출시일과 매출을 비교하여 새로운 기능과 개선 사항의 성공 여부를 판단하기가 어렵다. 얼마나 성공적인지 직접 측정해야 한다.

오피스팀은 성공을 측정하는 지표로 다소 독특한 방식인 유지율 kept rate에 집중했다. 예를 들어 워드에서 문장 완성을 제안했을 때 사용자가 그 제안을 받아들이고 최종 문서에 포함했는가? 파워포인트에서 프레젠테이션을 위한 새로운 디자인을 제안했을 때 사용자는 그 디자인을 유지했는가 아니면 거부했는가? 단순한 개념이지만 이 지표는 사용자가 어떤 기능을 가치 있게 생각하는지를 보여주는 강력한 신호가 되었다. 수밋은 이렇게 설명했다. "우리는 유지율이라는 개념에 집착했습니다. 다시 말해 자동완성 기능이든, 디자인이든, 도표든 사용자가 오피스 제품에서 보는 모든 것을 문서에 그대로 남기고 적용하는지 확인하는 겁니다."

유지율 지표는 설득력이 있었다. 사용자가 어떤 기능의 결과물을 유지했다면 그것은 '마우스로 투표한 것'이라고 볼 수 있었다. 오피스팀은 이 데이터를 활용하여 마이크로소프트365 부문의 더 많은 사람들에게 디자인 중심의 AI 기반 접근 방식이 타당하다고 설득해 나갔다. 수밋은 이렇게 말했다. "저는 계속해서 유지율 차트를 보여주며 말했어요. '봐요, 고객들이 이런 기능들을 사용하고 있어요. 우리 제품을 좋아하고 있다고요. 데이터를 보세요.' 이게 우리를 계속 움직이게 했어요."

생각, 행동, 감정

　유지율은 어떤 기능이 사용자에게 반응이 좋은지를 파악하는데 유용한 지표였다. 하지만 이 기능이 '왜' 가치가 있는지, 그리고 '어떻게' 하면 사용자가 더 많은 기능을 사용할 수 있을지 이해하는 것도 중요했다. 이를 위해 팀은 수년간 개발해 온 '생각, 행동, 감정Think, Act, Feel' 프레임워크를 활용했다. 이 프레임워크는 광범위한 인지 과학 연구를 기반으로 하고 있으며, 제품이 고객 중심 경험을 제공하려면 사용자가 어떻게 생각하고, 행동하고, 느끼는지를 모두 고려해야 한다고 강조한다. 세 가지 모두 필수적인 요소다. 하나라도 충족되지 못하면 제품은 기대

그림 4.2　생각, 행동, 감정 프레임워크

이하의 성과를 내게 된다.

'생각'은 수십 년 동안 소비자 연구의 중심에 있었다. 연구자들은 고객에게 제품 선호도, 구매 의도 등을 묻는다. 마이크로소프트는 창립 이래 이러한 종류의 조사를 지속해 왔다.

'행동'은 조금 다르다. 과거 마이크로소프트가 소프트웨어를 CD에 담아 로컬 하드웨어local hardware에서 실행하는 방식으로 제공했을 때는 사용자가 실제로 제품을 어떻게 사용하는지 알기 어려웠다. 하지만 소프트웨어가 클라우드로 전환되면서 상황이 달라졌다. 이제 행동은 측정가능한 것이 되었다. 클라우드 기반 텔레메트리telemetry를 통해 마이크로소프트는 제품의 각 기능이 언제, 어떻게 사용되는지를 세밀하게 파악할 수 있게 되었다. 유지율은 텔레메트리를 활용하는 대표적인 예다. 오피스 팀은 기존 소프트웨어 제품에서 클라우드 서비스로 전환하는 데 일찌감치 투자하여 매우 정교한 텔레메트리를 활용할 수 있고, 행동에 대한 풍부한 통찰을 얻을 수 있었다.

'감정'은 마이크로소프트에서 받아들이기 어려운 것이었다. 마이크로소프트는 언제나 합리성과 분석적 사고에 자부심을 가져왔기 때문이다. 하지만 생각, 행동, 감정 프레임워크를 만든 팀은 설득력 있는 논리를 제시했다. 이 프레임워크의 창시자인 트리시 마이너Trish Miner는 마이크로소프트 직원을 대상으로 한 브리핑에서 다음과 같이 설명했다.

35년간의 인지 심리학 연구는 우리가 생각하는 것만큼 인간이 논리적이고 이성적이지 않다는 사실을 보여줬습니다. 감정은 의미 있는 의사결정의 주된 동인입니다. 여기에는 마이크로소프트에서 중요하게 여기는 많은 결정이 포함됩니다. 제품 구매 여부와 사용 방식, 타인에게 제품을 추천할지 여부 등입니다.

전체적으로 볼 때 생각, 행동, 감정 프레임워크는 오피스팀이 사용자가 중요하게 여기는 기능을 더욱 효과적으로 계획하는 데 도움이 되었다. 이 프레임워크가 왜, 어떻게 효과를 발휘하는지는 〈패턴 3: 모두가 함께하는 혁신〉장에서 더 자세히 설명한다.

준비가 결실을 맺다

오피스의 AI 중심, 디자인 주도 접근 방식은 2022년 이전부터 이미 효과를 나타내고 있었다. 사용자들은 더 강력하고 직관적인 사용 경험을 인지하고 체감하고 있었다. 그러던 중 생성형 AI가 급속히 확산하면서 그 영향력은 급격히 커졌다. 마이크로소프트는 오픈AI와 파트너십을 맺고 GPT-4와 달리 3DALL·E 3와 같은 세계에서 가장 강력한 AI 모델을 활용할 수 있었다. 오피스 제품군은 매일 텍스트와 이미지 작업을 하는 세계 최대 규모의 커뮤니티를 보유하고 있었다. 과제는 이러한 AI

를 유용하고 사용하기 쉬우면서도 신뢰할 수 있는 방식으로 통합하는 것이었다.

이 지점에서 오피스가 그동안 투자해 온 지속적인 배포와 디자인 사고가 결실을 보았다. 디자인 사고는 사용자의 생각, 행동, 감정을 반영한 AI 경험을 설계하는 데 더 없이 이상적이었다. 지속적인 배포를 통해서는 새로운 기능과 설정을 빠르게 실험하고, 효과가 없는 것은 신속하게 되돌릴 수 있었다. 마이크로소프트의 AI 시스템 이름을 코파일럿 Copilot으로 정한 것도, 사용자 중심의 디자인 감수성을 반영한 것이었다. 이는 AI가 아니라 사용자가 주인공이라는 철학을 담고 있다.

수밋은 이렇게 말했다. "AI 모델이 정말 강력해졌을 때, 우리가 이미 구축해 놓은 시스템들이 그 힘을 끌어낼 수 있는 파이프라인 역할을 해주었습니다. 그 덕에 빠르게 구현할 수 있었어요."

존도 인상적인 말을 남겼다. "코파일럿이 혁신적인 제품이 될 수 있었던 것은, 우리가 그렇게 일할 수 있는 역량과 문화가 있었기 때문이죠. 이 문화적 변화가 5-7년 전부터 (2022년까지) 천천히 진행됐다고 봐요. 지난 1년이 그 모든 변화의 결정적 증거였죠."

핵심 요점

◆ **디자인 분야에 실질적인 권한을 부여한다**

오피스는 단지 말이나 포부에 그치지 않고, 조직 구조와 프로세스를 실질적으로 변화함으로써 디자인에 힘을 실어주었다. 그들은 거대한 피라미드를 다시 짓고 경험 리뷰를 만들며 사용자 가치를 강조하는 프레임워크를 도입하는 등 디자인 분야가 처음부터 의사결정 과정에 참여하도록 모든 노력을 기울였다.

◆ **사용자가 실제로 느끼도록 한다**

오피스팀은 고객의 목소리를 제품 개발 과정에 성공적으로 반영했다. 사용자의 생각, 행동, 감정에 제품이 어떤 영향을 미치는지를 보여주는 혁신적인 사용자 조사 기법에 적극 투자했고, 이 귀중한 인사이트를 공유할 수 있도록 정기적인 사용자 경험 리뷰를 진행하고 있다.

◆ **진정한 가치를 이해한다**

오피스 제품을 상자에 담겨 매장에서 판매하던 시절에는 기능의 수가 제품의 가치를 나타내는 (완벽하진 않지만) 적절한 지표였다. 구매 결정은 주로 상자에 나열된 새로운 기능의 수에 따라 이루어졌다. 그러나 오피스가 서비스 형태로 전환되어 사용자가 언제든지 구독을 해지할 수 있게 되자 기능 목록은 더 이상 의미가 없어졌고, 실제로 그 기능들을 얼마나 자주 사용하는지가 중요해졌다.

저자 하이라이트

딘 이 사례에서 가장 인상 깊은 점은 오피스가 직접적인 위협 없이도 대대적인 전환을 이뤄낸 것이었다. 이 변화가 시작될 당시 오피스는 1만 명이 넘는 직원이 일하는 거대한 조직이었고 수십 년 동안 기존 모델로 성공적으로 운영되고 있었다. 2010년대 초반, 내가 오피스 입사를 고민하던 시기에 한 동료가 "훌륭한 조직이지만 군대처럼 운영된다."라고 했던 말이 기억난다.

하지만 오피스 경영진은 이 변화를 성공적으로 해냈다. 대규모 인력 교체도 없었다. 물론 새로운 방식이 도입되면서 몇몇은 자발적으로 조직을 떠나기도 했다. 하지만 대부분은 새로운 비전에 적응했고 결국 성공적으로 자리 잡았다. 존이 인터뷰에서 말했듯이, "대부분 사람은 자신이 자랑스러워할 수 있는 좋은 성과를 내고 싶어 한다. 새로운 접근 방식으로 그 목표를 달성한다는 증거를 보여주면, 결국 기꺼이 동참할 것이다."

조앤 오피스 그룹이 애자일 개발 환경 속에서 어떻게 장인 정신을 추구하는지 알게 되어 매우 흥미로웠다. 대화를 나누며 빠르게 움직이려는 분위기와 높은 수준의 디자인 품질을 달성하려는 노력 사이의 긴장 관계에 대해 들을 수 있었다. '빠른 실패'를 강조하는 사람들은 디자인이 제품 출시를 늦춰 '빠른 학습'과 이를 반복하는 데 방해된다고 걱정한다. 반면 디자인을 중시하는 사람들은 제품을 너무 빨리 출시하면 사용자 경험이 저하되고 고객 이탈은 빨라질 수 있다고 걱정한다. 하지만 오피스팀은 MTE와 TV 그리고 경험 리뷰, 단계별 사용자 릴리스(패스트푸딩, 도그푸딩, 비공개 프리뷰)를 통해 속도와 품질의 균형을 잡을 수 있는 실질적인 방법과 수단을 마련했다. 이는 어떤 팀이든 적용할 수 있는 모범 사례다.

코그니티브 서비스
극한의 협업으로 패배를 극복한다

마이크로소프트는 수년간 많은 실패를 경험했다. 마이크로소프트 밥Microsoft Bob, 준Zune, 윈도 비스타Windows Vista, 클리피Clippy 등이 있지만 그 가운데서도 윈도 모바일Windows Mobile은 마이크로소프트 역사상 가장 큰 실패 중 하나로 꼽힌다. 빌 게이츠도 이 제품을 자신이 회사에 저지른 가장 큰 실수라고 말한다.

마이크로소프트 윈도는 1985년 출시 때부터 데스크톱 운영 체제 시장을 지배해 왔다. 거의 20년이 지난 후에도 90퍼센트가 넘는 시장 점유율을 기록했다.[21] 이러한 성공에도 불구하고, 마이크로소프트는 이 지배력을 활용해 모바일 운영 체제 경쟁에서 주도적 위치를 차지하는 데 실패했다. 마이크로소프트는 모바일 플랫폼 전쟁에서 애플과 구글에 패배했고, 윈도 모바일은 2015년에 서비스를 종료했다. 빌 게이츠는 다음과 같이 회상했다.

> 우리는 휴대전화가 매우 인기를 끌 것을 알았고, 그래서 윈도 모바일이라는 제품을 개발하고 있었습니다. 하지만 아주 작은 차이로 지배적인 모바일 운영 체제가 되는 기회를 놓쳤습니다. 명백히 우리 역량 안에 있던 분야에서 내가 저지른 가장 큰 실수였습니다. 우리가 해냈어야 했던 일입니다. 하지만 그러지 못했습니다.[22]

이 실패가 뼈아팠던 이유는 단지 매출 손실만이 아니었다. 데이터를 잃은 게 더 고통스러운 부분이었다. 사용자들의 손끝 터치 하나마다 사용자 행동에 대한 새로운 이해가 담겨 있었고, 이는 더 깊고 풍부한 애플리케이션 설계에 활용될 수 있었다. 세상은 모바일로 움직이고 있었지만, 마이크로소프트는 뚜렷한 대안 없이 뒤처지고 있었다.

코그니티브 서비스의 시작은 패배를 받아들이되, 패배자처럼 행동하지는 않은 이야기다. 자칭 반항적 사고의 소유자들이 모여 마이크로소프트가 모바일에서 새로운 방식으로 가치를 추구할 길을 모색하고 찾아냈다. 2014년부터 2018년까지 이들은 모바일에 필수적이면서도 AI 과학자들이 수십 년간 해결하지 못한 여섯 개 영역 즉 음성 인식, 기계 번역, 대화, 이미지 캡셔닝image captioning, 자연어 이해, 질의응답에서 기념비적인 발전을 이루어냈다. 이들의 성과 덕분에 해당 분야에서 컴퓨터가 인간과 거의 동일한 수준으로 다양한 작업을 수행할 수 있게 되었다. 이는 모바일과 PC 데이터에서 새로운 가치를 창출하는 길을 마련했다. 이들은 독창적인 제품을 만들었을 뿐 아니라 혁신적인 협업 모델도 함께 개발했다.

하지만 이 모든 성과를 이루기까지는 몇 번의 실패를 거쳐야 했다.

처음에 성공하지 못하더라도

오늘날 우리는 스마트폰에 너무 익숙해져서 한때 스마트폰이 그다지 똑똑하지 않던 시절도 있었다는 걸 곧잘 잊곤 한다. 초창기부터 스마트폰에는 카메라, 마이크, GPS 같은 기능이 내장되어 있었다. 이 기능들이 모바일에서 귀중한 데이터를 생성하는 핵심 기술이었다. 2010년대 초반까지 개발자들은 모바일 데이터를 수집하고 전송하는 데 상당한 진전을 이뤄냈지만, 그 데이터에서 가치를 추출하는 데는 초보적인 수준에 머물러 있었다. 실제 데이터는 컴퓨터가 이해하기에는 노이즈noise가 많고 혼란스러웠다. 이 사진은 새일까, 비행기일까? 저 사람이 감자potato를 말한 걸까, 토마토tomato를 말한 걸까? 저 여자는 웃고 있는 걸까, 비명을 지르고 있는 걸까? 이것은 혁신의 문제가 아니라 발명의 과제였다. 모바일 개발자들은 AI 알고리즘, 모델 학습 인프라, 컴퓨팅 파워 같은 자원이 필요했지만, 자체적으로 보유하기는 힘들었다. 그러나 이 자원에 수년간 막대한 투자를 해온 회사가 있었으니, 다름 아닌 마이크로소프트였다.

2014년에 해리 셤Harry Shum은 마이크로소프트의 AI 및 리서치 부문을 이끄는 수석 부사장이었다. 그는 50개 이상의 다양한 연구 분야에 몰두하고 있는 수천 명의 과학자와 엔지니어로 구성된 팀을 이끌고 있었다. 해리의 시선에서는 기회가 보였다. 마이크로소프트 리서치(MSR), 빙Bing, 애저Azure의 머신러닝 제품을 통해 '비정형 데이터'를 처리하고 지식을 추출하는 유용한 기술이 이미 다수 개발되어 있었다. 바로 스마트폰과 다른 기기에서 생성되는 데이터에 적용할 수 있는 기술이었다. 2010년부터 2018년 사이, 마이크로소프트는 전 세계적으로 1만 2,300건 이상의 AI 특허를 출원했다. 해리는 이 발명들이 모바일 데이터의 진정한 잠재력을 열어줄 열쇠라고 믿었다.

해리는 기술 고문이자 빙의 리더인 유팅 쿠오Yu-Ting Kuo를 불러들였다. 두 사람은 고위 경영진에 대담한 제안을 내놓았다. '윈도 모바일을 버리고, 안드로이드를 채택하여 구글 다음으로 가장 큰 안드로이드 개발사가 되자'라는 것이었다.

이 제안은 짧게 말하면, 성공이었다!

길게 말하면, 아직은 아니었다. 앞서 언급했듯 윈도 모바일은 2015년에 서비스를 종료했다. 하지만 2014년에 윈도 모바일을 없애려는 사람은 아무도 없었다. 일단은 실패했다.

잠깐, 왓슨은 어땠을까?

2011년에 방송된 인기 퀴즈쇼 〈제퍼디!Jeopardy!〉의 한 회차. 이날 처음 참가한 왓슨Watson은 게임쇼 역사상 가장 노련하고 뛰어난 두 우승자인 브래드 루터Brad Rutter, 켄 제닝스Ken Jennings와 대결했다. 두 사람이 그동안 이 퀴즈쇼에서 벌어들인 총상금은 무려 930만 달러에 달했다.[23] 하지만 이 둘은 왓슨에게 굴욕을 당했다. 왓슨은 그날 하루에 100만 달러의 상금을 가지고 돌아갔다. 상금을 가지고 갔다는 표현은 그냥 비유다. 사실 왓슨은 IBM에서 개발한 컴퓨터 시스템이었다.

왓슨은 벌써 2011년에 〈제퍼디!〉에서 우승했는데, 2014년에도 개발자들은 비정형 데이터를 다루는 데 여전히 어려움을 겪고 있었다고 하면 의아할 것이다. 사티아 나델라의 질문도 비슷했다. 스티브 발머의 뒤를 이어 마이크로소프트의 CEO로 취임한 그는 왓슨이 정말 신뢰할 수 있는 AI 프로그램인지 알고 싶어 했다. 유팅과 그의 팀은 면밀히 분석한 끝에 적어도 아직은 뚜렷한 위협이 없다는 결론을 내렸다. 왓슨은 〈제퍼디!〉에 출연해 퀴즈를 풀기 위해 특별히 개발된 질의응답 시스템이었고, 인공지능 시대를 열 가능성은 낮았다.

당시 실제 위협이든 아니든 왓슨은 문화적 현상이었고, 마이크로소프트 고위 경영진(senior leadership team, SLT)의 관심을 사로잡기에 충분했다. 유팅과 해리는 이 기회를 놓치지 않았다.

다시 도전

해리는 팀원들에게 질문을 던졌다. "우리에겐 마이크로소프트 연구소가 있고 빙도 있고, 애저도 있다. 그렇다면 지금 우리가 해야 할 일은 과연 무엇일까?"

대답은 이전에 제안했던 내용을 새롭게 수정하는 것이었다. 이전 제안이 최대 모바일 개발사가 되어 데이터를 확보하는 것이었다면 새로운 제안은 모바일 개발자들을 확보하여 데이터를 얻는 것이었다.

이를 위해 팀은 AI 서비스를 하나의 제품군으로 묶자는 아이디어를 내놓았다. 연구소와 여러 제품 팀에서 개발한 기술들을 조합해 서비스들을 만들고, 클라우드 기반 API(application programming interface, 응용 프로그램 인터페이스)로 제공할 계획이었다. API는 서로 다른 운영 체제나 언어로 개발된 소프트웨어끼리 통신할 수 있게 해주는 번역기 같은 존재다. 개발자들은 단 몇 줄의 규정된 코드만 추가하면 이 API를 통해 마이크로소프트의 AI 기능을 자신의 제품에 활용할 수 있었다.

이 기발한 서비스를 빨리 보급하기 위해, 마이크로소프트는 API를 무료로 제공할 계획이었다. 개발자는 고품질 API를 무료로 사용하는 대가로 마이크로소프트와 데이터를 공유하게 된다. 마이크로소프트는 이 데이터를 활용해 더 새롭고 향상된 AI 모델을 만들 수 있다. 마이크로소프트가 모바일 플랫폼을 제한하지 않기 때문에 개발자들은 마이크로소프트가 자신의 데이터를 이용해 경쟁하지 않을 것이라고 합

제목:	애저 인텔리전트 서비스
날짜:	2015년 2월
제출 대상:	사티아 나델라, 스콧 거스리, 치 루
작성자:	해리 셤, 유팅 쿠오, 데이비드 올드

- 기밀 – 논의 목적으로만 사용 -

요약

모바일 및 IoT 기기는 우리 주변 세계에서 무수한 아날로그 데이터 스트림을 생성하고 있다. 이러한 스트림을 실행 가능하고 계산가능한 디지털 정보로 변환하는 것은 마이크로소프트가 수년간 연구해 온 도전 과제이다. 음성, 시각, 자연어, 제스처 등은 모두 현대 컴퓨터에는 복잡한 입력 방식이다. 이를 이해하기 위해서는 전문 지식과 학습 데이터가 모두 필요하다. 이중 요구사항 때문에 대부분의 기업은 이러한 기능을 내부적으로 활용하기 어렵다. 그러므로 이미지와 비디오, 오디오 그리고 언어 데이터를 처리하는 컴퓨팅 서비스를 제공하는 제3자 플랫폼을 찾게 될 것이다.

이 문서에서는 MSR과 빙이 지난 10년간 시각, 음성, 자연어, 의도 및 의미 이해 분야에서 선도해 온 연구와 엔지니어링 성과를 바탕으로 개발자 플랫폼(이후 애저 인텔리전트 서비스Azure Intelligent Services 또는 AIS로 지칭)을 구축하기 위한 비전을 제시한다. 애저 인텔리전트 서비스는 마이크로소프트의 인간 데이터 이해 역량을 외부 개발자들이 애플리케이션과 서비스에 활용할 수 있도록 개방할 것이다. 마이크로소프트는 점점 줄어드는 개발자층을 다시 확보하고, 이러한 지능형 서비스를 개선하는 데 필요한 데이터에 접근하는 기회가 될 것이다. 우리는 애저의 명확한 차별화를 이루고 우리의 고유한 기술을 통해 새로운 개발자들을 플랫폼으로 유치할 것이다.

그림 5.1 애저 인텔리전트 서비스 전략 메모 (이후 코그니티브 서비스로 변경됨)

리적으로 판단하고 신뢰할 수 있었다.

이러한 접근 방식을 통해 마이크로소프트는 큰 투자 없이도 과거의 큰 실수를 엄청난 기회로 빠르게 전환할 수 있었다. 윈도 모바일이 있었다면 마이크로소프트는 '자사 모바일 플랫폼'의 사용자들에 한해 접근할 수 있었을 것이다. 팀의 첫 번째 제안은 '안드로이드'에서 실행되는 마이크로소프트 애플리케이션 사용자들을 확보하려는 전략이었다면,

이번에 수정된 제안은 마이크로소프트가 '전체 모바일 생태계'에 접근하려는 전략이었다. 전 세계 휴대전화 사용자 수십억 명에게 접근할 수 있는 잠재적 윈-윈win-win 전략이었다. 이번에는 고위 경영진의 승인을 받아냈다.

패배할 시간은 없다

물리학자 스티븐 호킹의 출생지에서 이름을 따온 프로젝트 옥스퍼드Project Oxford는 2015년 2월에 시작되었다. 그해 4월 말 팀은 마이크로소프트의 최대 개발자 콘퍼런스인 빌드Build 2015에서 비록 본격적인 것은 아니었으나, 처음으로 새로운 도구들을 세상에 선보였다.[24] 빌드를 통해 프로젝트의 인지도는 높아졌지만 그래도 여전히 과제가 남아 있었다. 특히 팀의 규모가 너무 작았다.

초기에는 유팅과 몇 명의 프로그램 관리자만으로 팀이 구성되었다. 이들은 코드 작성보다는 기술 조율에 중점을 둔 역할을 맡았다. 더 많은 인력을 채용할 시간도 예산도 없었다. 따라서 다양한 부분을 제작해 줄 수 있는 다른 조직의 연구 및 엔지니어링 팀원들의 도움이 필요했다.

필요한 도움을 얻기 위해 팀은 회사 곳곳의 사람들에게 무작정 전화를 걸기 시작했다. 전화를 받은 사람에게 수석 부사장 해리 셤의 이름을 언급하면 적어도 1-2분은 설명할 시간을 벌 수 있었다. 그렇다고 쉽게 승낙을 받은 것은 아니었다. 회사에는 오랫동안 근무한 직원들이 많았고, 각자의 작업 방식에 익숙해져 있었다. 경영진이 강조하는 '성장 마인드셋'과 '하나의 마이크로소프트One Microsoft'라는 핵심 경영 원칙도 이제 막 회사 전반에 스며들기 시작한 때였다.[25] 옥스퍼드팀은 그들이 실패할 것이라는 이유를 자주 마주해야 했다.

"그건 안 될 거야."

"여기서는 할 수 있는 일이 없어."

"자기가 뭘 하고 있는지도 몰라."

"진짜 제품팀도 아니잖아."

"엔지니어가 없잖아요."

"이런 건 만들 수 없어요."

"인프라를 운영할 줄 모르잖아요."

"엔터프라이즈 요구사항을 모르는군요."

"보안을 모르네요."

"제품을 출시해 본 사람이 없네요."

팀은 조직도를 샅샅이 뒤져 새로운 아이디어를 새로운 방식으로 시장에 내놓는 데 힘을 보탤 사람을 찾는 방법을 배웠다. 팀의 초기 프로그램 관리자 중 한 명인 데이비드 올드David Auld는 이렇게 회상했다. "우리가 결국 무언가를 해낼 수 있었던 가장 큰 이유는 끈기였습니다. 그리고 우리가 효과적일 수 있었던 이유를 생각해 보면, 다른 팀에서 온 사람들을 결합하는 아주 비표준적인 접근 방식으로 아이디어를 실현했기 때문입니다."

프로젝트 옥스퍼드팀은 다른 부서의 자원을 확보하는 데 능숙해졌다. 주로 아래 직급에서 위로, 대부분 시간의 일부를 할애받는 식이었다. 예를 들어 한 조직에서 개발자의 25퍼센트, 연구원의 25퍼센트, 엔지니어의 15퍼센트에 해당하는 시간을 확보하는 식이었다. 여러 곳에서 조금씩 시간을 모아 팀 인원수를 늘리지 않고도 기하급수적으로 확장할 수 있었다. 데이비드는 씩 웃으며 말했다. "우리는 100명의 직원 중 20퍼센트를 받은 거나 마찬가지예요. 새로 20명을 뽑는 것보다 훨씬 더 많은 인재를 모을 수 있었죠."

프로젝트 초기에는 연구와 엔지니어링을 통합하는 것이 마치 행성 궤도를 정렬하는 것과 같았다. 두 영역은 동일한 핵심 사업을 중심으로 움직였지만, 운영 속도가 현저히 달랐다. 엔지니어링팀은 수성처럼 빠른 주기로 운영되어 몇 주 만에 결과를 내놓았다. 반면 연구팀은 화성처럼 더 긴 주기를 가지고 수년 단위로 중간 성과를 측정했다. 성공적인 협업은 다른 궤도와 조화를 이룰 때 획기적인 발견으로 이어지는 복잡한 과정이었다.

다행히 옥스퍼드팀에는 이러한 도전을 이해하고 노력을 지지하는 리더들이 있었다. 엔지니어링을 이끄는 쉐동 황Xuedong (XD) Huang은 이렇게 설명했다. "엔지니어링과 연구는 서로 다른 파장을 지니고 있습니다. 사고방식도 다르죠. 혁신의 여정과 실행의 여정을 구분하는 것이 중요합니다. 하지만 발명이 고객의 손에 들어갔을 때 비로소 혁신이 완성됩니다. 둘 사이를 오가는 것이 연습이 필요한 부분입니다."

XD는 자신과 유팅, 해리가 마이크로소프트에서 수십 년간 근무하며 두 영역을 모두 경험해 봤기에 프로젝트 옥스퍼드의 성공에 필요한 도구와 직감이 있었다고 말했다.

예를 들어 1995년 윈도용 음성 API를 처음 개발했을 때부터 XD의 엔지니어들은 '품질 대비 서비스 비용quality per serving cost'이라는 지표를 사용했다. XD가 '비법 소스'라고도 부르는 이 지표는 매우 강력하면서도 간단하다. 품질이 좋지 않으면 고객은 서비스를 사용하지 않고, 서비스를 이용하는 비용이 너무 비싸면 지갑을 열려 하지 않는다. 25년 넘게 이 공식을 기준으로 최첨단 연구가 상용 제품에 통합됐다. 이 공식은 코그니티브 서비스에도 적용되었다.

복리 효과

프로젝트 옥스퍼드의 팀원 대부분은 수십 년의 경력을 지닌 사람들이 아니었다. 오히려 그 반대였다. 일부러 그런 것은 아니라고 하지만, 유팅은 경력 5년 미만의 신입 인력을 소규모로 채용해 프로젝트 옥스퍼드를 운영했다. 흥미롭게도 이들과 협력할 의향을 보인 사람들도 대부분 신입이었다. 되돌아보면 그 이유는 개인의 위험 감수 성향 때문으로 보였다. 직급이 높고 경력이 오래됐을수록 잃을 것이 더 많을 수밖에 없었다. 유팅은 오히려 자신은 정서적인 기준에 따라 채용했다고 말했다. '활기차고 의욕 넘치면서도 용감하고 호기심 많은' 이들을 선택했다는 것이다. 본능이었든 전략이었든, 이 선택은 프로그램과 구성원 모두에게 좋은 결과를 가져왔다.

아이디어를 문서 단계에서 출시 단계로 옮기는 데 채 4개월이 걸리지 않았다. 그만큼 팀은 매우, 매우 열심히 일해야 했다. 덕분에 이들은 프로그램을 성공적으로 추진했을 뿐 아니라 회사 내에서 성장 속도도 무척 빨랐다. 프로젝트 옥스퍼드와 함께 이 젊은 팀도 주목받게 되었다. 유팅은 이들이 프로젝트의 얼굴이 될 수 있도록 힘을 실어주었다. 젊은 프로그램 관리자들이 빌 게이츠 앞에서 직접 프레젠테이션하고, 빌드 콘퍼런스 무대에서 사티아 나델라와 나란히 서는 기회를 얻었다. 보통은 직급이 훨씬 더 높은 직원에게 주어지는 기회였다.

애나 로스Anna Roth는 이 시기의 프로그램 관리자 중 한 명이었다. 마케터 출신으로 프로그램 관리 경험도 없었지만, 유팅은 그녀의 야망이 크다는 점을 후하게 샀다. 팀에 필요한 사람이라고 판단한 것이다. 애나는 이렇게 회상했다.

저는 아주 신입이었지만, 항상 제가 있어야 할 자리에 있다고 느꼈어요. 유팅이 그렇게 말해줬거든요. '너는 이 일을 할 거야'라고 그냥 말했고 저도 전혀 의심하지 않았어요. 나중에야 깨달았어요. 까마득한 선배들과 함께 일했고 엄청난 규모의 시연과 프레젠테이션을 진행했다는 것을요. 그리고 우리가 내렸던 결정들이 얼마나 특별한 기회였는지를요. 다른 곳에서는 그때 제 수준으로는 할 수 없는 일이었죠.

애나와 데이비드 그리고 프로젝트 옥스퍼드의 다른 초기 프로그램 관리자들은 모두 마이크로소프트 안팎에서 자신의 나이에 비해 훨씬 더 성공적인 경력을 쌓았다. 인터뷰에 참여한 이들은 이 시기를 소중히 기억하며 자신의 인생 여정에서 큰 전환점이 되었다고 입을 모았다.

모두가 이기는 게임

빌드 2015에서 한 시연은 매우 강렬했다. 빌 게이츠와 언론의 칭찬도 큰 도움이 되었다. 실제로 눈에 보이는 무언가가 생기자, 서비스의 잠재력이 회사 전체의 관심을 끌기 시작했다.

팀은 여전히 소규모였다. 다른 팀들에 의존하여 코드를 작성하고 모델을 정교하게 다듬고 제품화를 준비했다. 훌륭한 협력이 없었다면 아무 것도 가능하지 않았을 것이다. (《패턴 3: 모두가 함께하는 혁신》장에서 이렇게 중요하지만 종종 저평가되는 혁신의 측면을 살펴볼 것이다.) 협력자들의 참여를 유지하고 프로그램을 계속 진행하기 위해 팀은 자신들이 가진 유일한 자원을 아낌없이 나누어 주었다. 그것은 바로 '공로'였다.

공로는 대규모 조직에서 일을 완수하는 데 매우 중요한 요소다. 인터넷에는 누군가 자신의 업적을 가로챌 때의 대응 방법과 조언이 넘쳐나지만, 프로젝트 옥스퍼드팀이 한 것처럼 모든 공로를 양보하라는 조언은 드물다.

이 팀은 다른 사람에게 공을 돌리는 데 인색하지 않았다. 심지어 처음에는 절대 성공하지 못할 거라고 말했던 사람들에 대해서도 훌륭하고 든든한 지원군이었다고 자주 언급했다. 프로젝트 옥스퍼드의 한 프로그램 관리자는 이렇게 말했다. "다른 팀 관리자들이 성과를 주장하도록 두어도 우리에게는 아무런 손해가 없었어요. 왜냐하면 우리는 해리와 직접 연관이 있었고, 그는 충분히 고위급 임원이기 때문에 '무슨 일이 일어나고 있는지 다 알고 있다. 여러분은 훌륭한 일을 해냈고 그에 따라 경력에 보상받을 것'이라고 말해줄 수 있었어요."

연구와 엔지니어링 사이의 간극을 메우는 데 집중하면서도 프로그램 관리자 몇 명만으로 여러 조직 간 협업 모델을 이렇게 성공적이고 빠르게 완수한 전례가 없었다. 팀은 첫해에 이런 협업 방식으로 개발을 진행했고, 이듬해인 2016년 빌드 행사에서 마이크로소프트 코그니티브 서비스를 발표했다. 이번에는 주무대에 설 수 있었다.[26]

빌드의 중앙 무대에 올라 진행하는 프레젠테이션은 파급 효과가 실로 엄청났다. 회사 전체가 큰 관심을 가지고 이 프레젠테이션을 지켜보는 이유는 최고 경영진이 앞으로 회사가 어디에 집중하길 원하는지 알 수 있기 때문이다. 마이크로소프트의 주요 고객들도 노트북을 열어놓고 프레젠테이션을 보면서 고객 담당자에게 당장 테스트하고 싶은 기술에 대해 실시간으로 이메일을 보낸다. 빌드의 주요 무대에서 발표되는 내용은 수년간 배포한 보도자료에서보다도 더 높은 기술 인지도를 얻을 수 있었다.

빌드에서 눈에 띄는 호평을 받자 코그니티브 서비스는 마이크로소프트 내부에서 확실히 주목받는 존재가 되었다. 개발자들의 반응도 신속하고 뜨거웠다. 프로젝트 옥스퍼드의 초기 타깃이었던 모바일 개발자뿐 아니라 PC 개발자들의 호응도 컸다.

성장통

팀에게는 여전히 해결해야 할 몇 가지 도전 과제가 있었다. AI 분야는 예측보다 훨씬 빠르게 발전했다. 모델이 출시되자마자 더 많은, 더 큰, 더 강력한 모델에 대한 수요가 끊이지 않았다. 구글과 아마존이 유사한 서비스를 출시하면서 그 속도는 더욱 가속화되었다.

연구에서 제품까지의 파이프라인을 단축하면 여러 이점이 있지만, 동시에 몇 가지 힘든 교훈도 얻게 된다. 제품화 과정에서 기존의 보호 장치를 제거하면 실제 해가 될 수 있는 문제가 발생할 수 있다. 예를 들어 얼굴 인식을 제공했던 초기 페이스 API Face API는 피부색이 어두운 사람보다 밝은 사람의 성별을 더 정확하게 인식했다. 특히 피부색이 밝은 남성의 경우 성능이 가장 좋았고, 피부색이 어두운 여성에게는 제대로 작동하지 않았다.[27]

이러한 한계로부터 팀과 회사와 업계는 많은 것을 배웠으며, 지금도 공정하고 안전하며 책임 있는 AI 개발과 사용을 위해 노력하고 있다. 이에 대한 자세한 내용은 〈책임 있는 혁신〉장에서 다룰 것이다.

또 다른 과제는 조직 간 협력 모델을 실행에 옮기는 것이 생각보다 훨씬 어렵다는 것이다. 한 프로그램 관리자는 "솔직히 말해서 갈등이 많았다"라고 인정했다. 한때 일곱 개의 서로 다른 부서에서 온 사람들이 함께 일할 때는 저마다 우선순위와 책임이 달라 조율하기가 쉽지 않았다. 영향력과 공로를 공유하면서 여러 팀에서 온 사람들로 구성된 팀을 관리하는 방식은 여러 차례 한계에 부딪혔다.

성숙을 향해

2016년과 2017년 내내 서비스는 계속 성장했고 그 과정은 점점 더 익숙한 이야기처럼 들리기 시작했다. 결국 소수의 프로그램 관리자팀은 엔지니어링팀과 합쳐졌고, 더 전통적인 자원 관리 프로세스를 도입하게 되었다. 그렇지만 이들은 혁신을 멈추지 않았다. 이 팀만의 방식에도 변화를 주었다. 혁신팀에 소수의 인원을 배치하는 대신, 전체 구성원들을 순환 배치했다. 이를 통해 모두가 수성에서의 삶과 화성에서의 삶, 두 가지 도전을 모두 경험할 수 있었다.

마이크로소프트의 코그니티브 서비스가 시작할 때부터 AI 분야에서 눈부신 성과를 거두기까지의 여정은 단순한 제품 혁신의 이야기가 아니었다. 구조적 혁신을 통해 만들어낸 가치를 보여주는 사례였다. 코그니티브 서비스는 장기적인 연구와 즉각적인 제품 개발을 성공적으로 조율해 냈다. 공로를 공유하고 조직 간 협업 문화를 조성했으며, 새로운 AI 서비스 범주를 만들어냈다. 이는 마이크로소프트가 오픈AI와 전략적 파트너십을 맺는 기반이 되었다. 마이크로소프트는 AI의 가능성을 일찍이 인식하고 오랜 기간 투자해 왔으며, 코그니티브 서비스에 대한 초기 투자는 회사를 AI의 가능성과 응용을 재정의하는 길로 이끌었다.

핵심 요점

◆ **결정적 순간을 포착한다**

팀은 프로젝트 승인을 받은 직후, 마이크로소프트의 가장 큰 업계 행사인 빌드에서 시연할 기회를 얻었다. 사실 불가능한 일정이었다. 4개월이 채 안 되는 기간 안에 서비스를 출시하고 시연을 준비해야 했기 때문이다. 하지만 팀은 밤낮없이 일하며 결과물을 만들어냈다. 이러한 초기 성과가 회사 내부 회의론자들의 마음을 돌려 지지를 얻는 데 중요한 역할을 했다.

◆ **아낌없이 공을 나눈다**

팀은 기여도가 낮아도 파트너와 예비 파트너에게 똑같이 공을 돌렸다. 그렇게 함으로써 처음에는 협조적이지 않던 이들도 참여시킬 수 있었다. 경영진이 진행 과정을 투명하게 파악하고 인정해 주었기 때문에 팀원들은 공을 뺏길까 봐 걱정하지 않고 일에 전념할 수 있었다.

◆ **신입 직원에게도 권한을 준다**

리더들은 신입 직원이 중간 및 고위급 직원보다 성공에 필요한 도전과 위험을 감수하는 데 어려움을 느끼지 않는다는 것을 알게 되었다. 이들은 도전에 잘 대응했고, 이는 개인과 회사 모두에게 이익이 되었다. 물론 중간 및 고위급 직원도 도전하고 위험을 감수하는 성향을 유지할 수 있지만, 그러한 성향은 신입 직원에게 더 자연스러운 듯하다. 혁신과 관련하여 "Stay hungry. Stay foolish.(계속 갈망하고 우직하게 나아가라)"라는 말이 널리 알려진 데는 그만한 이유가 있다.[28]

저자 하이라이트

딘 이 사례에서 가장 공감되는 부분은 초기 코그니티브 서비스팀의 끈기와 용기였다. 이들은 핵심 비전이 옳다는 것을 확신했다. 마이크로소프트는 AI 모델과 이를 제공할 클라우드 인프라를 보유하고 있었다. 개발자들은 소프트웨어를 더 스마트하게 만들기 위해 그 모델이 필요했다. 개발자와 모델을 연결하는 도구는 가치를 창출할 수 있었다. 이 단순한 비전을 고수하면서 팀은 초기 혁신 과정에서 마주칠 수밖에 없는 '아니오'의 난관을 헤쳐 나갈 수 있었다.

팀은 끈기가 있으면서도 피드백에 열린 자세를 취했다. 파트너들의 의견에 귀를 기울이고 핵심 사명을 훼손하지 않으면서 계획의 세부사항을 조정했다. 이렇게 균형 감각을 유지하는 것은 혁신가가 달성하기 가장 어려운 일이다. 너무 많이 타협하면 전략적 초점을 잃고 너무 타협하지 않으면 유연성이 사라져서 배울 수 없기 때문이다. 균형을 이루려면 직관이 필요하고, 이는 오랜 혁신 경험을 통해 축적된다. 해리, 유팅, XD는 이와 같은 직관을 풍부하게 지니고 있었으며 다른 팀원들에게도 직관력을 길러주었다.

몇 년 후, 마이크로소프트가 오픈AI와 파트너십을 맺었을 때 코그니티브 서비스의 초기 비전이 매우 정확하고 선견지명이 있던 것으로 입증되었다. 코그니티브 서비스팀이 수년간 구축해 온 인프라와 기술 덕분에 오픈AI는 마이크로소프트와 함께 GPT-4와 같은 고급 모델을 빠르고 안전하게 배포할 수 있었다.

조앤 이 책을 쓰면서 검토한 모든 사례에서 프로젝트의 성공에 경영진의 후원이 결정적인 역할을 한 것을 발견할 수 있었다. 특히 코그니티브 서비스의 사례는 이것이 중요한 이유를 가장 명확히 보여준다. 공로를 100퍼센트 양보한다는 것은 의심할 필요 없이 강력한 협업의 기술이다. 하지만 연말 평가 때 누군가는 진짜 기여도를 알고 지지해 주어야 공로에 대한 보상과 승진이 가능하다. 그렇지 않으면 최고의 혁신가들은 회사에 오래 머물지 않을 것이다.

더 중요한 것은 고위험 기회를 추구할 수 있는 권한을 갖는 것이다. Xbox와 VS Code에서는 경영진이 주도해서 프로젝트를 이끌 리더를 직접 임명하거나 영입했다. 반면, 이번 사례에서는 연차가 낮은 직원들로 구성된 팀이 일곱 개의 다른 조직에서 인재를 모아 추진했다. 해리의 적극적인 지원 없었다면 가능하지 않았을 것이다.

이 사례와 다른 여러 사례를 통해 더욱 확신하게 되었다. 현상 유지에 변화를 불어넣을 수 있는 유일한 힘은 위로부터의 추진력이라는 점을 말이다.

마이크로소프트 리서치

미래로 가는 다리를 놓다

우리 모두 잘 아는 일화가 있다. 코닥의 한 연구원이 최초의 디지털 카메라를 발명했지만, 회사는 필름 사업이 잠식당할 것을 우려해 이 기술을 채택하지 않았다는 이야기 말이다.[29] 제록스의 팔로알토 연구소는 다양한 기술을 개발했지만, 이를 활용해 개인용 컴퓨터 시장을 장악한 것은 애플과 마이크로소프트였다는 사실도 유명하다.[30] 텍사스 인스트루먼츠Texas Instruments와 페어차일드 반도체Fairchild Semiconductor는 집적 회로를 발명했다. 그렇지만 상업적 성공은 인텔과 AMD 등 다른 기업들의 몫이었다.[31] 이 책에서 다루는 핵심으로 돌아가 보면, 이는 '발명'에는 성공했지만, 그 발명을 한 당사자들이 지속적인 '혁신'으로 연결시키는 데 실패한 사례들이다. 이 세 가지 경우 모두, 기업의 중앙 연구

조직이 획기적인 발명을 이루어냈지만, 상업적 이익을 실현하지는 못했다는 공통점이 있다.

왜 이런 패턴이 흔할까? 그리고 어떻게 하면 이런 상황을 피할 수 있을까? 이 질문에 답하기 위해 마이크로소프트 리서치(Microsoft Research, MSR)의 이야기를 살펴보려 한다.

이 이야기를 시작하기 위해, 도널드 스토크스Donald Stokes가 1997년에 발표한 책『파스퇴르 쿼드런트: 과학과 기술의 관계 재발견Pasteur's Quadrant: Basic Science and Technological Innovation』에서 소개한 프레임워크를 살펴봐야 한다. 스토크스는 연구를 두 가지 차원으로 정의했다. 첫째는 우주에 대한 깊고 근본적인 이해를 추구하는 정도이며, 둘째는 실제 세계의 문제에 대한 실용적 해결책을 창출하려는 정도이다.

이러한 관점에서 스토크스는 연구를 세 가지 범주로 나누었다.

1. 순수 기초 연구

흔히 호기심 기반 연구라고 불리는 순수 기초 연구는 실용적인 응용을 염두에 두지 않고 우주의 신비를 해독하는 것만을 유일한 목표로 삼는다. 이론물리학이나 분자생물학이 여기에 해당한다.

2. 응용 연구

순수 기초 연구와는 반대로 명확한 목표를 가진 연구다. 지식을 활용해 가치 있는 제품과 서비스를 만들어 낸다. 응용 과학자, 엔지니어,

기술자 등이 문제에 대한 실용적 해결책을 개발하는 사람들이다.

3. 실용적 기초 연구

순수 기초 연구와 응용 연구의 중간에 있는 이 범주는 실제 문제 해결을 위한 지식 발전을 목표로 한다. 지식 탐구에 뿌리를 두고 있지만 그 발전 방향은 실용적인 필요를 따른다. 미국 국방부 산하 방위고등연구계획국(Defense Advanced Research Projects Agency, DARPA)이 이 분야에 중점을 둔 조직 가운데 가장 성공적인 사례다.[32]

스토크스는 이 연구 유형들을 다시 두 가지 기준으로 구분하여 그림과 같이 정리하고 각 사분면에 닐스 보어Niels Bohr, 토머스 에디슨Thomas Edison 그리고 루이 파스퇴르Louis Pasteur의 이름을 따서 붙였다. 왼쪽 아래 사분면에는 이름을 붙이지 않았는데 아마도 실용성이 없고 지식 발전에도 도움이 되지 않는 활동에는 굳이 이름을 붙일 필요가 없다

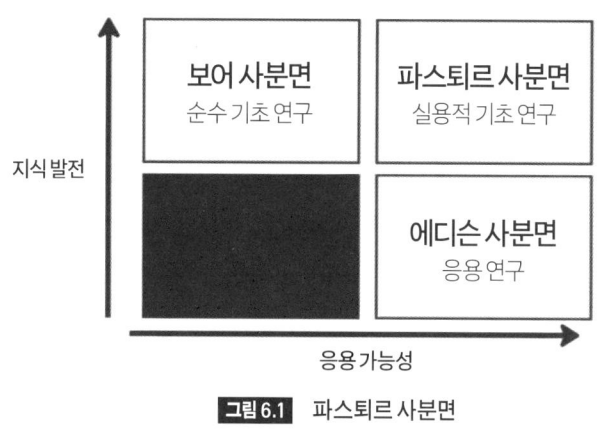

그림 6.1 파스퇴르 사분면

고 판단한 것 같다.

스트로크의 프레임워크는 기업 연구소가 직면한 발명-혁신 과제를 시각적으로 보여준다. 세 가지 연구 사분면 간의 노력을 어떻게 균형 있게 분배할 것인가 하는 문제다. 기초 연구에 집중하는 것은 미래 혁신의 기반이 되는 획기적인 발견을 위해 필수다. 그러나 상용화로 연결하지 못한다면 투자에 대한 수익은 결국 다른 사람의 몫이 된다. (코닥, 텍사스 인스트루먼트, 페어차일드, 제록스의 연구자들이 얻은 교훈이기도 하다.) 반면에 응용 연구에 과도하게 집중하면 단기 성과를 얻을 수는 있지만 기업은 추종자 위치에 머물 우려가 있다. (왜 이것이 문제가 되는지는 〈빙〉장을 참조) 또한 겉으로는 완벽한 중간 경로처럼 보이는 실용적 기초 연구의 유혹도 있다. 그러나 민간 부문에서 이 두 가지 균형을 제대로 잡은 곳은 드물다. 아무리 의도가 좋아도 시간이 지나면 어느 한쪽으로 기울어지기 마련이다. 상장 기업의 경우에는 단기 수익성에 대한 압박 때문에 응용 연구 쪽으로 쏠리는 경향이 특히 강하다.

1991년 빌 게이츠와 당시 마이크로소프트 첨단 기술 책임자였던 네이선 미어볼드Nathan Myhrvold는 카네기멜런대학교의 저명한 컴퓨터과학 교수였던 리처드(릭) 라시드Richard Rashid를 MSR의 초대 연구소장으로 초빙했다. 당시에는 스토크스의 프레임워크가 존재하지 않았지만, 그 프레임워크가 설명하고자 한 도전 과제는 이미 존재하고 있었다.

MSR의 첫 번째 도전

릭은 명확한 사명 선언문을 작성하는 것부터 시작했다. 훗날 스토크스가 외줄타기라고 표현했을 만큼 어려운 균형을 이루기 위해서였다. 그는 이 연구소의 광범위한 비전과 미묘한 도전 과제를 분명히 밝혀, 모든 직원과 협력자들에게 MSR의 목적을 명확하게 전달하고자 했다. 깊은 통찰과 여러 차례 토론 끝에 세 부분으로 구성된 사명 선언문이 완성되었다.

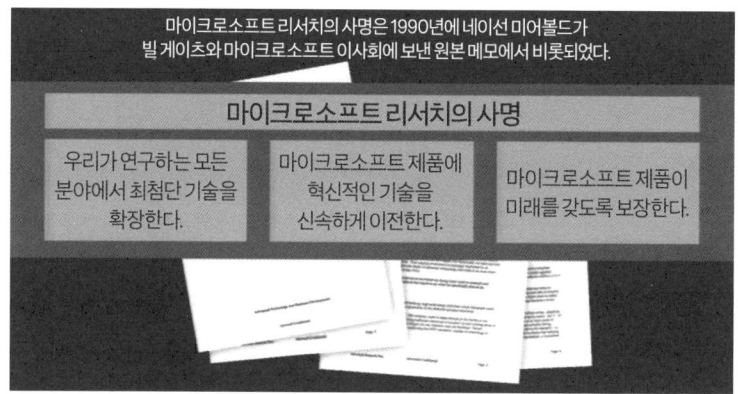

그림 6.2 마이크로소프트 리서치 사명 선언문

첫 번째 문장인 '우리가 연구하는 모든 분야에서 최첨단 기술을 확장한다'는 지식의 진보에 대한 헌신을 강조하며 이는 보어 사분면에 해당한다. 일찍이 릭은 이 원칙의 본질이 마이크로소프트에 즉각 활용하는 가능성과 무관하게 연구를 발전시키는 데 있다고 보았다. 이 이상은 MSR이 공개 출판 방식을 채택하면서 더욱 확고해졌다. 학계에서는 흔히 볼 수 있지만 산업계에서는 지식 재산권 보호 문제로 전례가 없는 일이었다. MSR 연구원들은 제품 정보나 기획에 관한 내용이 아니라면 자유롭게 연구 결과를 발표할 수 있었다. 또한 발표 전에 특허를 통해 지식 재산권 보호 여부를 판단하고 결정할 자유도 주어졌다.

두 번째 '마이크로소프트 제품에 혁신적인 기술을 신속하게 이전한다'는 과학적 발전을 실제 세계에 적용하는 것의 중요성을 강조한다. 이는 에디슨 사분면에 해당한다. 초기 MSR 멤버 댄 링Dan Ling은 연구소 설립 20주년 기념식에서 이를 강조했다. 그는 MSR이 마이크로소프트 캠퍼스 내 중심부에 위치하고 있다는 점이 연구팀과 제품팀 간의 협업과 기술 이전을 촉진하는 데 핵심적인 역할을 했다고 회고했다.[33]

마지막 문장인 '마이크로소프트 제품이 미래를 갖도록 보장한다'는 기술 분야가 끊임없이 진화한다는 데에 방점을 찍는다. 앤디 그로브Andy Grove의 책 『편집광만이 살아남는다Only the Paranoid Survive』가 출간되기 오래 전부터 MSR은 기술 분야에서 장기 생존하려면 꾸준히 성과를 내야 한다는 생각을 받아들였다. 이 원칙은 매년 연구자들이 회사와 산업 전반에 중대한 영향을 미칠 가능성이 있는 혁신 기술들을 최고 경영진에게 하루 종일 집중적으로 발표하는 '파괴적 혁신 기술 리뷰Disruptive Technology Review' 같은 후속 관행을 통해 실현되었다.

MSR의 사명 선언문은 조직의 야망을 포괄하며 스토크스가 만든 사분면 가운데 이름이 있는 사분면을 정확하게 겨냥하고 있다. 놀랍게도 이 선언문은 지난 30년간 거의 수정되지 않았다.

야망에서 현실로

이제 방향이 정해졌으니 나머지 팀원들을 채용할 차례다. 일찌감치 기존의 채용 전략이 통하지 않을 것이 분명했다. MSR은 단순히 학문적 성과가 뛰어난 연구자를 찾는 것이 아니었다. 사명을 달성하기 위해서는 경영진이 '마력과 방향타horsepower and rudder'라고 부르던 드문 조합을 갖춘 이상적인 인재가 필요했다. 즉 깊이 있는 과학적 탐구를 추구하는 추진력과 영향력 있는 응용을 만들어내려는 열정을 동시에 갖춘 사람이 필요했다.

마이크로소프트의 조직 규모가 작았기 때문에 채용은 더욱 어려웠다. 당시 회사는 직원 수가 8,000명을 조금 넘는 수준이었다. 많은 학계 인사들의 시각에는 마이크로소프트가 의미 있는 깊이의 연구를 수행하기에는 규모가 충분하지 않다고 여겨졌다.

이러한 인식을 극복하기 위해 경영진은 몇몇 핵심 인재들을 직접 발굴하고 설득하는 전략을 세웠다. 일반적인 면접 과정 대신 릭과 네이선은 후보자들을 며칠간 마이크로소프트에 초청해 몰입하는 시간을 갖게 했다. 여기에는 빌 게이츠와 다른 리더들과의 만남도 포함되었다. 초기 후보자들은 대부분 이 초대를 단순히 예의상 수락했고, 프로젝트에 대해 조금 더 알아보고 정중하게 거절할 생각이었다는 것이다. 실제로 일부는 제안을 거절했지만, 많은 이들이 설득되어 입사 제안을 받아들였다. 그리고 이는 MSR이 추구하는 이상과 역량을 반영한 핵심 인재 그룹의 형성으로 이어졌다. 이들 중에는 스탠퍼드 출신의 박사 에릭 호비츠Eric Horvitz, 데이비드 헤커맨David Heckerman, 잭 브리즈Jack Breese가 있었다. 현재 마이크로소프트 최고과학책임자로 재직하면서 마이크로소프트 리서치의 글로벌 연구소장을 지낸 에릭은 이렇게 표현했다.

우리가 연구소로서 어떤 모습이 될지는 누구를 채용하느냐에 달려 있었습니다. 학회에서 최고 논문상을 받을 만한 사람이나 과학의 최전선에서 활약하는 인재는 당연히 영입하고 싶었습니다. 하지만 거기서 나아가 자신의 연구를 현실로 만들고 세상을 바꾸려는 지칠 줄 모르는 열정과 욕망과 리더십을 갖춘 과학자를 찾고 있었습니다.

이 전략은 채용 과정에서 일종의 '플라이휠flywheel' 효과를 만들어냈고, 새로운 구성원은 비슷한 성향의 인재들이 MSR에 매력을 느끼도록 하는 데 기여했다.

계산할 수 없는 위험을 위한 공간 마련

대기업은 '계산된' 위험을 선호한다. 대부분 기업은 투자 결과를 예측하기 위해 수십 년간 재무 모델을 개발해 왔다. 하지만 혁신과 과학은 이런 계산에 쉽게 들어맞지 않는다. 호기심 기반 연구는 본질적으로 새로운 것을 발견하고 지식을 확장하는 데 목적이 있다. 이러한 발견이 이루어져야만 연구자들은 실용적 영향을 체계적으로 평가할 수 있다. 이 불확실성 때문에 많은 기업이 혁신적 야망을 제한적이고 예측가능한 진보로 제한한다. 중소기업의 경영자들도 이 문제에 어려움을 겪곤 한다. 생존 본능에 반하는 사고방식이기 때문이다. MSR의 초기 리더들도 이러한 어려움을 알고 있었다.

그들의 해결책은 무엇이었을까? MSR의 운영 절차에 위험 감수 문화를 뿌리내리는 것이었다. 예를 들어 에릭은 마이크로소프트의 기존 보상 시스템을 수정하여 성과뿐 아니라 '의사결정의 질'을 보상 기준에 포함했다. 이는 많은 연구가 원하는 결과를 얻지 못하더라도 배움과 경험을 통해 향후 프로젝트의 성공 가능성을 높일 수 있다는 현실을 반영한 것이다. MSR의 경영진은 이러한 시도를 실패로 간주해서도, 보상에 부정적인 영향을 미쳐서도 안 된다고 믿었다.

또 다른 노력으로는 매달 진행되는 '실패한 프로젝트Failure to Launch' 시리즈가 있었다. 이 프로그램은 더욱 자연스럽게 위험을 감수하는 문화를 만들기 위함이었다. 매달 점심시간에 서너 명의 연구원이 자신이 실패한 프로젝트에 대해 생생하게 이야기했다. 그러면서 실패에서 얻은 교훈과 그것이 개인의 성장과 향후 프로젝트 성공에 어떻게 기여했는지를 함께 나눴다. 이 세션은 구성원들의 폭넓은 참여를 끌어냈고, 실패에 대한 낙인을 지웠다. 조직 전체에 학습과 경험을 공유했다.

그렇다면 효과는 있었을까?

그렇다고 말할 수 있다! 1990년대 말 MSR은 과학 연구 분야에서 세계적인 리더로 인정받게 되었고 심지어 학술 기관과도 어깨를 나란히 할 정도였다. 주요 컴퓨터 과학 학회에서 발표된 논문의 20퍼센트에 MSR이 참여할 정도였다.[34]

단지 논문 수에서만 성공을 거둔 것이 아니었다. 이 부서의 연구는 마이크로소프트 제품 라인을 정의하고 더 나아가 기술 산업 전반에 변혁을 일으킨 기술들을 탄생시켰다.

- 획기적인 메모리 관리 기술은 윈도 95의 성능을 비약적으로 향상시켰다.
- 네트워킹과 클라우드 컴퓨팅 분야애서의 혁신은 애저의 토대를 마련했다.
- Xbox와의 협업은 온라인 게임 기술과 획기적인 키넥트 센서의 개발로 이어졌다.
- 문법 검사기 같은 도구는 마이크로소프트 워드를 문서 처리 시장의 선두 주자로 만들었다.
- 네트워크 인프라 기반 통신 프로토타입은 마이크로소프트 팀즈$_{Teams}$로 발전했다.

- 클리어타입ClearType 디스플레이 기술은 LCD 화면에서 텍스트 가독성을 크게 향상했다.
- 컴퓨터 비전Computer Vision과 그래픽스Graphics의 발전은 디지털 사진과 이미지 처리 기술의 혁신을 이끌었다.
- 자연어 처리 분야의 초기 연구는 언어 이해 및 음성 인식 기술의 기반이 되었다.

목록은 계속 이어진다. 1997년까지 MSR은 큰 성공을 거두었고 경영진은 팀 규모를 세 배로 늘리기로 결정했다. 이는 곧 전 세계로의 확

사내 메모

받는 사람: BiLLG (빌 게이츠) 및 관련자
보낸 사람: 네이선 미어볼드
날짜: 1997년 5월 7일

연구 어젠다에 관한 아이디어

우리는 지금 거의 전례 없는 도전에 나서고 있다. 마이크로소프트의 연구 투자 규모를 최소 세 배 이상 확대하는 것이다. 몇 년 전 일부 직원들은 연구 규모를 무에서 유로, 다시 무한대로 확장하는 모험에 운 좋게(그리고 순진하게도) 참여할 수 있었다. 그 결과는 매우 성공적이었고, 이제 우리는 그보다 더 큰 무언가를 만들고자 한다.

이 메모는 우리가 연구 지원에 새롭게 확보한 자원을 어떻게 활용할지에 대한 아이디어를 담고 있다. 이미 몇 달 동안, 이 주제에 대해 논의해 왔기에 이 메모는 첫걸음이 아니며 동시에 최종적이지도 않다. 무엇보다 이 어젠다를 실제로 수행할 사람들 대다수(약 66퍼센트)가 아직 이곳에서 일하고 있지 않다는 점이 중요하다. 그들의 의견이 어쩌면 가장 중요할지도 모른다.

그림 6.3 MSR의 확장을 알리는 네이선 미어볼드의 메모

장을 의미했다. 마력과 방향타의 독특한 조화가 가능한 곳이라면 어디든 갈 생각이었다. 마이크로소프트는 영국 케임브리지와 중국 베이징에 이어 실리콘밸리, 인도 벵갈루루, 보스턴과 뉴욕, 캐나다 몬트리올에 연구소를 설립했다.

유일한 상수는 변화

2000년 스티브 발머가 빌 게이츠의 뒤를 이어 마이크로소프트의 CEO로 취임했다. 빌 게이츠는 컴퓨터과학과 관련된 배경이 있었기에 과학적 탐구와 혁신의 복잡하고 종종 예측할 수 없는 특성을 깊이 이해하고 있었다. 반면에 스티브 발머는 꼼꼼한 사업 운영자로, 재무 지표를 철저하게 분석하기로 유명했다. 그는 직원들과 함께 엑셀로 비즈니스 통계를 몇 시간이나 들여다 보면서 행과 열 하나하나를 초인적인 수준으로 파고드는 것으로 악명이 자자했다. 그는 이러한 접근 방식으로 마이크로소프트의 비즈니스 규율을 강화했지만, MSR의 탐구 중심 의무에는 도전 과제를 안겨주었다.

외부적으로도 소프트웨어 산업은 급격한 변화를 겪고 있었다. 구글의 부상으로 대표되는 검색엔진의 등장은 업계의 판도를 바꾸었다. 휴대전화와 태블릿 등 새로운 기기의 등장은 애플과 같은 하드웨어 중심 기업들이 소프트웨어 분야로 더 깊이 진출하는 계기가 되었다. 또한, 페이스북을 선두로 한 소셜미디어 플랫폼이 등장하면서 정보 공유 방식이 근본적으로 바뀌었다. 이러한 변화는 소프트웨어와 데이터의 역할을 '모두'에게 빠르고 돌이킬 수 없게 바꾸어 놓았다.

2000년대 초, 가장 큰 변화였던 스마트폰은 아직 본격적으로 등장하지 않은 상태였다. 하지만 MSR은 이 흐름을 앞서가고 있었다. 이는 코닥과 텍사스 인스트루먼츠, 페어차일드 그리고 제록스의 교훈적인 이야기들과 전개 방향이 놀라우리만치 닮아있다. MSR은 이후 아이폰에서 대중화될 여러 기능을 이미 구현하여 작동하는 프로토타입을 개발했다. 애플의 기술 로드맵에 아이폰이 등장하기 수년 전에 이미 이루어진 연구다.

MSR의 프로토타입은 마이크로소프트 경영진의 큰 관심을 불러일으켰고 모바일 컴퓨팅 사업을 시작하기 위한 움직임이 본격화되었다. 흔히 '포켓 PC'라고 불리던 개인 휴대용 단말기(PDA)용으로 설계된 초기 운영 체제가 수정되어 2003년에 윈도 모바일로 재출시되어 많은 제조업체와 구매자들에게 반향을 일으켰다. 당시 고급 휴대전화는 매우 비쌌기 때문에 대부분은 회사에서 직원용으로 구매했으며, 주로 PC의 확장 기능으로 사용되었다. 이메일과 일정 관리가 가장 일반적인 용도였고 엑셀이나 워드 파일에 접근하는 기능도 널리 쓰였다. HP, 델Dell, HTC와 같은 제조업체의 기기에는 윈도 모바일이 탑재되었으며, 이는 팜 OSPalm OS, 심비안Symbian, 블랙베리BlackBerry와 같은 플랫폼과 경쟁하며 상당한 시장 점유율을 차지했다. 2006년이 끝날 무렵, 윈도 모바

일은 전 세계 스마트폰의 50퍼센트에 탑재되어 있었다.[35]

큰 실책

2007년 6월 29일에 출시된 아이폰은 스마트폰을 소비자 중심으로, 업무 용도는 그다음으로 재정의했다. 세련된 디자인과 터치 인터페이스, 모바일용 브라우저, 그리고 아이튠즈iTunes를 통한 음악 지원 기능을 갖춘 아이폰은 커뮤니케이션과 엔터테인먼트를 한 번에 즐기려는 소비자들 사이에서 즉각적인 인기를 끌었다. 아이폰 사용자 수가 급격히 증가하면서, 기업 IT부서는 더 이상 고가의 휴대전화를 직원들에게 지급할 필요가 없게 되었다. 애플이 제공한 도구와 문서를 활용해 기업용 애플리케이션을 아이폰으로 쉽게 옮길 수 있었기 때문이다.

이상적인 상황이었다면 다른 휴대전화 제조업체들이 아이폰의 등장에 맞서 윈도 모바일을 중심으로 뭉쳤을 것이다. 이는 과거 PC 제조업체들이 윈도를 중심으로 단결해 애플 매킨토시의 세계 시장 점유율을 한 자릿수로 제한했던 흐름을 떠올리게 한다. 하지만 현실은 예상과 다르게 전개됐다. 아이폰 출시 5개월 후인 2007년 11월, 구글이 안드로이드 모바일 운영 체제를 공개한 것이다. 안드로이드는 윈도의 접근 방식과 극명한 대조를 이뤘다. 오픈 소스로 제공된 안드로이드는 어떤 제조업체나 통신사든 각자의 요구사항에 맞춰 자유롭게 시스템을 조정할 수 있었다. 모바일 기기용으로 설계된 안드로이드는 PC 중심 인터페이스로 인해 불편했던 윈도 모바일과는 달리 사용자 친화적인 경험을 제공했다. 결정적 차이는? 안드로이드는 무료였다. 구글이 안드로이드를 유료화하지 않은 이유는 안드로이드가 구글의 고수익 사업인 검색엔진의 관문 역할을 했기 때문이다. 때에 따라서 구글은 광고 수익의 일부를 제조업체와 공유하면서 안드로이드의 도입을 장려하기도 했다.

나머지는 잘 알려진 대로다. 마이크로소프트는 마지막 시도로 노키아를 인수하여 스마트폰을 자체 생산하는 제조업체로 변모하려 했지만, 이미 모바일 시장의 흐름은 결정된 뒤였다. 마이크로소프트는 인수한 노키아를 대부분 손실로 처리할 수밖에 없었고, 결국 2015년에 해당 사업을 종료했다. 돌이켜보면 아이폰과 안드로이드 등 '파괴적 혁신'이 등장하던 시기에 윈도 모바일은 기존 기술을 '유지하려는 혁신'에 불과했다는 점이 분명해졌다.[36] 〈코그니티브 서비스〉장에서 언급했듯, 빌 게이츠는 윈도 모바일을 마이크로소프트에서 자신이 저지른 가장 큰 실수로 꼽았다.

노키아 사업을 정리하며 마이크로소프트는 대규모 조직 개편을 단행했다. 10,000명 이상의 직원을 해고해야 했다. 장기적 전략 중요성 덕분에 전통적으로 구조조정에서 제외되었던 MSR 역시 일부 직원을 해고하라는 지시를 받았다. 고심 끝에 MSR 경영진은 인원 감축을 여러 연구소에 분산하는 대신 실리콘밸리 연구소 전체를 폐쇄하기로 결정했다. 이 결정은 마이크로소프트 내부는 물론 학계 전반에 큰 충격을 안졌다. 단기간에 이처럼 많은 과학계 인재들이 해고된 경우는 드물었다. 이에 대응해 18개 대학으로 구성된 컨소시엄이 마이크로소프트에 연구실 폐쇄를 재고해 달라는 공개서한을 보냈지만, 마이크로소프트는 결정을 바꾸지 않았다.[37]

혁신에 더욱 전념하다

모바일 혁명을 놓친 것은 마이크로소프트에 큰 충격을 주었다. 이 사건은 회사 전체가 혁신과 미래의 변화에 앞서가기 위한 각오를 다지는 계기가 되었다. 2014년 사티아 나델라가 CEO로 취임한 이후, 그는 회사를 '모든 것을 안다고 여기는' 문화에서 '무엇이든 배우려는' 문화로 전환하는 데 중점을 두었다.

이 변화에서 핵심적인 역할을 맡은 건 당연히 MSR이었다. MSR은 기술 이전에 대한 의지를 다시 한번 강조하며, 그동안 효과가 검증된 다섯 가지 실천 원칙에 집중했다.

1. 야심찬 연구를 위한 디딤돌을 마련한다.
2. 기술, 지식 때로는 사람까지 이전한다.
3. 이전은 양방향이며 지속적인 과정으로 접근한다.
4. 직접 만나 신뢰를 쌓는다.

5. 경계를 넘나드는 사람을 찾는다.

야심찬 연구를 위한 디딤돌을 마련한다

대기업에서는 연구 목표가 종종 운영 부서의 단기적 요구에 맞춰 희석되곤 한다. MSR은 연구 목표를 과감하고 대담하게 설정하는 것을 원칙으로 하지만, '디딤돌'처럼 제품 팀의 일정에 맞춘 중간 결과물을 함께 만드는 방식으로 목표 수정의 위험을 관리한다. MSR 케임브리지 연구소장 애비게일 셸렌Abigail Sellen은 이렇게 설명한다. "모두가 함께 몰입할 수 있는, 매우 야심차고 장기적인 목표를 설정하는 것이 중요합니다. 동시에 제품팀과 연관된 단기 결과물도 만들어내야 합니다. 이렇게 해야 연구자가 미래를 내다보고 비전을 유지하면서도 실질적인 영향을 줄 수 있습니다."

기술, 지식 때로는 사람까지 이전한다

마이크로소프트 외부에서 '기술 이전'이라고 하면 특정 프로젝트를 연구 조직에서 제품 조직으로 '넘기는 것'으로 이해한다. 그러나 MSR은 기술 이전을 훨씬 더 넓은 개념으로 본다. 정기적인 세미나, 워크숍, 공동 독서 모임 등을 통해 제품 팀과 지속해서 지식을 공유한다. 중요한 프로젝트의 경우 연구원 그룹 전체를 일정 기간 제품 조직에 파견하기도 한다. 이를 통해 연구 지식이 다음 개발 단계까지 일관되게 전달된다. 연구원들은 보통 2-3년 후 MSR로 복귀하며, 제품에 대한 깊은 이해와 더 강한 협업 관계를 갖춰서 돌아온다.

이전은 양방향이며 지속적인 과정으로 접근한다

인터뷰에 응한 많은 혁신가는 '기술 이전tech transfer'이라는 용어에 거부감을 보였다. 일방적이고(연구에서 제품으로) 일회적인(기술이 전달되면 업무가 끝나는) 인상을 주기 때문이다. 이들은 이전을 시작과 끝이 정해지지 않은 이어지는 대화로 보려고 했다. 특별한 기술이 오가지 않더라도 연구자와 제품팀 간의 대화는 계속되어야 한다. MSR 뉴잉글랜드, 뉴욕, 몬트리올의 기술 위원이자 총괄 책임자인 수전 두메이Susan Dumais는 이를 잘 표현했다. "이전은 시간이 흐르며 쌓이는 관계에 관한 겁니다. 계속 대화하며 연구자가 실제 사례에서 영감을 얻고, 제품 팀도 연구 방향을 파악해 준비되면 받아들일 수 있습니다. 연구팀과 제품팀 모두 매우 겸손할 때 가장 좋은 관계를 형성할 수 있습니다."

직접 만나 신뢰를 쌓는다

아예 불가능하다고는 할 수 없겠지만, 상호 이해와 신뢰가 없다면 공동 작업이 성공하기는 어렵다. 특히 팀이 같은 장소에 있지 않을 때 상호 이해와 신뢰를 키우는 건 큰 과제다. 본사가 있는 레드먼드에서 멀리 떨어진 곳에 있는 연구소들은 제품팀과 정기적으로 만나야 했다. 이를 해결하는 방법은 레드먼드에서 며칠에 걸쳐 정기 워크숍을 여는 것이었다. 이 워크숍에는 연구자와 제품 전문가들이 모여 인사이트를 공유하고 브레인스토밍, 해커톤, 심층 토론에 참여했다. 일정이 길어서 아이디어를 구체화하고, 연구원들이 돌아가고 엔지니어링팀이 일상 업무를 다시 시작하기 전에, 소개된 개념이 추진력을 얻을 수 있을 정도였다. 애비게일은 "서로의 용어를 배우고 무엇이 동기를 부여하는지 이해하는 데 시간을 투자하는 것은 매우 유익합니다. 프로젝트 초기에 파트너와 충분한 시간을 보내는 것이 장기적으로 큰 도움이 됩니다."라고 말한다.

이 원칙을 잘 보여주는 사례가 리서치 오피스 협업(Research and Office Collaboration, ROC)이다. ROC는 1년에 두 번, 며칠간 MSR과 오피스 제품 그룹이 모이는 자리로 새로운 연구 방향을 모색하고 제품 우선순위를 검토하며 새로운 파트너십 기회를 탐색한다. ROC는 연구자와 제품팀 간에 지속적으로 활발히 정보를 주고받아 새로운 협업 분야를 꾸준히 발굴할 수 있게 한다.

경계를 넘나드는 사람을 찾는다

대면 활동은 협업의 씨앗을 뿌리기에 매우 효과적이지만, 그 이후에 협업을 이어갈 사람도 필요하다. 이 역할을 하는 사람이 바로 경계를 넘나드는 사람boundary crosser이다. 이들은 조직의 경계에서 일하며 협업을 지속시키는 데 능숙한 사람들이다. 예를 들어 엔지니어들과 함께 제품 사양서를 열심히 만드는 연구원이나 여가 시간에 과학 논문을 탐독하는 프로그램 매니저 등이 여기에 해당한다. 이들은 MSR과 제품팀

간의 오랜 협업을 가능하게 하는 연결 고리 역할을 한다.

이러한 원칙이 모두 잘 작동할 때 조직의 경계는 거의 의미가 없어진다. 에릭 호비츠는 이렇게 설명했다. "진정한 마법은 개인의 동기와 자아가 사라지는 순간에 일어납니다. 누가 연구팀이고 누가 제품팀인지는 잊어버리고 모두가 하나의 팀이 되어 공동의 목표에만 온전히 집중하게 됩니다."

앞으로의 길

마이크로소프트 리서치는 또 다른 변화의 시기를 지나고 있다. 2017년부터 MSR을 이끌어온 에릭이 2020년에 마이크로소프트의 초대 최고과학책임자로 자리를 옮겼고, DARPA 출신으로 2010년부터 마이크로소프트에서 활동한 피터 리Peter Lee가 MSR의 수장을 맡게 된 것이다. 이러한 변화는 컴퓨터과학이 거의 모든 주요 과학 분야와 융합되는 흐름 속에서 일어났다. 글로벌 팬데믹의 시작은 광범위한 원격 근무를 불러왔고, 이는 모든 사람의 협업 방식을 흔들어 놓았다. 또한 생성형 AI의 발전 속도가 빨라지면서 연구 자체의 본질도 바뀌게 됐다.

변화는 항상 오기 마련이다. 앞으로 어떤 변화가 오든, 한 가지는 그대로여야 한다. 바로 MSR의 세 가지 사명이다. 이 사명은 지난 30여 년 동안 마이크로소프트에서 성공적인 발명과 혁신을 이끌어온 북극성이었다. 특히 복잡하고 모호한 연구의 세계에서 명확하고 간결하게 소통하는 힘이 얼마나 중요한지를 잘 보여주는 모범 사례라고 할 수 있다.

핵심 요점

◆ **명확한 사명**

MSR은 혁신이라는 정신을 단순한 문구가 아닌 조직의 가치로 삼아 설립 초기부터 사명에 깊이 새겨 넣었다. 이는 연구소 회의나 행사에서 반복적으로 언급되었고 연구소 직원들도 자주 인용하는 주제였다. 이 사명은 채용 과정의 기준이 되었고, 프로젝트 평가에서도 중요한 역할을 했다. 새로운 프로젝트의 개요에는 사명의 세 기둥과 어떻게 부합하는지 설명하는 것이 관례처럼 되었고 세 가지 사명을 모두 강화하는 잠재력을 보여주는 프로젝트가 특히 높은 인정을 받았다.

◆ **탁월한 인재**

MSR은 '마력과 방향타'라고 표현되는 과학적 능력과 실용적 응용에 대한 추진력을 모두 갖춘 인재를 채용하는 데 집중해 왔다. 이러한 인재 채용 전략은 혁신적인 기술을 지속해서 선도할 수 있었던 핵심 이유 중 하나다. 초기에는 이러한 인재들을 유치하는 데 상당한 노력이 필요했지만, 처음 채용된 직원들이 비슷한 성향의 인재들을 끌어당기는 자석 역할을 하며 선순환을 만들어냈다. 에릭의 말처럼, "조직이 젊을수록, 누구를 채용하느냐가 그 조직의 정체성을 결정한다."

◆ **기초 연구 지원**

장기적인 혁신을 지속하려면 기초 연구에 대한 투자가 필수적이다. 하지만 단기 이익과 점진적 개선이 우선시되는 기업 환경에서는 이러한 투자를 정당화하기 어렵다. MSR은 오랜 시간 동안 기초 연구에 대한 투자를 유지할 수 있었다. 이는 경영진이 회사 전반에 걸쳐 기초 연구의 이점을 끊임없이 강조하고 옹호해 왔기 때문이다. 또한 리서치 오피스 협업(ROC)과 같은 장기 협력 프로젝트를 통해 실제로 기초 연구의 이점을 경험한 제품팀 내 지지자들을 양성해 왔다.

저자 하이라이트

딘 처음 MSR에 합류했을 때 연구소에서 가장 통찰력 있는 연구원 중 한 명이 과학자와 엔지니어의 사고방식과 동기에 대해 설명해 주었다. 나는 이를 통해 크게 깨달은 바가 있었는데, 이전까지는 이 두 분야를 STEM(과학, 기술, 공학, 수학)의 균일한 하위 집합 정도로 생각했었다. 그러나 이제는 과학자는 모호함과 미지의 영역에 끌리지만, 엔지니어는 구조화되고 규율 있는 환경에서 더 능력을 발휘한다는 점을 이해하게 되었다. 과학자들은 새로운 지식과 이해를 창출할 수 있는 부분에 끌린다. 반면에 엔지니어들은 모호성을 '줄이고' 체계화된 도구와 프로세스, 절차를 만드는 데 중점을 두기 때문이다. 이 간단한 정신 모델mental model 덕분에 과학과 공학 양쪽의 기여가 필요한 협업 상황을 이해하고 조율하는 데 큰 도움이 되었다.

MSR에서의 경험이 좋았던 이유는 바로 이 두 분야가 한 조직 안에서 매우 효과적으로 공존한다는 점 때문이었다. 어떤 날은 강연을 듣고 독서 모임에 참여하고 과학 논문을 공유하는 등 과학과 학계의 장점을 고스란히 느낄 수 있었다. 다른 날에는 제품 사양서를 작성하고 실제 시스템을 테스트하며 개발 로드맵을 검토하는 업무를 하면서 제품팀의 일원이었던 과거가 떠오르곤 했다. 이처럼 서로 다른 두 문화가 하나의 조직 안에서 공존하며 성장할 수 있다는 것은 MSR의 독특하고 강력한 특징이라고 생각한다.

조앤 여러 팀을 이끌면서 파스퇴르 사분면을 유용한 도구로 자주 활용해 왔다. 그래서 이 사례에서 등장한 것이 매우 반가웠다. 책 후반부에서 패턴들을 살펴볼 때 〈패턴 4: 기술 이상의 혁신〉장에서 이 모델을 새롭게 확장한 내용을 소개할 것이다.

그 외에도 충분히 큰 목표를 설정하라는 애비게일의 말에 공감하고, 강조하고 싶다. 이것을 파급 효과, 폭발 반경, 연쇄 반응, 폭포수 효과 등으로 부를 수도 있겠지만 큰 조직에서는 작은 변화라도 미치는 영향이 크다. 그래서 무엇을 제안할 때는 그것이 충분히 '가치 있는' 일이어야 하고, 그 가치는 변화에 동참해야 할 모든 사람이 공감할 수 있는 형태로 정의되어야 한다. 즉 하나의 가치 제안만으로는 모자라다. 여러 이해당사자를 설득할 수 있을 만큼 충분히 품이 큰 가치를 제안해야 할 것이다.

빙

언더독의 이점을 활용한다

 이솝 우화의 끈기 있는 거북이부터 성경의 담대한 다윗, 〈반지의 제왕〉 시리즈의 주인공 프로도, 록키, 캣니스, 뮬란에 이르기까지 언더독 underdog의 반전은 문학, 영화, 스포츠 전반에서 가장 인기 있는 소재 중 하나다. 이 이야기들에는 노력과 결단, 회복력을 통해 역경을 이겨내는 감동이 있다. 마이크로소프트의 역사 속에서 빙Bing은 현대의 언더독으로 등장해 구글이라는 거대한 상대와 맞서 싸웠다. 그 무기는 물매와 돌이 아니라 0과 1의 코드였다. 검색 시장의 무려 90퍼센트를 장악한 구글은 거인 중의 거인이었다.[38] 그러나 빙의 이야기는 단순히 역경을 이겨낸 서사가 아니라, 전략적 긴장에 대한 교훈이자 거인의 땅에서도 약자가 일어설 수 있음을 보여주는 증거다.

이야기는 1990년대 브라우저 전쟁의 시기로 거슬러 올라간다.

엣지Edge, 크롬Chrome, 덕덕고DuckDuckGo 같은 브라우저가 등장하기 전, 디지털 세상은 넷스케이프 네비게이터Netscape Navigator가 지배하고 있었다.[39] 넷스케이프도 한때는 시장 점유율 90퍼센트를 자랑하던 거대 기업이었다.[40] 하지만 1998년 9월 28일, 브라우저 시장에 늦게 진입한 마이크로소프트의 인터넷 익스플로러가 선두 자리를 차지하면서 넷스케이프의 시대는 막을 내렸다.[41] 이 변화는 패스트팔로어fast-follower 전략의 대표적인 사례가 되었고, 마이크로소프트가 선호하는 전략으로 자리 잡게 되었다. 당시 경영진은 때때로 '트렌드 선도'보다 '수익'을 우선시하는 실용적인 야망을 강조하기도 했다.[42]

패스트팔로잉fast-following은 경쟁사의 혁신을 모방하고 개선하여 시장에 빠르게 진입하는 전략을 말한다. 이 전략은 선구적인 혁신보다 점진적 개선과 실행의 우수성을 중시한다. 첫 번째로 시장에 진출하는 기업은 대규모 초기 투자와 시장 교육이라는 부담이 있다. 두 번째로 진출하는 기업은 선발 주자의 시장 이해를 활용하여 더 낮은 비용과 위험으로 제품을 개선한 다음 출시할 수 있다. 또한 후발 주자는 혁신가가 겪은 시행착오를 피하면서 더 다듬어진 사용자 경험을 제공할 수 있다. 마이크로소프트는 이 전략을 Xbox, 서피스Surface, 팀즈, 애저 등에서 여러 차례 성공적으로 활용해 왔다. 하지만 이 전략이 항상 통하는 것은 아니다. 특히 선발 주자가 시장을 완전히 장악한 경우, 후발 주자가 따라잡기란 매우 어렵다. 검색엔진 영역에서 마이크로소프트가 직면한 상황이 바로 그랬다. 구글은 혁신에서 앞섰을 뿐 아니라 빠르게 확장하여 수십 년 동안 마이크로소프트는 물론 어떤 경쟁자도 넘어설 수 없는 막강한 시장 우위를 확고히 했다.

구글이 없었다면 빙도 없었을 것이다

인터넷 초창기에는 검색이 지금처럼 가장 먼저 사용하는 기능은 아니었다. 당시 기업들은 야후!Yahoo!나 마이크로소프트 네트워크(Microsoft Network, MSN)와 같은 인터넷 포털을 만드는 데 집중했다.[43] 인터넷 포털은 빠르게 확장되는 웹 정보를 구조화된 디렉터리와 선별된 콘텐츠와 서비스로 정리하여 사용자를 끌어들였다. 스탠퍼드대학의 박사 과정 학생이던 세르게이 브린Sergey Brin과 래리 페이지Larry Page는 조금 다른 비전을 추구했다. 사용자에게 선별된 콘텐츠를 제공하는 대신, 누구나 스스로 콘텐츠를 선별할 수 있도록 하는 방식을 택한 것이다. 이들이 만든 페이지랭크PageRank는 웹페이지의 검색 적합성을 측정하는 알고리즘 시스템으로, 콘텐츠뿐만 아니라 다른 페이지에 연결된 링크의 수와 품질도 고려했다.[44] 이 접근 방식 덕분에 구글은 더욱 지능적으로 페이지 순위를 매겨 경쟁사보다 훨씬 정확하고 유용한 검색 결과를 제공할 수 있었다. 페이지랭크는 너무나 획기적이어서 구글은 순식간에 인터넷 검색의 동의어가 되었고, 인터넷 포털의 시대는 급속히 막을 내렸다.

페이지랭크만으로는 후발 주자가 따라잡을 수 있었을지 장담할 수 없다. 하지만 구글은 여기에 '제품 혁신'과 '비즈니스 모델 혁신'을 결합하여 그 가능성을 원천적으로 차단했다. 그 중심에는 애드워즈AdWords가 있었다.

구글 애드워즈가 등장하기 전까지만 해도 온라인 광고는 포털의 콘텐츠와 함께 선별적으로 배치되었다. 광고주는 특정 페이지에 광고를 게재하기 위해 비용을 지불했다. 반면 애드워즈는 사용자가 실행한 검색과 이와 관련된 광고를 동적으로 표시했다. 여기에 클릭당 가격 책정, 실시간 성과 데이터, 광고 경매 시스템 등 또 다른 혁신을 결합하면서 구글은 온라인 광고를 더 접근하기 쉽고 측정가능하며, 비용도 효율적인 매체로 만들었다. 2008년까지 구글은 전체 온라인 광고 수입의 30퍼센트를 차지했다. 그다음 경쟁자인 야후!는 12퍼센트에 그쳤다.[45]

성장이 성장을 낳는다

구글의 초기 혁신은 성장의 선순환에 촉매 역할을 했다. 방대한 사용자 기반은 엄청난 양의 검색 데이터를 생성했고, 구글은 이를 활용해 검색 순위 알고리즘을 계속 정교화했다. 이러한 개선은 검색 결과로 이어져, 더 많은 사용자를 끌어들였다. 사용자 수가 늘어나자 광고주들이

몰려들었다. 구글의 매출은 급증했다. 구글은 이렇게 유입된 자본을 전략적으로 활용해 새로운 제품과 기능 개발에 투자했고, 이를 통해 더 많은 사용자를 유치했다. 특히 2006년에서 2007년에 출시된 구글 문서Docs, 시트Sheets, 슬라이드Slides는 마이크로소프트의 100억 달러 규모의 생산성 소프트웨어 사업을 처음으로 위협하는 제품이 되었다.[46]

구글이 제공한 것과 같이 다양하고 서로 연동되는 혁신은 경쟁자가 따라잡기 어렵기로 악명이 높다. 이 주제는 래리 킬리Larry Keeley가 공저한 책 『비즈니스 모델의 혁신Ten Types of Innovation』에서도 언급되었다. 제품, 프로세스, 네트워크, 채널, 브랜드 등 여러 영역에서 동시에 혁신하는 기업이 S&P500과 같은 주요 주식 시장 지수를 일관되게 능가한다는 사실을 보여주었다. 저자들은 이렇게 설명한다. "정교한 혁신은 성공하기가 당연히 더 어렵다. 하지만 반대로 생각해 보자. 일단 실행에 성공하면 고객을 만족시키고 경쟁자를 혼란스럽게 할 가능성이 크다. 종종 경쟁자가 따라잡기까지 수년간 성공을 유지할 수도 있다."[47]

실제로 마이크로소프트는 검색의 중요성을 뒤늦게 인정했다. 마이크로소프트는 '익스플로러 대 넷스케이프' 전략을 다시 꺼내 구글의 지배를 깨뜨리려 했다. MSN 검색, 윈도 라이브 검색, 이후 라이브 검색 등 다양한 투자를 이어갔다. 2009년이 되자 더욱 집중된 노력이 필요하다는 판단 아래 빙이 탄생했다.

더 많은 검색 사용자를 확보하기 위해 마이크로소프트는 '야후!·마이크로소프트 검색 동맹'을 결성했다. 이 동맹을 통해 야후!는 자사 플랫폼에 빙의 검색 기술을 활용했고, 그 결과 상당한 검색 시장 점유율이 빙으로 통합되었다. 또한 마이크로소프트는 빙에 페이스북과 트위터의 데이터를 통합하여 검색 결과를 사용자의 소셜 맥락에 맞게 더 개인화하려는 시도를 했다. 더 급진적인 노력으로 사용자가 빙을 이용하면 보상을 제공하는 빙 리워드 Bing Rewards라는 프로그램도 있었다. 다양한 시도에도 불구하고 2012년 기준 구글은 글로벌 검색 활동의 90퍼센트를 차지한 반면, 빙은 5퍼센트 이하에 머물렀다.[48]

제약은 창의성을 낳는다

이러한 상황에서 마이크로소프트의 경영진이 회사가 어떤 선택을 해야 할지를 논의하기 위해 모였다. 검색 시장에서 철수할 것인가? 절대 안 될 일이다. 그렇게 하면 구글이 검색 사업에서 자원을 줄이고 생산성 도구에 더 많은 투자를 하게 될 것이다. 구글보다 더 많은 자금을 투입하는 것은? 불가능하다. 마이크로소프트는 이미 검색 분야에 수억 달러를 쏟아부었지만, 미미한 성과를 거뒀을 뿐이다. 그래서 세 번째 길을 선택했다.

회사가 장기적이고 불균형한 경쟁을 계속하기로 한 것이다. 이는 빙이 구글의 예산과 인력에 비하면 적은 자원을 가지고 운영될 것이지만, 손익분기점을 유지하면서 시장 점유율을 유지하거나 오히려 늘려야 한다는 의미였다. 이러한 제약 조건 속에서 빙은 자체적으로 돌파구를 마련해야 했다.

요구사항은 또 있었다. 빙은 자체 혁신을 마이크로소프트 전체에 제시하고 전파할 책임도 있었다. 단순한 워크숍이나 지식 공유 차원이 아니었다. 빙은 혁신이 다른 제품 팀으로 신속하고 효율적으로 전달되도록 플랫폼, 도구, 기타 기술을 직접 구축해야 했다. 빙의 이러한 임무는 단지 좋은 기업 시민의식의 표현 이전의 계획이 있었다. 이는 구글 검색과 경쟁하는 데 필요한 자본 투자(대규모 데이터 센터, 고성능 서버, 24시간 서비스 가동 등)가 측정할 수 있는 투자 수익으로 전환되기까지 수년이 걸릴 수 있다는 현실을 반영한 것이었다. 빙의 머신러닝 담당 부사장 사우랍 티와리Saurabh Tiwary는 이렇게 회상했다. "상당한 수준의 투자가 필요했습니다. 너무나 큰 규모였기 때문에 단일 그룹에 그렇게 많은 자금을 배정하자는 사람은 마이크로소프트 내에서 아무도 없었습니다. 그래서 빙이 구축한 역량이 마이크로소프트 전체에 걸쳐 사용될 수 있다는 것을 보여줘야만 했습니다."

숨은 영웅을 찾습니다

1등이 될 희망이 거의 없는 상황에서 2등 자리만 지키는 현실을 매력적으로 보는 사람은 별로 없다. 그래서 빙의 경영진은 필요한 인재를 유치하기 위해 제품과 팀을 구글의 독점적 위치에 맞서는 유일한 견제 세력으로 포지셔닝했다. 구글이 견제받지 않는다면 전 세계 정보 접근을 단독으로 결정할 우려가 있기 때문이었다. 검색 및 AI 부문 기업 부사장인 조르디 리바스Jordi Ribas는 당시 생각을 다음과 같이 회상했다.

> 우리는 검색이 사회에 매우 중요한 기술이며 어느 한 기업이 시장을 지배하는 것은 건강하지 않다고 느꼈습니다. 우리는 이 생각에 공감하는 사람들을 채용했습니다. 사업과 시장의 도전을 극복할 수 없어 보일 때조차 이 사명이 사람들을 지탱하고 동기 부여할 것이라고 믿었습니다.

이처럼 모호하고 사명 중심적 환경에서 두각을 나타낼 인재를 채용하기 위해 유익한 여러 채용 방식이 등장했다. 그중 하나는 면접 일정을 개방적으로 운영하는 것이었다. 일정한 수의 면접은 채용 담당자가 미리 정하지만, 지원자가 추가 면접을 원하는 만큼 잡을 수 있도록 했다. 지원자가 자발적으로 얼마나 많은 추가 면접을 요청하는지는 빙의 사명에 대한 열정과 에너지를 보여주는 강력한 지표로 작용했다.

면접 도중에 주제를 갑자기 바꾸기도 했다. 이는 지원자가 모호한 상황에 얼마나 잘 적응하는지를 평가하는 데 도움이 되었다. 일부 지원자는 갑작스러운 방향 전환을 불편해했지만, 오히려 활력을 얻는 듯한 지원자도 있었다. 긍정적인 반응을 보인 지원자들은 빙의 역동적인 환경에 더 잘 맞는 인재일 가능성이 높았다.

빙은 사업 성과를 보고하고 평가하는 방식도 구글이라는 거대한 상대를 이겨내야 한다는 도전의 크기를 반영하여 바꾸었다. 다른 비즈니스에는 시장 점유율이 여러 지표 중 하나지만, 빙은 시장 점유율에 집중하여 아주 작은 소수점 이하 단위의 점유율 상승도 세밀하게 추적했다. 그도 그럴 것이, '그때까지' 구글로부터 검색 점유율을 빼앗은 기업은 아무도 없었고, 단 0.1퍼센트포인트의 상승만으로도 수천만 달러의 매출로 이어질 수 있었다. 빙의 초기 입사자이자 성장 및 배포 부문 부사장인 마이클 섹터Michael Schechter는 다음과 같이 말했다.

빙에 입사했을 때 구글과 경쟁할 방법이 전혀 없어 보였어요. 하지만 당시 빙을 이끌던 사티아[49]는 우리에게 이렇게 말했습니다. 구글을 이긴다는 목표는 너무 거대하니까, 대신 빙은 점유율을 가져오고 세계에서 가장 빠르게 성장하는 검색엔진이 되는 것에 집중할 것이라고요. 이 말에 동참하게 되었죠.

이러한 접근 방식은 구글에 맞서는 압도적인 과업을 작고 달성할 수 있으며 측정가능한 단계들로 나누었다.

학습을 위한 실험

빙은 임무를 추진하기 위해 여러 가지 메커니즘을 개발했다. 그중 하나가 '플라이트flight'였다. 플라이트란 새로운 기능과 사용자 경험을 빙 사용자 일부에게 체계적이고 제한된 시간 동안 제공하는 것이었다. 플라이트의 근본 목적은 학습이었다. 기능이 예상대로 작동하는지 그렇지 않은지, 사용자들이 어떤 기능을 좋아하는지 또는 싫어하는지를 이해하려는 것이다. 빙은 플라이트를 학습을 위한 실험으로 삼고 팀이 과감하게 새로운 접근 방식을 시도하도록 장려했다. 기능이 제대로 작동하지 않으면 다음 플라이트에서 해당 기능을 폐기하거나 수정할 수 있었다. 물론 각 플라이트에서 어느 정도의 기능은 성공해야 빙의 성장 목표를 달성할 수 있었다. 하지만 학습을 중심에 둠으로써, 실패한 실험조차 성공 가능성이 높은 기능 개발에 유용할 수 있었다.

이러한 실천의 핵심 요소는 '플라이트 리뷰flight review'였다. 플라이트가 끝나고 관련 데이터가 수집되면 그 플라이트에 참여했던 모든 사람이 모였다. 이 자리에서 데이터를 면밀히 분석하며 무엇이 잘 작동했고 무엇이 그렇지 않았는지를 논의했고, 다음 플라이트를 위한 학습을 체계화했다. 예상과 달리 성과가 좋지 않았던 기능에 대해 비난하거나 책임을 추궁하는 일은 절대 허용되지 않았다. 대화의 중심은 오직 왜 일이 잘 됐는지 또는 잘 안됐는지, 이 학습 내용을 어떻게 다음 플라이트에 활용할 수 있는지에 있었다. 빙의 성장 및 배포를 총괄하는 디나 손더스Dena Saunders는 이렇게 설명했다. "우리는 플라이트를 팀으로 수행합니다. 성공만큼이나 실패도 축하합니다. 실패는 곧 배움이니까요. 실제로 이전 플라이트 리뷰에서 배운 점들을 다음 리뷰에 인용하면서 그 가치를 강조합니다. 이런 문화 덕분에 위험을 감수하는 데 있어 큰 지지가 생겼습니다."

여기서 플라이트와 더 일반적인 '출시launch'라는 단어의 미묘한 의미 차이를 주목할 필요가 있다. 출시는 극적인 시작이나 뭔가 큰 사건의 출발, 오랜 준비와 기대 끝에 맞이하는 특별한 이벤트를 암시한다. 그 이면에는 불확실성이 존재한다. 실패할 위험이 있고 심지어 대참사로 이어질 수도 있다. 반면 플라이트는 훨씬 차분하고 일상적이다. A지점에서 B지점으로 이동하는 여정이다. 비행은 자주 일어난다. 좋은 비행은 드라마나 치명적인 실패의 위험 없이 진행된다.

〈Xbox〉장에서도 유사한 교훈이 있었다. 릴리스 빈도를 높이면 더 많은 실험과 도전을 할 수 있다는 것이다. 비행이라는 맥락에서 '릴리스release'라는 단어를 보니 그 의미를 다시 생각하게 되었다. 릴리스는 무언가를 야생에 풀어주는 것을 의미한다. 또한 해방, 놓아버림, 완료 같은 의미도 담고 있다. 이 모든 의미는 일방적이거나 최종적인 느낌을 준다. 만약 지속적인 실험과 학습을 장려하는 것이 목표라면, 비행이라는 의미가 더 적절할 수 있다.

지속적인 성장 달성

시간이 지나면서 빙은 지속적인 학습을 통해 사용자와 검색 비즈니스에 대한 깊은 지식과 이해를 쌓아갔다. 그 결과 경영진은 더욱 과감한 목표를 세울 수 있었다. 바로 '분기마다 예외없이' 시장 점유율을 확대하는 것이었다.

잘 설계된 목표였다. 조직의 더 넓은 사명과도 일치했고 구체적인 데다가 측정할 수 있었다. 야심차면서도 달성할 수 있는 목표였다. 예를 들어 월별이 아닌 분기별 성과에 집중함으로써 시행착오와 방향 수정을 할 시간이 주어졌다.

이 목표는 효과적이었다. 2009년 이 목표를 도입한 이후 빙은 단 한 분기도 빠짐없이 점유율 성장을 이루어냈다.

이러한 '구조적 혁신', 즉 사명 중심의 인재 채용과 프로세스 기반 학습 그리고 잘 설계된 목표 설정 등을 실행하면서 빙은 점차 구글과 주 단위의 경쟁이 가능해졌고, 미국 PC 검색 시장 점유율을 38.5퍼센트까지 끌어올릴 수 있었다.[50] 물론 빙의 글로벌 검색 시장 점유율은 여전히 한 자리에 머물렀지만, 집중력과 규율을 갖춘다면 다윗도 골리앗에게 일격을 가할 수 있다는 증거가 나타나기 시작했다.

빙은 또 다른 목표에서도 진전을 이루고 있었다. 빙의 혁신을 마이크로소프트 내부에 공유하는 것이었다. 구글과 경쟁하는 것은 마치 올림픽 선수와 함께 훈련하는 것 같았다. 단지 따라가기 위해서라도 빙은 역량을 극한으로 끌어올려야 했다. 이러한 역량이 마이크로소프트 내부에서 입증되면서 기술 이전이 더욱 활발해졌다. 조르디는 이렇게 말했다. "어느 순간 세어 보니 빙에서 개발한 머신러닝 모델이 회사 전체에 100개 이상 사용되고 있었어요."

신기술 수용

검색 산업의 핵심에는 머신러닝(machine learning, ML)이라는 과학이 자리 잡고 있다. 머신러닝은 정교한 수학 모델을 사용하여 검색엔진이 내리는 수많은 결정을 이끈다. 이를테면 '어떤 사이트가 특정 검색어에 가장 관련성이 높은가? 어떤 검색 키워드가 사용자의 의도를 나타내는가? 특정 사용자가 클릭할 가능성이 가장 높은 광고는 무엇인가?'와 같은 문제다.

머신러닝은 50년이 넘는 역사를 가진 분야다. 이미 성숙한 과학 분야답게 이를 활용하는 방법도 잘 정립되어 있다. 예를 들어, 특정 작업에 적합한 알고리즘을 선택하는 일은 수십 가지 옵션을 고려하고 테스트해야 하는 중대한 결정이다. 또한 모델 성능에 가장 큰 영향을 미치는 입력 데이터의 특성을 결정하는 것은 가장 중요한 단계 중 하나로 여겨진다. 이처럼 복잡한 작업을 위해 수많은 데이터과학자가 투입된다. 따라서 머신러닝 조직은 대체로 규모가 크다. 박사학위 소지자와 전문가들로 구성되며, 유지 비용도 많이 든다.

구글은 전통적인 머신러닝의 대가였다. 구글에서 일하는 수백 명의 박사와 수천 명의 엔지니어는 각자 검색 시스템의 특정 부분을 담당하며 해당 업무에 특화된 알고리즘을 사용했다. 반면 빙은 이에 비하면 훨씬 적은 자원을 투입할 수밖에 없었다.

2012년 마이크로소프트가 빙의 사명을 재정립하던 시기에 딥러닝(deep learning, DL)이라는 새로운 접근법이 등장했다.[51] 딥러닝은 방대한 양의 원시 데이터를 다층 신경망이라는 알고리즘에 통과시켜 데이터의 패턴을 학습하게 하는 방식이다. 본질적으로 딥러닝 모델은 마치 어린아이가 주변 세상과 상호작용하며 패턴과 지식을 배우는 것처럼 데이터를 통해 스스로 학습한다.

사우랍은 딥러닝을 잠재적 혁신 기술로 인식했다. 딥러닝 모델은 일반화 능력이 뛰어나 하나의 알고리즘을 다양한 작업에 효과적으로 적용할 수 있었다. 이는 곧, 각 작업에 맞는 모델을 정교하게 다듬기 위해 대규모 전문가팀이 필요하지 않다는 뜻이었다. 소규모로 구성된 팀도 빠르게 성과를 낼 수 있었다. 딥러닝은 초기에는 전통적인 머신러닝보다 정확도가 낮았지만, 발전 속도가 워낙 빨라 금세 따라잡을 수 있었다. 그리고 새로운 분야인 탓에 아직 전문가가 없는 상태였다. 모두가 같은 출발선에 서 있었다.

빙은 단 네 명으로 엔지니어팀을 구성해 딥러닝 실험을 시작했다. 이들 모두 배경지식이 없었기에 논문을 읽고 학회에 참석하고 학계 전문가들의 도움을 구했다. 1년이 채 지나지 않아 이들은 빙의 딥러닝에 대한 집중과 투자를 확대할 만큼 충분한 성과를 얻었다.

딥러닝 생태계 구축

딥러닝은 새로운 과학 분야로서, 이를 뒷받침하는 다양한 기술 개발이 필요했다. 이 점에서 마이크로소프트의 규모와 다양성은 스타트업이나 소규모 조직이 갖기 어려운 우위를 제공했다. 딥러닝에 필요한 방대한 양의 데이터를 처리하려면 더 큰 용량의 데이터 저장 시스템이 필요했다. 데이터를 신속하고 안정적으로 주고받기 위해서는 더 빠르고 견고한 네트워크가 필수적이었다. 계산의 효율성을 높이기 위해서는 컴퓨터 칩의 제어 기술 또한 향상되어야 했다. 세계 최고 수준의 컴퓨터 과학 연구진을 보유한 마이크로소프트 리서치는 이러한 요구를 충족할 최적의 위치에 있었다.

마이크로소프트 리서치의 지원 덕분에 빙은 딥러닝을 검색 기술에 빠르게 통합할 수 있었다. 빙에서 이루어진 발전은 빙의 약속에 따라 다른 제품 팀으로 이전되었다. 이를 통해 마이크로소프트 내 다양한 환경에서 어떤 기술이 잘 작동하는지에 대한 강력한 피드백 루프가 형성되었다. 빙은 이러한 피드백을 활용해 핵심 검색 제품을 더욱 개선했고, 딥러닝의 가치를 입증해 나갔다. 사우랍은 다음과 같이 회상했다.

마이크로소프트는 우리의 혁신에 캔버스를 제공했습니다. 다른 회사에서 비슷한 시도를 했다면 검색 제품이라는 한정된 범위 안에서 움직여야 했을 겁니다. 하지만 마이크로소프트에서는 항상 검색 기술 발전의 최전선에 설 수 있었고, 우리가 지원하는 다른 마이크로소프트 제품들이 있었기에 투자를 정당화할 수 있었습니다. 딥러닝이 완벽한 예입니다. 검색만을 위한 딥러닝은 투자 규모를 정당화하기 어려울 수도 있습니다. 하지만 이 기술을 워드, 아웃룩, 파워포인트 등에 적용할 수 있다면 훨씬 더 야심찬 접근이 가능해집니다.

딥러닝으로의 전환은 빙이 검색 품질 측면에서 구글과의 격차를 좁히는데 크게 기여했다. 구글은 기존의 머신러닝 기술과 인력에 막대한 투자를 해왔기 때문에 딥러닝으로의 전환이 상대적으로 더뎠다. 딥러닝으로 방향을 전환하고 5년 후, 빙의 내부 분석 결과에 따르면 주요 검색 품질 지표 대부분에서 구글과 대등한 수준에 도달했다. 이 변화는 빙이 마이크로소프트와 오픈AI의 전략적 파트너십에서 GPT 계열 모델 같은 강력한 딥러닝 모델을 배포하는 선봉 역할을 맡는 기반이 되었다.

그리고 모든 것이 바뀌었다

2022년 오픈AI는 GPT-4의 훈련을 완료했다고 발표했다. GPT-4는 그 시점에 세계에서 가장 강력한 AI 언어 모델이었다. 오픈AI는 이 모델을 마이크로소프트에 제공하여 제품과 서비스에 통합할 수 있도록 했다.[52] 이전 모델들과 비교해 GPT-4가 보여준 발전은 과장하기 어려울 정도로 컸다. 이 모델은 몇 개의 단어나 문장만 입력하면 거의 모든 주제에 대해 일관되고 유려한 텍스트를 생성할 수 있었다. 또한 질의 응답과 텍스트 요약, 언어 번역, 이야기 창작, 음악 작곡 등 다양한 자연어 작업을 수행할 수 있었다. GPT-4는 인공지능 역사에서 하나의 이정표로 여겨졌고, 인간이 할 수 있는 모든 지적 작업을 이해하고 수행할 수 있는 범용 인공지능(artificial general intelligence, AGI)에 한 걸음 더 다가섰다는 평가를 받았다.

하지만 GPT-4는 종종 예측할 수 없는 방식으로 작동했다. 어떤 질문에는 명석하고 적절한 대답을 내놓았지만, 다른 질문에는 의미 없는 말을 쏟아내기도 했다. 더 심각한 문제는 일부 경우에 유해하거나 명백히 잘못된 정보를 내놓기도 한다는 것이었다. 마이크로소프트의 고객들은 이런 급진적인 변화에 준비가 되어 있었을까? 마이크로소프트의 제품들이 GPT-4의 강력한 기능을 수용하면서 그에 따르는 위험을 완화할 수 있었을까? 마이크로소프트 경영진은 빙에게 미지의 세계로 들어가 해답을 찾을 것을 요구했다.

이 노력은 내부적으로 프로메테우스 프로젝트Project Prometheus라는 이름으로 진행되었다. 그 세부 내용은 이 책의 범위를 벗어나지만, 꼭 언급해야 할 두 가지 중요한 점이 있다.

첫째, 빙은 GPT-4를 기존 기능에 단순히 '덧붙이는' 것이 아니라, 현재의 검색 경험을 근본적으로 재구성하고 재구축했다. 수십 년간 핵심 검색 경험은 사용자가 검색어를 입력하고, 검색 결과로 나열된 링크와 사이트를 확인한 다음 원하는 정보를 찾을 때까지 검색어를 수정하고 반복하는 과정이었다. 그런 다음 사용자는 적절한 사이트를 클릭하여 그곳에서 정보를 더 찾아야 했다. 하지만 빙은 이 경험을 AI 중심으로 재설계했다. 새로운 검색은 여전히 사람의 검색어 입력에서 시작되지만, 그 이후부터는 완전히 다르다. GPT-4가 탑재된 빙은 입력된 검색어를 더 넓은 범위로 확장하여 사용자의 전체 의도를 반영하려 한다. 빙은 웹을 검색하여 가장 관련성 높은 사이트를 식별하고, 해당 내용을 전부 읽고 핵심 내용을 요약하여 사용자에게 제공한다. 사용자는 이제 빙 인터페이스를 벗어나지 않고도 질문하거나, 설명을 요구하고 세부 정보를 수집할 수 있다.

둘째, 이 작업과 병행하여 마이크로소프트는 새로운 빙 경험이 대중에게 도달했을 때 안전하고 신뢰할 수 있도록 전담 안전 작업팀을 구성했다. 저자 딘은 이 프로젝트에 참여했을 때를 경력에서 가장 의미 있는 순간 중 하나로 회상한다. 마이크로소프트 전 영역에서 100명이 넘는 인력이 모여, 흔히 환각 또는 '할루시네이션hallucination'이라고 칭하는 사실성 결함부터 잠재적 편향과 고정관념에 이르는 다양한 위험 요소를 해결하기 위해 힘을 모았다. 특히 이 안전 작업팀은 프로메테우스 프로젝트의 모든 기술 작업팀과 동시에 운영되어 개발 과정 전반에 걸쳐 안전 문제를 깊이 있게 다룰 수 있었다. 이에 대한 내용은 〈책임 있는 혁신〉장에서 더 자세히 설명한다.

2023년 2월, 빙은 오픈AI의 GPT-4 모델을 자사 기술 스택에 도입하고 비공개 프리뷰 단계로 출시한다고 발표했다.[53] GPT-4의 획기적인 언어 능력과 인간 수준의 이해력을 바탕으로, 빙은 단순히 검색어 기반 결과를 제공하는 검색엔진을 넘어 사용자의 의도를 최우선으로 두고 창의적이며 지능적인 응답을 생성하는 지능형 파트너로 진화했다.

그렇다면 구글은 단순히 그 뒤를 따라왔을까? 그렇지 않았다. 우선 구글의 대표 생성형 AI 모델인 PaLM은 GPT-4의 성능에 크게 뒤처져 있었다. 구글은 독자적인 모델 개발 방식을 고수해 왔고, 이는 마이크로소프트의 파트너십 전략에 비해 더딘 진전을 가져왔다. 또한 구글은 AI를 검색에 빠르게 통합하는 데도 소극적이었다. 이 글을 쓰는 시점 기준으로 GPT-4는 빙 사용자 100퍼센트에게 제공되고 있지만, 구글의 유사 서비스인 바드Bard는 주요 구글 검색엔진과 분리되어 있다.

이러한 결정을 내린 정확한 이유는 구글만이 알겠지만, 혁신자의 딜레마가 작용했을 가능성이 있다. 구글은 '매일' 검색을 통해 6억 달러 이상을 벌어들인다. 검색 경험에 변화를 주려면 수많은 이해관계자의 심의와 검토가 필요하다. 이들은 저마다 다른 동기와 우선순위를 가지고 있다. 또한 인간과의 대화처럼 보이는 AI 기반 검색은 기존의 링크 나열 방식의 검색 페이지에 비해 광고 수익이 적을 수 있다는 일부 증거도 존재한다. 검색 사업이 전체 매출의 5퍼센트도 안 되는 마이크로소프트는 AI를 신속하고 파격적으로 도입하는 데 유리했다. 전체 매출의 80퍼센트 이상이 광고에 의존하는 구글은 그렇지 못했다.

모험은 계속된다

물론 검색 전쟁의 새로운 국면은 아직 끝나지 않았다. 구글은 강력한 AI 역량을 보유하고 있으며, 이를 검색과 다른 서비스에 계속 통합해 나갈 것이다. 하지만 GPT-4가 다음 서사시에서 이야기하듯, 빙이 AI 분야에서 한발 앞서 나간 것은 올바른 사명과 인재, 도구를 갖춘 언더독이 어떻게 리더로 떠오를 수 있는지를 보여주는 사례다.

거인들이 활보하는 기술 세계에
깊고 넓은 도전이 펼쳐졌네.
싸움의 약자, 빙의 이야기
강력한 거인 구글에 맞서네.

마이크로소프트 진영에서 울려 퍼진 목소리

마이클의 말과 나팔 소리가 울려 퍼지네.
"우리의 목표는 분명하나, 바라보기도 벅찬 일
구글에 맞서려면 담대해야 하리."

데이터에 정통한 현인 사우랍은
딥러닝이라는 미지의 세계를 이야기하네.
"가보지 않은 이 길이 우리가 선도할 기회
생각과 실행으로 거인을 앞서가야 하리."

빙의 그늘진 복도에서 속삭임이 커져가네
밝은 미래, 새로운 길에 대한 희망으로.
검색엔진은 단순한 도구가 아닌
현명한 안내자, 낡은 규칙을 깨리라.

디나의 말은 펼쳐진 깃발처럼
마이크로소프트 세계에 변화를 외치네.
"우리는 통합되어 서리, 윈도와 그 너머에서
빙의 지능은 열린 문이 되리라."

그들은 하나 되어 함께 섰네,
빙의 전사들은 무한한 목적을 가졌네.

언더독의 그늘에서 용감히 일어나

디지털 하늘 아래, 구글에 도전하네.

마침내 울려 퍼진 빙의 메아리,

마이크로소프트에 새로운 힘이 되었네.

높은 목표와 빛나는 인재와 함께

빙은 어둠 속의 등대처럼 나타났네.

이제 음유 시인은 노래하네, 빙의 서사시를

기술의 전당에서 그들은 시련을 이겨냈네.

거인에 맞서, 용기와 힘으로

검색의 세계에서 자신의 권리를 주장하네.

GPT-4가 쓴 〈빙의 서사시〉

핵심 요점

◆ **언더독의 이점을 활용한다**

빙의 사례는 구글과 같은 혁신적인 선도 기업과 경쟁할 때, 해당 기업보다 규모나 수익 면에서 앞서기 어려운 상황에서도 엄청난 비즈니스 가치를 창출할 수 있다는 것을 보여준다. 빙은 구글의 시장 점유율을 빼앗는 것을 목표로 삼았다. 훨씬 적은 인력으로 이 목표를 실현하려면 파괴적 혁신을 할 수밖에 없었다.

◆ **신기술을 수용한다**

딥러닝을 파괴적 기술로 인식한 것이 빙의 전환점이었다. 빙은 딥러닝의 가능성을 이해하고 마이크로소프트의 방대한 자원을 활용해 이를 빠르게 학습하고 검색과 다른 마이크로소프트 제품에 통합했다. 이 전략적 전환은 빙이 검색 품질 면에서 구글과 동등한 수준에 도달하고, GPT 시리즈와 같은 고급 딥러닝 모델을 선제적으로 도입하는 데 기여했다.

◆ **학습을 위한 실험**

새로운 기능을 일부 사용자에게 제한적으로 도입하는 방식인 '플라이트'와 그에 대한 분석과 평가를 하는 '플라이트 리뷰'는 조직 전반에 실험과 위험 감수를 장려하는 학습 문화를 자리 잡게 했다. 이 접근 방식은 모든 기능이 성공하지는 못하지만, 모든 결과는 지속적인 혁신에 가치 있는 학습이 된다는 것을 전제로 한다.

저자 하이라이트

딘 이 사례에서 두 가지 측면이 특히 인상 깊었다. 첫째는 검색의 중요성을 너무 늦게 깨달았다는 것이다. 내가 마이크로소프트에서 맡은 첫 역할은 온라인 부서의 데이터 분석가로서, MSN 포털과 당시 MSN 검색이라고 부르던 검색엔진의 성과를 임원들에게 보고하는 일이었다. MSN 포털은 연간 10억 달러가 넘는 수익을 올렸고, 모든 것을 자체 기술로 구축했기에 성과 데이터가 매우 풍부했다. 반면 검색 광고 사업은 야후!가 제공하던 외부 플랫폼에 의존했고, 매출도 적고 데이터도 제한적이었다. 따라서 우리는 풍부한 포털 데이터를 분석하는 데 더 많은 시간을 썼다. 검색 관련 숫자에도 상대적으로 덜 주목했다. 구글의 성장률이 급상승하기 시작하자, 검색이 얼마나 수익성 높고 강력한 사업인지 비로소 실감하게 되었다. 하지만 그때는 이미 이 장에서 설명한 여러 가지 혁신이 구글에 의해 고도화되어 있었고, 자연스럽게 구글은 쉽게 넘을 수 없는 방어적 해자를 갖추게 되었다.

두 번째로 인상 깊었던 점은 마이크로소프트 전체가 이 실수로부터 빠르게 학습했다는 것이다. 새로운 경쟁 위협이 나타날 때마다 "이번에는 구글에게 밀리지 말자" 같은 말을 하며 경계하게 되었다. 과거에는 후발 주자로도 충분히 따라잡을 수 있다는 믿음이 있었지만, 이제 중대한 변화는 예측하고 대비해야지, 사후에 대응해서는 안 된다고 인정하게 되었다. 이렇게 회사 전체가 기업 역사상 중요한 순간에서 배우는 능력 즉 조직적 학습 능력은 마이크로소프트 문화의 매우 중요한 요소다. 내가 이곳에서 20년 넘게 근무하고 있는 이유이기도 하다.

조앤 사명 중심의 혁신에 박수를 보낸다. 이 분야에서 일한 지 25년이 되었지만, 나도 언제나 사명에 초점을 맞춰 왔다. 비록 나의 사명(지속가능성)과 빙의 사명은 다르지만, 도전 과제들은 매우 비슷하다. 예를 들어 사우랍은 딥러닝에 필요한 투자를 확보하는 데 어려움을 겪었고, 이를 극복하기 위해 빙의 기술 발전을 마이크로소프트 전 제품에 활용하겠다는 결단을 내렸다. 마이크로소프트의 첫 최고지속가능성책임자인 루카스 조파Lucas Joppa와의 대화에서 그는 이렇게 말했다. "주변 모든 사람이 자기 문제만으로도 벅차요. 그렇죠? 그러니 아무도 당신 문제에 관심 없어요. 그렇죠? 그래서 우리 [지속가능성]팀은 다른 사람들의 문제를 해결하는 데 집중했어요. 반복해서, 계속해서요."

그렇다면 사명 중심 접근 방식이 여기서 어떻게 적용될까? 빙과 지속가능성 사례가 보여주는 것은 '해결책이 아니라 문제(여기서는 사명)에 집중하라'는 오래된 혁신 격언이다. 이는 혁신의 증폭기인 조직의 적응력과 창의력, 협업 능력을 높이면서 확증 편향, 기회 상실 그리고 자원 낭비와 같은 혁신의 적을 줄이는 실천이다. 지속가능성을 다른 사람들의 문제 해결책으로 삼는 것은 지속가능성 그 자체의 가치를 설득하기를 내려놓아야 한다는 의미일 수 있다. 지속가능성을 통해 브랜드 가치는 높이고 리스크는 줄이며, 직원 이직률을 낮추고, 처리 속도를 높일 수 있다고 주장하는 것이 효과적인 방법이라면, 그렇게 하라는 것이다. 그런 방식으로 이해관계자의 지지를 얻은 다음에 지속가능성이라는 본래의 목표를 실현해 가면 된다. 빙은 꾸준한 실행과 점진적인 영향력 확장을 통해 사명을 전면에 내세울 수 있다는 것을 보여주었다.

책임 있는 혁신

부수지 않고 빠르게 움직인다

기술 업계에서 가장 많이 인용되는 슬로건 중 하나는 마크 저커버그가 한 말이다. "빠르게 움직이고 과감히 부숴라. Move fast and break things." 그는 팀이 그리고 사실상 업계의 모든 사람이 더 큰 보상을 기대하며 더 많은 위험을 감수하도록 격려했다. 이 접근 방식은 기술 회사가 작고 민첩하며 사회에 미치는 영향이 제한적일 때는 일리가 있었다. 혁신은 시장에서 테스트 되는 것이 가장 좋았고, 기술의 영향력이 제한적이었기에 실수를 되돌리고 큰 피해 없이 수정할 수 있었다. 하지만 이제는 상황이 전혀 다르다. 특히 가장 크고 영향력 있는 기업들에겐 더는 해당하지 않는 이야기다.

마이크로소프트는 책임 있는 혁신을 추구하는 과정에서 많은 교훈을 얻었다. 이 장에서는 다섯 가지 사례를 간략히 살펴본 다음, 회사가 책임을 내재화한 조직으로 발전해 가는 데 도움이 된 네 가지 성공 요인을 소개한다.

'책임 있는 혁신'은 느리거나 점진적인 혁신을 말하는 게 아니다. 기술 산업에서는 빠르고 획기적인 진보 말고는 대안이 없다. 특히 이 분야는 치열한 경쟁 속에 있기 때문에 혁신을 점진적인 수준으로 제한한다면 빠르게 경쟁력을 잃고 결국 도태될 것이다. 빙의 사례에서 살펴봤듯, 구글은 검색엔진 개발에서 초기 우위를 바탕으로 방어적 진입 장벽을 구축했고, 마이크로소프트는 아직도 이를 뛰어넘지 못하고 있다. 또한 아이폰은 휴대전화에 대한 인식을 완전히 바꾸어 놓으며, 마이크로소프트가 몇 년 앞서 있던 윈도 모바일('포켓 PC')을 한순간에 쓸모없게 만들었다.

책임감 있으면서 빠르게 움직이는 것이 중요한 이유는 단지 다른 빅테크 기업들과의 경쟁 때문만은 아니다. 다음의 사례를 생각해 보자. 2022년 오픈AI는 달리 2DALL·E 2의 훈련을 마쳤다. 달리 2는 사용자가 입력한 몇 개의 단어나 문장만으로 놀랍도록 사실적인 이미지를 생성할 수 있는 고급 AI 모델이다. 이와 함께 마이크로소프트와 오픈AI는 RAI를 위해 협력하며 달리 2가 노골적이거나 편향된, 혹은 안전하지 않은 이미지를 생성하지 않도록 공동 노력을 시작했다. 하지만 이 RAI 작업이 진행되는 동안 스타트업 스테빌리티 AIStability AI는 고성능 이미지 생성 모델인 스테이블 디퓨전Stable Diffusion을 공개했다. 안전장치는 전혀 없었다. 스태빌리티 AI는 모델의 코드를 오픈소스로 공개했기 때문에 광범위한 피해가 발생하더라도 시스템을 되돌릴 방법이 없었다.

이 예시는 책임 있는 혁신을 추구할 때 마주하게 되는 근본적인 딜레마를 잘 보여준다. 만약 한 기업이 책임을 고려하느라 느리게 움직이고 다른 기업은 책임을 무시한 채 빠르게 움직인다면, 얼마나 책임 있게 행동하느냐는 중요하지 않을 수 있다. 시장에 도달했을 때 이미 다른 기술이 채택되었을 수 있기 때문이다. 유일한 해결책은 높은 책임감을 유지하면서도 빠르게 움직이는 법을 배우는 것이다.

마이크로소프트는 빠른 혁신과 책임 있는 실천 사이의 균형을 맞추는 기술을 개발해 왔다. 다시 말해, 무언가를 '망가뜨리지 않고도' 빠르게 움직이는 기술이다. 여기서 말하는 책임은 매우 넓은 개념으로 정의되는데 고객과 협력사 그리고 그 외 이해관계자, 더 나아가 자연환경의 안전과 안녕을 향상하는 모든 활동 영역을 포함한다.

이 관찰은 마이크로소프트에서 나온 것이지만, 모든 산업의 기업들과 관련이 있다. 단순히 관련이 있는 정도가 아니라 꼭 필요하다. 생성형 AI 시대에 접어들면서 비즈니스 세계는 산업 혁명 이후 볼 수 없었던 변화의 속도를 경험하게 될 것이다. 빠른 혁신이 가져다주는 이점이 큰 만큼, 그에 따른 위험과 의도치 않은 결과 또한 크다. 앞으로 수십 년 동안 책임 있는 혁신은 기업이 성공하거나 심지어 생존하기 위해 갖추어야 할 핵심 역량이 될 것이다.

다섯 가지 여정

보안성 설계

2002년, 빌 게이츠는 그 유명한 '신뢰할 수 있는 컴퓨팅Trustworthy Computing'이라는 메모를 작성했다. 이는 '코드 레드Code Red'와 '님다Nimda' 바이러스 같은 고위험 보안 침해 사건이 발생한 후에 나온 것이다. 이 메모는 마이크로소프트 전체 직원에게 전달되었으며, 컴퓨팅을 안전하고 신뢰할 수 있도록 만드는 것이 얼마나 시급하고 중요한지를 강조했다. 또한 개인용 컴퓨터가 안전하지 않다면 그 유용성이 심각하게 제한될 것이라고 지적했다. 빌 게이츠는 보안을 다른 어떤 기능이나

보낸 사람:	빌 게이츠
보낸 날짜:	2002년 1월 15일 화요일 오후 2:22
받는 사람:	모든 정규직 직원
제목:	신뢰할 수 있는 컴퓨팅

나는 몇 년에 한 번씩 마이크로소프트의 최우선 과제에 대해 메모를 보내왔습니다. 2년 전에는 .NET 전략의 시작이었고, 그 이전에는 인터넷의 중요성과 인터넷을 사람들에게 정말 유용하게 만들기 위한 방법에 관한 내용이었습니다. 지난 1년 동안 분명해진 것은 .NET을 신뢰할 수 있는 컴퓨팅을 위한 플랫폼으로 만드는 게 우리가 하는 다른 어떤 일보다 중요하다는 사실입니다. 우리가 이 일을 하지 않는다면, 사람들은 우리가 만든 기술이 아무리 훌륭해도 사용하지 않을 것이며, 사용할 수 없게 될 것입니다. 신뢰할 수 있는 컴퓨팅은 우리가 하는 모든 일의 최우선 과제입니다. 우리는 컴퓨팅의 신뢰 수준을 완전히 새로운 차원으로 끌어올리는 일로써 업계를 선도해야 합니다.

그림 8.1 빌 게이츠의 신뢰할 수 있는 컴퓨팅 메모 도입부

제품 개발보다 우선시하겠다고 선언했으며, 이는 세계 최대 소프트웨어 기업의 수장이 한 매우 중대한 발표였다. 이 메모는 마이크로소프트가 새로운 시대에 접어들었음을 알렸으며, 설계 단계부터 안전한 소프트웨어를 제공하는 것이 최우선 과제임을 분명히 밝혔다.

이 메모의 지침에 따라 마이크로소프트는 소프트웨어 보안에 대한 접근 방식을 완전히 재검토했다. 그 대표적인 결과가 보안 개발 수명주기(Security Development Lifecycle, SDL)의 도입이다. SDL은 소프트웨어의 초기 설계부터 최종 출시 이후까지 개발 전 과정에서 보안을 최우선으로 고려하는 개발 프로세스다. 마이크로소프트는 모든 개발자가 보안 코딩에 대해 교육받을 수 있도록 다양한 훈련 프로그램을 도입했다. 또한 소프트웨어 개발 단계마다 잠재적인 취약점을 조기에 식별하고 수정할 수 있도록 다양한 도구와 절차, 지침을 통합했다.

SDL은 업계 기준이 되었으며, 마이크로소프트가 기능과 사용자 친화성뿐 아니라 본질적으로 안전한 소프트웨어를 만드는 데 전념하는 것을 보여주었다.

접근성 설계

마이크로소프트는 모든 사용자가 제품을 편리하게 사용할 수 있도록 오랜 시간 동안 자사 주요 제품에 접근성 기능을 통합해 왔다. 특히 윈도 운영체제는 시각 장애가 있는 사용자들을 위해 텍스트와 이미지를 확대해 주는 돋보기Magnifier 기능과 화면의 요소를 음성으로 설명해

주는 내레이터Narrator 기능 등으로 접근성을 크게 향상했다. 마이크로소프트는 기존 소프트웨어의 접근성 개선을 넘어, 시잉 AISeeing AI와 같은 접근성 전용 도구도 개발했다. 시잉 AI는 스마트폰 카메라를 활용해 주변 환경, 사물, 사람 등을 촬영한 후 시각 제한이 있는 사용자에게 음성으로 그 내용을 설명해 주는 모바일 앱이다.

운동 장애가 있는 사용자에게는 입력과 상호작용을 더 쉽게 하는 맞춤형 화상 키보드On-Screen Keyboard 같은 기능이 중요한 역할을 했다. 접근성에 대한 마이크로소프트의 노력은 개발자 커뮤니티로 확장되어 개발자들이 애플리케이션과 콘텐츠 제작 단계에서 접근성을 고려하도록 종합적인 가이드라인과 모범 사례들을 제공하고 있다.

마이크로소프트는 하드웨어 부문에서도 혁신을 이뤘다. 예를 들어, Xbox 어댑티브 컨트롤러Xbox Adaptive Controller는 움직임이 제한된 게이머를 위해 설계된 제품이다. 이 컨트롤러는 맞춤형 인터페이스를 통해 더 접근하기 쉬운 게임 경험을 제공하는 포용적 디자인의 좋은 사례라고 할 수 있다.

보안 분야에서 사용된 접근 방식을 참고해 마이크로소프트는 개발자들이 접근성 문제와 해결 방법을 더 깊이 이해할 수 있도록 전문 교육 프로그램도 운영하고 있다. 또한 오피스 제품군의 접근성 검사기Accessibility Checker, 포용적 디자인 툴킷Inclusive Design Toolkit 같은 도구와 프로세스를 통해 제품 개발 초기 단계부터 접근성을 고려할 수 있도록 지원하고 있다. 이러한 전체적인 전략은 접근성 고려가 개발 단계의 필

수 부분으로 자리 잡아, 단순히 접근성 기준을 준수하는 데 그치지 않고 모두에게 뛰어난 사용자 경험을 제공하는 제품을 만드는 것을 목표로 한다.

개인정보보호 설계

개인정보보호에 대한 변화하는 요구를 예상한 마이크로소프트는 유럽연합(EU)이 2018년에 일반 개인정보보호법(General Data Protection Regulation, GDPR)을 시행하기에 앞서 해당 원칙을 선제적으로 받아들였다. 마이크로소프트는 단순히 EU 시민에 대한 GDPR 준수를 목표로 삼은 것이 아니라 전 세계 사용자에게 동일한 개인정보보호 기준을 확대 적용함으로써 데이터 관리의 새로운 표준을 제시했다.

마이크로소프트의 GDPR 준비는 제품과 서비스 그리고 계약 조건 전반에 걸쳐 광범위하게 이뤄졌으며, 해당 규정의 요구사항을 충족하거나 초과할 수 있도록 대비했다. 이러한 선제적 접근은 개인정보보호를 단지 사후 고려 사항이 아니라 모든 제품과 서비스의 기본 요소로 삼는 마이크로소프트의 철학을 반영한다.

마이크로소프트는 개인과 기업이 자신의 데이터를 효과적으로 관리할 수 있도록 다양한 개인정보보호 도구를 도입했다. 이 도구들은 데이터에 투명하게 접근할 수 있도록 하고, 개인정보의 수정과 이동 그리고 삭제를 명확하게 선택할 수 있도록 설계되었다. 예를 들어 마이크로소프트의 개인정보 대시보드는 사용자가 자신의 데이터가 어떻게 사용되는지 이해하고 제어할 수 있는 원스톱 플랫폼을 제공한다.

이러한 노력은 내부 프로세스에도 반영되어, 개발 수명주기에 개인정보보호 고려 사항이 통합되어 있다. 다양한 운영 전반에 개인정보가 어떻게 보호되는지를 평가하기 위해 정기적으로 개인정보 영향 평가(Privacy Impact Assessments, PIAs)도 수행되고 있다. 또한 마이크로소프트는 업계 내에서 책임 있는 데이터 활용에 대한 논의를 주도하고, 사용자 개인정보 권리를 증진하는 입법을 지지하는 등 개인정보보호의 적극적인 옹호자로도 잘 알려져 있다.

RAI 설계

네 번째 여정은 RAI와 관련이 있다. 마이크로소프트가 정의한 바에 따르면 RAI는 사용자와 사회에 해를 끼칠 가능성을 예측하고 완화하는 AI 시스템을 개발하는 접근법이다. RAI에 대한 접근은 오랫동안 마이크로소프트의 주요 연구 주제였으며, 2010년대 중반부터 AI가 연구를 넘어 실제 소프트웨어 시스템에 적용되기 시작하면서 더욱 본격화되었다.

2017년에 마이크로소프트는 회사 내 RAI 전문가들을 모아 Aether(AI Ethics and Effects in Engineering and Research) 위원회를 구성하고, 제품 팀이 AI 시스템을 책임 있게 구축할 수 있도록 조언을 제공했다. 2년 뒤인 2019년에는 RAI 표준과 실천을 체계화하는 정책 및 조정 기관으로 RAI 사무국(Office of Responsible AI, ORA)을 세웠다. 이어 2020년에는 애저 부문 안에 소프트웨어 개발 프로세스에 직접 연결하여 AI 시스템이 책임 있게 작동하도록 돕는 도구를 개발하는 전담 엔지니어링팀이 생겼다. 2023년을 기준으로 마이크로소프트는 총 350명의 인력이 RAI 일을 하고, 그중 129명은 RAI 업무만 전담하고 있다.[54]

마이크로소프트의 이러한 초기 투자는 오픈AI와의 파트너십에도 중요한 역할을 했다. 오픈AI 역시 자체 운영 원칙에 RAI의 주요 요소들을 포함하고 있다.[55] GPT-4 출시와 함께 생성형 AI 시대가 본격화되면서 두 회사 모두에게 신속하고 책임 있게 혁신하는 능력이 중요해졌다.

RAI는 매우 도전적인 분야다. AI는 지금까지 어떤 디지털 기술보다 빠르게 발전하고 있으며, 어쩌면 인류 역사상 가장 빠른 속도로 진화하는 기술일 수도 있다. 또한 대부분의 AI 기술은 '이중 용도'를 지니고 있어, 선한 목적뿐만 아니라 악의적 목적에도 사용될 수 있다. 예를 들어, AI가 신약 개발에 활용될 수 있지만, 생화학 무기를 만드는 데에도 악용될 수 있다. AI의 유창한 대화 능력은 허위 정보 유포에 잘못 이용될 수도 있다. 따라서 AI 분야에서 안전하고 책임 있게 빠른 혁신을 실현하는 것은 마이크로소프트가 장기적으로 집중해야 할 중요한 과제다.

지속가능성 설계

마이크로소프트는 수십 년 전부터 지속가능성에 관한 연구와 개발에 투자해 왔다. 그때부터 회사는 진화하는 공공 약속을 지원하기 위해 기술적이고 전략적이며 시장 기반의 다양한 프로젝트를 추진해 왔다.

예를 들어 2020년에는 환경 지속가능성에 대한 노력이 중대한 전환점을 맞이했다. 이 해에 경영진은 획기적인 공약을 발표했다. 그중 핵심은 2030년까지 탄소 네거티브carbon negative를 달성하고, 1975년 회사가 창립된 이후 직접 배출했거나 전력 소비를 통해 간접적으로 배출한 이산화탄소에 상응하는 양을 2050년까지 대기 중에서 제거하겠다는 약속이었다. 또한 2030년까지 기업이 사용한 물보다 더 많은 양의 물을 자연으로 돌려보내는 워터 포지티브water positive를 달성하고, 제로 웨이스트zero waste를 실현하며, 회사가 사용하는 토지보다 더 넓은 토지를 보호하겠다는 목표도 제시했다.

이러한 공약을 지원하기 위해 마이크로소프트는 10억 달러 규모의 기후 혁신 기금Climate Innovation Fund을 출범하여 기술 솔루션 개발을 가속화하고 있다. 지금까지의 투자 초점은 청정 연료, 오프그리드off-grid 방식의 수자원 확보, 탈탄소화된 소재 등이다. 또한 마이크로소프트는 물 복원력 연합(Water Resilience Coalition, WRC), 플레잉 포 더 플래닛Playing for the Planet, 그린 소프트웨어 재단(Green Software Foundation, GSF) 등 다양한 산업 파트너십과 컨소시엄에 참여하거나 직접 설립했다.

이 모든 노력과 회사, 고객, 파트너 생태계 전반에 걸친 다양한 활동에도 불구하고 지속가능성을 내재화하는 마이크로소프트의 여정은 이제 막 시작하는 단계다. 이 여정은 다른 여정에서 직면한 주요 도전 과제 외에도 복합성, 모호성, 불확실성을 높이는 세 가지 지속가능성 현실에 직면하고 있다.

1. **범위** 다른 여정들이 사람에 미치는 다양한 영향에 초점을 맞추는 반면, 지속가능성은 여섯 가지의 모든 생명 범주와 지구 시스템의 재생 능력에 미치는 영향을 고려한다.[56] 다시 말해 지속가능한 혁신은 많은 동적 시스템의 시스템에 대한 지식의 광범위하고 깊은 통합이 필요하다.

2. **반응성** 혁신에서 피드백은 의도하지 않았거나 예상치 못한 결과를 식별하고, 빠르게 학습하고, 반복하기 위해 필수적이다. 사람들은 소셜미디어와 다른 네트워크를 통해 그 어느 때보다 빠르게 피드백을 제공할 수 있지만 생물종 감소, 물 부족, 기상 이변과 같은 환경적 피드백은 수십 년 심지어 수 세기에 걸쳐 나타난다. 기업들은 제품 결함에 대해 업데이트나 리콜을 통해 빠르게 대응할 수 있지만, 자연 파괴에 대해서는 패치를 수정할 수도, 취소할 수도 없다. 자연은 회복력이 있지만 적응하고 회복하는 데 시간이 필요하다.

3. **인과성** 개인정보보호, 보안, 접근성, RAI와 같은 문제들은 제품과 서비스의 경험을 통해 사람들에게 직접 영향을 미치지만, 마이크로소프트(와 다른 기업들)의 지속가능성 영향은 대부분 간접적이다. 간접 영향에는 마이크로소프트를 대신해 공급업체가 생성하는 업스트림 영향과 마이크로소프트의 제품과 서비스를 사용하는 고객이 생성하는 다운스트림 영향이 있다. 환경 영향

데이터를 통합 공개하는 비영리 단체인 탄소정보공개 프로젝트(Carbon Disclosure Project, CDP)에 따르면, 간접적인 온실가스 배출량은 직접 배출량보다 평균적으로 5.5배 더 많다.[57] 마이크로소프트와 같은 기업의 경우, 이 수치는 25배에 달한다.[58]

이것이 마이크로소프트뿐 아니라 모든 조직이 의미 있는 지속가능성을 이루기 어려운 몇 가지 이유다. 이런 어려움을 인식한 마이크로소프트는 학습과 진전을 가속하기 위해 여섯 가지 기본 원칙을 세웠다.

- **과학에 기반한 목표를 설정한다.**
- **지속가능성을 회사 문화의 일부로 정립한다.**
- **거버넌스와 책임 체계를 확립한다.**
- **영향력 있는 모든 위치를 고려한다.** (고객, 공급업체, 투자자, 고용주, 정책 옹호자, 혁신 파트너 등)
- **마이크로소프트의 모든 사업 부문에 지속가능성을 내재화한다.**
- **모든 것을 보고한다.** (진행 상황, 학습 내용, 실행 지침, 도전 과제 등)

이 원칙들은 지속가능성을 설계 단계부터 반영하기 위해 개발되었지만, 여기서 논의된 모든 여정에 적용될 수 있다. 이어지는 성공 요인들과 함께 이 원칙들은 모든 산업에서 모든 기업이 책임 있는 설계로 나아가기 위해 거쳐야 하는 도전적이지만 실현가능한 경로를 제시한다.

성공 요인: 새로운 사고방식이 필요하다

"문제를 만들었을 때와 같은 사고방식으로는
그 문제를 해결할 수 없다."

다섯 가지 여정에는 각각의 고유한 특성이 있지만, 다음과 같은 네 가지 성공 요인이 공통으로 나타난다. 이는 기업 전반에 책임을 내재화하는 데 있어 일관되게 효과가 입증된 기법이다.

성공 요인 1: '작지만 유용한 팀'을 구성한다

한 조직을 상상해 보자. 효율적으로 운영하며 수익성도 높은 데다가 사람들이 좋아하고 가치 있게 여기는 제품을 안정적으로 제공하고 있다. 그런데 갑자기 지금까지 해오던 모든 것을 유지하면서, 이제 더 책임 있는 조직이 되기 위해 새로운 관행과 절차를 도입해야 한다는 요구를 받는다. 이러한 요구에는 당연히 거부 반응이 일어나기 마련이다. 마이크로소프트의 팀들은 이런 반응을 아이러니하게도 '면역 반응'이라고 부른다. 마치 이식된 장기를 신체가 거부하는 것처럼, 기존 시스템에 변화를 도입하려 하면 조직이 이를 거부하게 된다. 〈패턴 3: 모두가 함께하는 혁신〉에서 논의하는 것처럼 변화는 위험하게 느껴진다. 그만큼 신중하게 관리되어야 한다.

이 문제를 극복하기 위한 일반적인 방법의 하나는 초기 단계에서 변화를 주도하는 그룹을 '작고 도움이 되는 팀'으로 포지셔닝하는 것이다. 여기서는 모든 단어가 중요하다. '작다'는 변화의 규모가 부담스럽지 않다는 인식을 심어 주며 변화가 필요한 그룹에 위협적이지 않게 다가갈 수 있다. '도움이 된다'는 이 팀의 목적이 통제나 감시가 아니라 지원과 협력임을 보여준다. '팀'이라는 단어는 '조직'보다 초기 단계의 실험적인 성격을 잘 나타낸다.

작고 도움이 되는 팀은 규정을 강요하는 감시자가 아니라 지원 단위로 인식되어 책임 있는 변화를 추진하는 사람들과 회사 전체 사이를 연결하는 다리 역할을 할 수 있다. 이들은 상황을 탐색하고 피드백을 수집하며 궁금한 점을 해소하고 다양한 이해관계자와 적절히 소통할 수 있다. 이 팀이 공감과 인내심을 보여준다면 변화 과정은 위협적인 도전에서 협력적인 성장과 성취의 여정으로 변모할 수 있다.

성공하기 위해서는 작지만 유능한 팀이 먼저 변화에 열려 있고 책임 있는 관행의 중요성을 이해하는 조직들과 협력하여 '의지 있는 연합'을 구성해야 한다. 이러한 조직들은 변화 추진자들과 함께 무엇이 필요한지 더 잘 이해하고, 초기 관행과 도구를 개발하는 데 협력하게 된다. 이러한 과정은 변화에 덜 개방적이거나 심지어 저항할 수 있는 팀들과 협업을 위한 기반을 마련하는 데 도움이 된다.

마이크로소프트의 RAI 여정도 이렇게 시작되었다. 앞서 언급했듯 마이크로소프트는 2017년에 Aether 위원회를 조직했다. 인공지능의 안전성을 확보하는 데 열정을 가진 연구원, 엔지니어, 법률 및 상업 전문가 들로 구성된 소규모 그룹이었다. 처음에 Aether는 인사이트 제공과 자문 역할을 하는 허브로서 AI 안정성을 위한 새로운 실천 방법과 도구를 개발했다. 이 작고 도움이 되는 팀은 이미 안전한 AI 시스템 개발에 높은 열의를 가진 초기 사용자들과 긴밀히 협력했다. 마이크로소프트는 Aether 팀을 활용해 2년 동안 RAI에 대한 지식과 이해를 축적했다. 그리고 나서야 RAI 사무국과 애저 내부에 중앙 RAI 엔지니어링팀을 만들어 RAI 작업을 공식화하고 빠르게 진행하기 시작했다.

성공 요인 2: 규정 준수를 넘어 시프트 레프트

작고 도움이 되는 팀이 제 역할을 잘 해낸다면, 책임 있는 관행은 점차 문서화된 표준으로 자리 잡고 이는 종종 공식적인 컴플라이언스compliance 요구 사항과 연계된다. 마이크로소프트에서 '컴플라이언스'라는 용어는 종종 복잡한 의미로 받아들여진다. 빠르게 변화하는 환경에서 책임 있는 행동을 보장하는 데 필요한 것은 분명하지만, 동시에 관료주의적인 느낌을 줄 수 있기 때문이다. 마이크로소프트에서 성공적인 사례들은 단순한 규칙 준수를 넘어, 책임을 제품 설계 과정에 내재한 가치로 받아들이도록 초점을 전환해왔다. 이러한 접근은 사용자 경험과 제품 품질을 높이는 기회로 책임을 재구성했다. 이처럼 책임을 고객 만족의 촉매제로 재포지셔닝하는 것을 '기능화featurization'라고 부른다.

기능화는 전통적인 컴플라이언스를 넘어 책임을 가치 있는 사용자 경험을 창출하고 사용자 신뢰를 높이는 수단으로 인식하도록 유도한다. 다시 말해, 책임은 준수해야 할 요건이 아니라 제품의 기능으로 여겨진다. 책임을 창의적인 도전 과제로 바라보는 관점의 전환은 마이크로소프트의 책임 있는 혁신 여정에 매우 중요한 요소다.

또 다른 중요한 실천 방법은 책임 있는 설계의 중요성을 데이터 대신 경험을 통해 전달하는 것이다. 예를 들어 접근성팀은 개발자들에게 화면 내용을 음성으로 읽어주는 프로그램인 스크린 리더screen reader만을 사용해 앱이나 웹사이트를 탐색해 보도록 요청한다. 이러한 연습과 더불어 접근성에 어려움을 겪는 사람들을 개발팀에 포함해서 사용성 논의를 직접적인 체험을 바탕으로 이끌어가는 데 도움을 준다.

기능화와 사용자 경험 연습은 모두 '시프트 레프트shift left' 전략의 일환이다. 이 전략은 개발 과정의 마지막 단계가 아니라 초기 단계부터 책임성을 고려하는 것이 중요하다는 원칙을 강조한다. 이는 결함을 나중에 수정하는 것이 처음부터 해결하는 것보다 비용이 훨씬 더 많이 든다는 연구 결과로 뒷받침된다. 미국 국립표준기술연구소의 한 연구에 따르면 소프트웨어 수명주기의 마지막 단계에서 결함을 수정하는 비용은 초기 단계의 30배에 달한다고 추정한다.[59]

제품의 영향력을 전체적인 관점에서 파악하는 것도 중요하다. 팀은 제품의 긍정적 측면뿐 아니라 부정적 측면까지도 인지할 수 있어야 한다. 철학자 폴 비릴리오Paul Virilio가 지적했듯이, "배를 발명하면 난파도 발명하게 된다. 비행기를 발명하면 추락도 발명하는 것이고, 전기를 발명하면 감전도 함께 발명하는 것이다."

성공 요인 3: 도구를 가능한 한 빨리 제공한다

면역 반응(저항)을 유발하는 가장 확실한 방법은 새로운 책임 요건을 준수하도록 요구하면서 이를 실행할 기술과 관리 도구를 제공하지 않는 것이다. 도구를 일찍 만드는 것이 중요한 이유는 두 가지다. 첫째, 새로운 과제를 부여하면서 필요한 프로세스와 도구 그리고 훈련을 제공하지 않으면 실패할 수밖에 없다. 적절한 자원이 없이는 팀이 책임 있는 설계를 위한 엄격한 기준을 충족하고 유지하기가 매우 어렵거나 불가능할 수 있다.

둘째, 필요한 역량을 구축하지 않고 책임 있는 혁신을 요구하면 팀들 사이에 오히려 역효과를 내는 사고방식을 키울 수 있다. 이들은 당연히 반발할 것이며, 회사가 기준을 달성할 수단을 제공하지도 않았으면서 어떻게 책임을 묻느냐고 주장할 것이다.

실제 마이크로소프트에서 있었던 사례는 역량을 구축하는 데 조기에 투자하는 것이 얼마나 효과적인지를 보여준다. 신뢰할 수 있는 컴퓨팅팀은 보안 요구사항을 의무화하기 전에 보안 테스트 도구를 개발하는 데 1년 이상 투자했다. 접근성 팀은 신제품의 사용자 인터페이스(UI)를 자동으로 분석해 잠재적인 접근성 문제를 식별하는 단순하지만 매우 효과적인 앱을 만들었다. 이 도구는 출시 전에 필요한 UI 수정 사항의 점검 목록을 제품 팀에 제공했다. RAI 부문에서도 마이크로소프트는 RAI 표준을 의무화하기 전에 1년 이상 파일럿 테스트를 진행했다.

성공 요인 4: 위에서 아래로, 아래에서 위로, 외부에서 내부로 연결한다

책임 있는 혁신을 추구할 때, 하향식과 상향식 지원 메커니즘을 결합하는 편이 단독으로 사용하는 것보다 언제나 더 효과적이다. 하향식 지원은 책임감의 전략적 기반이다. 경영진이 이 과정에서 중요한 역할을 한다. 경영진은 프로세스를 도입하고 자원을 배분하며, 책임 있는 혁신 여정을 가속하거나 방해할 수 있는 중요한 결정 권한을 가지고 있다. 경영진의 의지를 끌어내는 효과적인 방법 중 하나는 책임 지표를 경영진의 성과 평가에 통합하는 것이다. 이를 통해 책임에 따르는 중요성을 강조하고, 투명한 추적과 책임 체계를 만들 수 있다. 지표는 조직 간 건전한 형태의 동료 압력을 형성하는 역할도 한다. 성과 중심 문화에서 어떤 경영진도 책임 지표에 부정적인 평가를 받고 싶지 않을 것이다. 이는 책임이 단순히 유행어에 그치지 않고 측정과 추적이 가능한 조직의 핵심 가치로 자리 잡도록 한다. 예를 들어 2020년 지속가능성 약속을 수립한 지 1년 뒤, 마이크로소프트 사장 브래드 스미스Brad Smith는 경영진의 보상을 지속가능성 목표의 진척과 연동하겠다고 발표했다.

상향식 지원은 책임 원칙이 회사의 일상과 문화에 깊이 뿌리내리도록 하는 데 중요하다. 이 풀뿌리 움직임은 공식적인 업무 외에 자발적으로 책임의 특정 측면을 옹호하는 사람들을 통해 이루어진다. 이들은 자연스럽게 대의에 동참하고 열성과 헌신의 힘으로 책임 있게 실천한다. 이들은 현장의 눈과 귀가 되어 문제의 조짐을 파악하고, 통찰을 공유하면서 현장에서 책임 있는 관행을 준수하도록 추진할 수 있다. 더 나아가 이들은 전도사의 역할도 맡는다. 동료들에게 영향을 미치고, 그 과정에서 회사 전반에 책임 문화가 정착하도록 돕는다.

상향식과 하향식 프레임워크 외에 외부에서 내부로 영향을 미치는 구조도 존재한다. 마이크로소프트는 제품 목표와 전략적 목표에 대해 매우 야심 찬 공개 선언을 해온 오랜 역사가 있다. 일단 공표되면 이 공개적인 약속은 번복할 수 없다. 회사 내부의 지지와 집중을 끌어내는 것이다. 〈코그니티브 서비스〉와 〈비주얼 스튜디오 코드〉장을 기억해 보면, 매년 열리는 빌드 콘퍼런스에서 발표될 제품은 그 발표가 현실이 되도록 집중적인 노력이 이어졌다.

회사는 책임에 대해서도 같은 전략을 사용했다. 앞서 언급한 2020년 지속가능성 약속이 그 사례라고 할 수 있다. 그리고 2023년에 마이크로소프트는 RAI 서비스 제공을 위한 조치를 담은 14개의 자발적 약속을 바이든 행정부에 발표했다. 이 약속이 발표될 당시 모든 세부 사항이 완전히 이해된 상태였을까? 분명히 아니다. 하지만 이 발표가 회사 내부에 엄청난 집중과 노력을 불러일으켰을까? 확실히 그랬다.

추가 인사이트

딘 오픈AI의 언어 모델 GPT-4에 RAI 테스트를 수행하도록 요청받았던 날을 결코 잊지 못할 것이다. 나는 회사에서 가장 먼저 이 모델에 접근할 수 있는 사람 중 하나였고, 모델의 공개 시기와 안전 기준을 결정하기 위해 정밀한 RAI 평가를 수행하는 소규모 팀의 일원이었다. 첫 번째 상호작용부터 GPT-4가 기존 AI 모델들과는 차원이 다른 혁신적 진보임을 분명히 알 수 있었다. 이전 모델들과 달리 GPT-4는 복잡한 추론 작업을 수행할 수 있었다. 농담하거나 시를 쓰고, 거의 모든 표준화된 시험에서 우수한 성적을 내는 등 다양한 능력을 보여주었다. 심지어 다른 사람이 무슨 생각을 하고 있으며 그 생각이 행동에 어떤 영향을 미치는지를 평가하는 능력인 '마음 이론theory of mind'의 증거도 보여주었다. 새로운 가능성은 놀라웠지만 그만큼 잠재적 위험도 컸다. 마이크로소프트와 오픈AI는 충분한 테스트와 안전장치 마련을 위해 GPT-4의 공개를 연기하기로 결정했다.

회사 간 공동 태스크포스가 구성되었다. 엔지니어와 연구원, 정책 전문가 등 다양한 분야의 사람들이 참여했다. 팀은 가장 중요한 위험 요소들부터 먼저 집중해서 다뤘다. 그 후 우선순위에 따라 문제를 해결해 나갔다. 최종적으로 가장 심각한 위험 요소에 대한 안전장치가 마련되었고, 모델 공개 이후 성능을 면밀히 추적하기 위한 모니터링 시스템도 구축되었다. 이 과정에서 빙이 GPT-4 출시의 선봉 역할을 맡게 되었다. 〈빙〉장에서 설명했듯, 이 조직은 딥러닝 모델에 대한 경험이 있었고, 높은 위험을 감수하고 빠르게 학습하며 필요하면 안전장치를 구축할 수 있는 유일한 조직이었다. 2023년 빙을 통해 GPT-4를 성공적으로 출시한 것은 마이크로소프트가 혁신과 책임을 효과적으로 결합하는 여정에서 중요한 이정표가 되었다. 그리고 내가 회사에서 20년 동안 일하면서 이룬 가장 자랑스러운 성과 중 하나이기도 하다.

조앤 1970년부터 기업의 지속가능성 모델은 주로 '피해 감소'에 초점이 맞춰져 있었다. 소비를 최소화하는 것, 부정적 영향을 0으로 만드는 제로섬zero-sum 방정식이 최상의 결과였다. 이 맥락에서 주요 관심사는 에너지 효율이었다. 물 효율성과 폐기물 순환에 대한 노력도 더디지만 증가하고 있었다. 줄이고, 재사용하고, 재활용하자. 최근에는 재료나 연료를 대체하자는 개념이 더해졌지만, 계산법은 비슷하다.

최근 몇 년 사이에 더 야심 찬 패러다임인 '재생 지속가능성 regenerative sustainability'도 등장했다.[60] 이 접근법은 '어떻게 피해를 줄일까?'에서 '어떻게 복원하고, 재생하고, 활력을 불어넣을까?'라는 질문으로 바뀌었다.

이것은 단순한 자선활동이 아니다. 엘렌 맥아더 재단Ellen MacArthur Foundation에 따르면, 재생적 실천을 기반으로 한 순환 경제는 2030년까지 4.5조 달러의 새로운 경제적 가치를 창출할 것으로 보인다.[61] 파타고니아Patagonia와 인터페이스Interface는 각각 수십억 달러

규모의 기업으로, 재생 분야의 모범적인 리더다. 다논Danone, 월마트Walmart, 유니레버Unilever 등 다른 기업들도 재생을 목표로 한다고 밝힌 바 있다. 재생 지속가능성 원칙을 채택하고 그 혜택을 누리기 위해 반드시 공개적으로 약속할 필요는 없지만, (앞에서 언급했듯, 공개적인 약속은 큰 도움이 된다.) 우리가 오랫동안 당연하게 여겨온 성장, 가치 창출, 자원 사용에 대해 믿음을 근본적으로 되돌아보게 하고, 단편적인 개선에서 시스템 전반의 변화로 초점을 전환하도록 한다.

이 글을 쓰는 시점에서 마이크로소프트는 재생적 목표를 공식적으로 표명하지는 않았다. 그러나 회사는 재생 솔루션에 투자해 왔고, 재생적 접근은 회사의 가치와도 부합한다.[62] 사티아 나델라가 한번

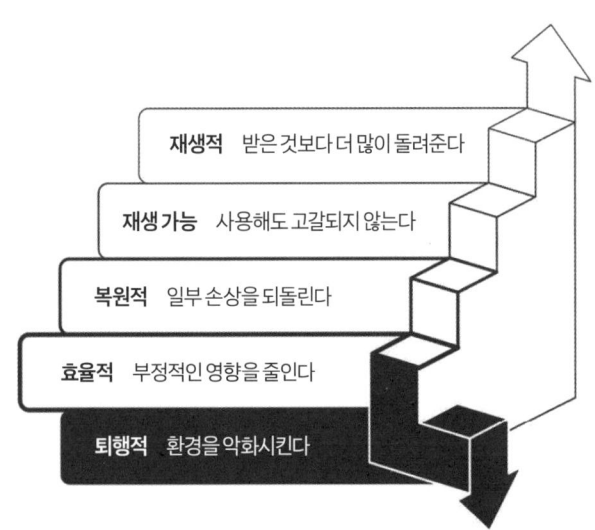

그림 8.2   지속가능성 실천: 퇴보에서 재생으로

은 이렇게 말한 적이 있다. "가장 작은 단위의 비즈니스 핵심 모델에서, 당신은 주변에 잉여 가치를 창출하고 있습니까? 각자 생각해 볼 문제라고 생각합니다."[63]

우리 팀은 처음에 차세대 데이터센터(Datacenter of the Future, DOTF) 프로그램을 진행했다. 시간이 지나면서 재생적 접근 방식이 가져오는 변화의 힘을 깨닫고 재생형 차세대 데이터센터(Regenerative DOTF) 프로그램으로 발전시켰다. 사용한 주요 방법은 상호 이익이 되는 관계를 설계하는 자연 모방적 관행이었다. 파트너, 고객, 지역 사회, 자연과 이러한 기회를 만들기 위해 우리는 새로운 기술과 새로운 비즈니스 방식을 개발해야 했다. 이 둘의 혁신적 조합은 상당한 경쟁 우위를 만들어내는 것으로 알려져 있다. 자세한 내용은 〈패턴 4: 기술 이상의 혁신〉장에서 볼 수 있다.

THE PATTERNS

4가지 패턴

패턴 1: 매일 혁신

혁신을 표준화하고 구조화하며 신뢰할 수 있게 만든다

마이크로소프트는 혁신 분야에 있어 의심할 여지 없는 성과를 거두었다. 이는 결코 우연이 아니다. 오히려 그 반대라고 할 수 있다. 경영진은 단순히 위험 감수와 실험, 협업과 성장 마인드셋을 단지 '장려'하는 데 그치지 않고 이를 철저히 계획했다. 22만 명의 직원 중 몇 명에게 우연히 영감이 찾아오기를 기다리지 않았다. 대신 가능한 한 많은 곳에서, 가능한 한 자주, 영감이 찾아올 수 있도록 노력했다.

마이크로소프트는 혁신을 '운영화'한다. 이는 사례 연구와 개인 경험에서 모두 명확히 드러나는 패턴 중 하나다. 혁신은 부수적인 과제가 아니라 핵심 집중 업무다. 소수의 특별한 팀이 아니라 회사 내 모든 팀에서 혁신이 일어난다. 여기서 그 방법을 소개한다.

운영화란 무엇인가?

운영화라는 단어는 좌뇌적인 느낌을 준다. 표준화, 구조화, 신뢰성 같은 단어도 떠오른다.

반면, 혁신은 우뇌적인 활동으로 여겨진다. 흥미롭고 매력적이며 신비롭고 마치 마법처럼 느껴질 때도 있다. 그렇다면 운영과 혁신에 어떤 공통점이 있는지, 둘은 과연 공존할 수 있을지 궁금할 수 있다.

이 책에 소개된 모든 팀은 둘의 연결을 인식하고 적극적으로 찾아낸다. 강력한 운영 체계는 잘 운영되는 조직의 특징이기 때문이다. 그렇다면 엄격한 운영 원칙이 혁신에도 적용되어야 하지 않을까? 이 팀들은 운영에서 일반적으로 사용되는 언어, 측정 지표, 도구, 프로세스 같은 구성 요소를 혁신에 적용했다. 그 결과 혁신은 표준화되고 구조화되며 신뢰할 수 있는 활동이 되었다.

먼저 세 가지 키워드인 표준화, 구조화, 신뢰성에 대해 알아보자.

'표준화'된 혁신은 표준화된 혁신의 '결과물'을 의미하지 않는다. 그렇게 해석한다면 모순된 표현이 될 것이다. 운영 분야에 표준 운영 '절차'가 있듯, 혁신에도 나름의 절차가 존재한다. 예를 들어, 비주얼 스튜디오 코드(VS Code)팀처럼 조직 내 모든 사람이 고객 피드백을 분류하는 데 시간을 할애하는 것은 하나의 절차다. 마이크로소프트 리서치에서는 연구 단계에서 개발 단계로 넘어갈 때 발명자가 함께 이동하는 것이 절차다. 이러한 사건과 기대치를 표준화함으로써 혁신 생태계 내 모든 구성원이 이를 학습하고 준비할 수 있고 시간이 지날수록 더 익숙해지고 잘하게 된다.

운영에서 '구조'는 매우 중요하다. 그러나 혁신에서는 구조가 창의력을 제한할 것이라 오해하기도 한다. 디자이너나 다른 예술가 들은 오히려 '제약이 창의력을 낳는다'라고 말한다. 사례 연구도 이 생각을 뒷받침한다. 빙은 훨씬 적은 인력으로 구글과 경쟁해야 했기 때문에 딥러닝과 같은 최신 기술을 빠르게 채택할 수 있었다. 구조 자체가 혁신의 중심이 된 사례도 있다. 코그니티브 서비스의 경우, 새로운 제품팀을 만들기 위해 디자이너나 엔지니어를 새로 채용하는 대신 프로그램 매니저 몇 명이 중심이 되어 일곱 개의 다른 사업부에서 사람들을 모으고 연결했다. 대부분 파트타임으로 일했지만, 인공지능 분야의 여섯 가지 장기 과제를 빠르게 해결해 냈다. 초기 게이밍 조직에서는 사업부 관리자(BUM)를 없애고 각자 관리하던 손익 책임을 하나로 통합하자, 전체 조직이 단일 체계로 운영되기 시작했다. 이 모든 사례는 구조적 변화가 협업을 향상하고 가치 창출을 촉진할 수 있음을 보여준다.

'신뢰성' 역시 혁신에 대한 일반적인 인식과 상반되는 단어로 보일 수 있다. 다음 장에서 설명하겠지만, 파괴적 변화는 반드시 발생한다. 그러므로 혁신도 반드시 일어난다고 기대해야 한다. 운영에서 신뢰성은 일반적으로 원하는 품질을 산출하고 시간 내에 프로세스를 수행하는 것으로 정의할 수 있다. 혁신 프로세스도 마찬가지다. 혁신의 특정 결과나 진행 과정을 정확히 예측할 수는 없지만, 전체적인 혁신 프로세스가 고품질의 돌파구를 꾸준히 만들어내야 한다. Xbox 재무 담당 부사장인 팀 스튜어트Tim Stuart는 게이밍에서 신뢰성이 왜 중요한지를 다음과 같이 설명했다.

> 전사적으로 약속한 정량적 목표도 분명 있지만, 에이미(Amy Hood, 마이크로소프트 CFO)와 사티아(마이크로소프트 CEO)는 우리가 필요한 방식으로 혁신하고 필요한 곳에 투자하고, 변화하는 환경에 빠르게 움직일 수 있도록 신뢰와 유연성을 부여해 줍니다. 예컨대, 새로운 트렌드를 발견하면 이 예산을 저 프로젝트로 옮기고 이 사람을 저 팀으로 배치하는 등 필요한 결정을 빠르게 내릴 수 있습니다. 이런 방식은 일종의 비즈니스 안의 비즈니스처럼 유연하고 민첩하며 역동적으로 움직일 수 있는 환경을 만들어줍니다.

신뢰는 신뢰를 쌓는다. 〈패턴 3: 모두가 함께하는 혁신〉장에서 자세히 살펴보겠지만, 신뢰는 이해관계자의 관점에서 볼 때 혁신 여정의 첫 번째 단계다. 이제 표준화되고 구조화되며 신뢰할 수 있는 혁신을 만들어내는 구성 요소들을 하나씩 살펴보자.

매일 혁신의 기반을 다진다

구성 요소 1: 언어

> "말은 영감을 줄 수 있다. 말은 파괴할 수도 있다.
> 그러니 당신의 말을 신중히 선택하라."

로빈 샤르마Robin Sharma의 말은 여러 번 증명된 통찰을 잘 요약한다.[64] 회사 전반의 리더들은 특정 단어를 선택하거나 어떤 단어는 의도적으로 피하는 것이 어떻게 명확성을 높이고 두려움을 줄이며, 학습을 가속하는지를 공유했다. 이러한 요소들은 모두 혁신에 필수적이다.

물론 비즈니스의 모든 측면에서 언어는 중요하다. 하지만 혁신에서는 특히 더 중요하다. 혁신은 새로운 것을 만들어내는 일이다. 그런 만큼 그것을 설명하려면 새로운 단어가 필요하다. 실제로 새로운 현상을 설명할 때 기존의 용어나 정신 모델을 사용하는 것은 혁신을 방해하는 주요 장애물이다.

가장 바람직한 혁신은 다양한 분야가 협력하는 활동이다. 따라서 서로 다른 배경과 용어를 가진 그룹 간의 협업을 원활히 하려면 공통된 단어 체계를 정립하는 것이 중요하다. 다른 그룹과 일하면서 몇 주, 때로는 몇 달 동안 서로 말이 통하지 않았던 경우가 있었는데, 이는 핵심 용어를 서로 완전히 다르게 해석하고 있었기 때문이었다. 다음은 언어를 효과적으로 사용하는 것이 얼마나 중요한지를 보여준다.

〈Xbox〉장에서 BXT 프레임워크는 일관된 업무 습관을 만들기 위해 팀이 마련한 여러 언어 도구 중 하나로 소개된다. 또 다른 도구인 3/30/300은 새로운 아이디어를 발전시키기 위한 문서 기반 전략이다. 첫 단계는 3쪽 분량의 비전 제안, 그다음은 30쪽 분량의 비즈니스 사례, 마지막은 300쪽 분량의 상세한 기술 명세서로 이루어진다. 실제 문서 길이는 다를 수 있지만 3/30/300은 하나의 격언처럼 자리 잡아 프로젝트의 기대치를 설정하고 진행 상황을 전달하는 기준이 되었다.

〈빙〉장에서는 출시launch나 공개release라는 일반적인 단어 대신 플라이트라는 단어를 사용했다. 여러 이유로 플라이트와 플라이트 리뷰는 마이크로소프트의 많은 팀이 선호하는 내부 용어가 되었다. 빙 팀은 사명의 전체 범위를 고려한 언어를 사용하여 도전적이지만 달성가능한 목표를 설정했다. 이 부분은 잠시 뒤 설명한다.

〈마이크로소프트 리서치〉장에서는 신중하게 선택한 단어로 구성된 세 문장이 어떻게 30년간 혁신을 이끈 사명 선언문의 역할을 했는지 보여준다.

〈비주얼 스튜디오 코드〉장에서 VS Code팀과 그 상위 조직인 DevDiv는 '아이디어'라는 단어 대신 '가설'이라는 단어를 사용했다. 사례 연구에서 언급한 이점 외에도 이러한 단어 선택은 혁신이 아이디어에서 시작된다는 기존 통념에 도전한다. 네 번째 구성 요소인 프로세스에서 논의하겠지만, 혁신이 아이디어에서 시작한다면 이미 몇 단계를 건너뛴 셈이다.

〈오피스〉장에서는 기억하기 쉽고 인용하기 쉬운 구호처럼 설계된 가이드 원칙의 힘을 보여준다. '새로운 기능 금지!' '클릭 한 번으로 놀라운 결과를!'

구성 요소 2: 측정 지표

측정과 관리를 주제로 한 비즈니스 문헌에는 수없이 많은 변형이 존재한다. 이 모든 개념의 공통된 원리는 행동과 결과는 조직이 마련한 측정 가능한 보상과 인센티브 시스템에 의해 크게 영향을 받는다는 것이다. 이는 사람들이나 팀이 가장 이익이 된다고 믿는 행동을 우선시하도록 동기 부여된다는 생각과 일치한다.

하지만 잘못된 것을 측정할 때 발생할 수 있는 문제점에 대한 경고도 많다. 지표가 사명을 대체하는 위험성, 시간이 지나면서 비공식적으로 굳어지는 암묵적 성공 기준 등이 그 예다. 인간의 인식과 이해는 상대적이며 맥락에 크게 의존한다. 따라서 무엇을 측정할 것인가는 사람들의 노력을 효과적으로 조율하는 데 핵심적인 질문이다.

혁신적 시도에서는 성숙한 사업보다 지표의 중요성이 더 크다. 혁신 초기의 불확실성과 유동성 속에서 지표는 구조 감각을 부여하고 진척 상황을 측정하는 수단이 된다. 잘 설정된 지표는 불가능해 보이는 도전 과제를 더 작고 관리 가능한 목표로 나눌 수 있게 한다. MSR 사례 연구에서 '디딤돌' 같은 단계별 접근은 연구팀과 제품팀의 간극을 메우는 핵심 전략 중 하나였다.

하지만 여기에는 함정이 있다. 혁신이 성숙해질수록 지표도 변해야 하며, 시기 선택이 중요하다. 지표를 너무 자주 바꾸면 혼란이 빚어지고, 너무 늦게 바꾸면 과거의 우선순위를 계속 강화하게 된다. 이 책에서 소개하는 팀들은 목적에 맞는 지표를 설정했고, 목표가 바뀌면 지표도 달라졌다. 이들은 지표의 유효성을 꾸준히 평가하고 명확하게 필요할 때만 지표를 변경했다. 때로는 팀에 활력을 불어넣기 위해, 때로는 제품이 혁신 과정의 새로운 단계에 도달해 조직 전반에 변화를 주기 위해서였다. 지표가 변경된 이후에는 그 변화가 올바른 결과를 유도하는지를 확인하는 검증 기간이 항상 뒤따랐다.

예를 들어 VS Code는 처음에는 오직 하나의 성공 지표를 가지고 시작했다. '10만 명의 만족한 개발자를 확보한다'라는 목표를 어떻게 달성할지, 얼마나 걸릴지, 어디에서 팀을 꾸릴지조차도 정해지지 않았다. 첫 제품을 출시하고 나서는 '매달 품질 있는 제품을 출시한다'라는 새로운 지표가 추가되었다. 팀은 첫 번째 목표를 초과 달성했고, 두 번째 목표도 11년이 넘도록 꾸준히 달성하고 있다.

또한 측정 지표의 전환은 마이크로소프트 검색 사업에 활력을 불어넣고, 구글이라는 거대한 경쟁자와 맞서 싸우도록 팀을 결속하는 역할을 했다. "코끼리를 어떻게 먹을 수 있을까?"라는 질문에 대한 답처럼, 경영진은 먼저 빙팀에 "시장 점유율을 확보하라"고 주문했다. 그 성과가 아무리 작아도 괜찮았다. 이후 안정적으로 성과가 반복되자 경영진은 측정 목표를 "분기마다 시장 점유율을 확보하라"로 구체화했다. 이 목표는 2009년 이래로 분기마다 달성되고 있다.

한편, 오피스팀은 35년 된 조직 문화를 유지율이라는 새로운 지표로 변혁했다. 이전까지는 일정, 범위, 예산에 맞게 기능을 제공하는 것이 성공 기준이었다. 사용자에게 미치는 영향은 고려하지 않고 새로운 기능 출시 자체를 성과로 여겼다. 그러나 새로운 지표는 사용자 중심 사고를 조직에 내재화했다. 이는 AI 기술을 오피스 제품군에 빠르게 도입하고 고객의 만족도를 높이는 결과로 이어졌다.

또 하나 눈에 띄는 점은 어떤 팀도 특허 수를 성공의 지표로 삼지 않았다는 것이다. 이는 중요한 차별점이다. 많은 혁신가가 특허 수에 지나치게 집착하거나, 특허 할당량을 설정하여 팀을 관리한다. 하지만 마이크로소프트의 팀들은 보상하는 것을 얻는다는 사실을 잘 알고 있다. 특허 기념패로 벽을 장식하고 싶다면 특허 수를 보상하면 된다. 하지만 고객과 회사에 가치를 창출하고 싶다면 영향력을 측정해야 한다.

그렇다고 특허가 쓸모없다는 얘기는 아니다. 특허는 훌륭한 도구이며, 이는 다음 구성 요소에서 이어진다.

구성 요소 3: 도구

"인간은 도구를 사용하는 동물이다. 도구 없이는 아무것도 아니지만, 도구가 있다면 모든 것을 할 수 있다."

영국의 역사학자 토머스 칼라일Thomas Carlyle이 남긴 이 말을 바꿔서 보면, 도구가 없으면 우리는 아무것도 할 수 없다. 다시 말해 인간은 도구에 의존하는 동물이다. 이런 관점에서 보면, 혁신에서도 운영에서만큼이나 당연히 도구가 중요하다. 스티브 잡스도 도구의 막대한 역할을 인식하고 있었다. 타인에게 비판적이기로 유명했던 그조차 이렇게 말했다. "중요한 것은 사람들을 믿는 것이다. 그들은 본질적으로 선하고 똑똑한 존재이며, 도구만 주어지면 놀라운 일을 해낼 것이다."

앞서 소개한 모든 팀이 이 의견에 공감했고, 혁신 활동을 지원하고 확장하고 개선하기 위해 도구를 직접 만들었다.

오피스팀의 증강 루프가 대표적인 사례다. 이 시스템은 회사 내 다양한 AI 서비스 개발자들이 아이디어를 테스트하고 코드를 작성하고 프로토타입을 실제 제품으로 발전시킬 수 있도록 했다. 오피스 제품군에 AI를 도입하고 기존 서비스에서 추가 가치를 창출하는 데도 중요한 역할을 했다.

VS Code 사례에서는 팀이 사용자 요청과 이슈 리포트를 초기 분류하는 봇을 직접 개발한 과정을 보여준다. 이러한 피드백 검토는 사용자와의 깊은 연결을 유지하기 위해 매우 중요했다. 첫 단계를 자동화함으로써 팀은 효율성을 높이고 사용자 커뮤니티와의 직접적인 소통에 더 많은 시간을 사용할 수 있었다.

모든 팀이 강조한 또 다른 중요한 도구는 '텔레메트리telemetry'였다. 텔레메트리는 사용자의 행동 데이터를 수집하는 코드 및 계측 기술로, 제품이나 서비스 기능이 실제로 어떻게 사용되는지를 수치로 파악하게 해준다. 텔레메트리를 통해 단순한 가정에서 벗어나 사용자 경험을 깊이 이해하고 사용자의 관점에서 문제를 해결할 수 있다. 이런 이유로 제품 개발 초기부터 텔레메트리를 통합하는 것이 매우 중요했으며, 이는 지속적인 개선과 팀 간 지식 공유 문화를 조성하는 역할을 했다.

도구는 단지 소프트웨어나 물리적 장비에 국한되지 않는다. 게이밍의 BXT 프레임워크도 도구고, 〈마이크로소프트 리서치〉장에서 소개한 파스퇴르 사분면 역시 도구다. 정신 모델이나 개념적 장치는 복잡한 정보와 시스템을 조직하고 이해하며 활용하는 데 도움을 주는 강력한 도구들이다.

마지막으로 특허 역시 도구다. 특허는 지식 재산, 특히 높은 위험과 많은 자본 투자를 동반하는 혁신을 보호하기 위해 공격적으로 사용할 수 있다. 특허를 통해 투자금을 회수할 시간을 확보하는 것이다. 반대로 방어적으로 사용할 수도 있다. 회사가 현재 사용하지 않는 지식 재산을 다른 누군가가 특허로 등록하여 사용을 차단하면 회사는 상업적 피해를 볼 수 있다. 두 가지 경우 모두, 특허는 시간과 비용을 들여 확보할 이유가 충분히 있는 도구다.

구성 요소 4: 프로세스

운영 분야에서 프로세스를 정립하는 것은 당연하게 여기지만, 많은 사람이 구조와 규율이 혁신을 억제한다고 믿는다. 그러나 우리의 혁신가들은 이에 동의하지 않았다. 모든 분야에서 우리는 우리가 하는 일

그림 9.1 발견, 디자인, 개발

로 정의된다. 프로세스는 그 일을 일관되게 할 수 있도록 보장한다.

보편적으로 적용할 수 있는 프로세스를 꼽기는 어렵다. 운영과 마찬가지로 프로세스는 목적에 맞게 설계되어야 한다. 다만 몇 가지 보편적 특성은 존재한다. 파스퇴르 사분면 프레임워크를 활용하면 혁신 프로세스를 발견Discover, 디자인Design, 개발Develop의 세 단계로 구분할 수 있다. 이는 보어와 파스퇴르 사분면에서 시작하여 에디슨 사분면으로 가는 경로를 나타내며, 무에서 유로, 그리고 확장가능한 단계로 이어진다. 이제 각 단계를 조금 더 깊이 살펴보자.

발견 혁신의 첫 번째 단계는 무언가 새로운 것을 '발견'하는 것이다. 이 과정의 초기는 보어 사분면에 해당한다. 응용 가능성을 고려하지 않고 순수하게 이해를 넓히기 위한 호기심 중심의 연구가 이루어지는 단계다. 그러나 세상에 영향을 미치려는 목표를 바탕으로 목적 있는

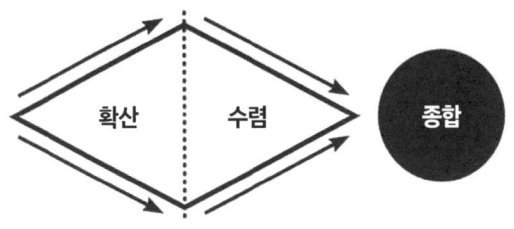

그림 9.2   확산, 수렴, 종합

탐구하는 것은 파스퇴르 사분면에 해당한다. 조앤은 이를 '의도적 발견'이라고 부른다.

실제로 발견은 확산Diverge, 수렴Converge, 종합Synthesize이 반복되는 과정으로 설명할 수 있다.

확산은 어떤 상황, 사건, 기회 또는 도전을 가능한 한 다양한 관점에서 탐색하는 행위다. 이 관점은 물리적, 감정적, 문화적, 관계적, 유추적 등 다양할 수 있다. 전문가의 영역에 국한되지도 않는다. 질문을 던지고, 게임을 하고, 책을 읽고, 여행하고, 음악을 듣고, 박물관에 가는 등 우리의 지식과 이해를 넓히는 모든 활동이 확산의 기회다. 호기심과 발견은 모두에게 열려 있다. 아이들이 하루에도 얼마나 많은 것을 발견하는지 생각해 보라. 혁신의 초기 단계에서 두각을 나타내는 사람들을 종종 어린이와 같은 호기심을 지녔다고 묘사하기도 한다.

탐색의 목표가 새로운 지식이든 새로운 해결책이든, 확산은 자연스럽게 수렴과 연결된다. 수렴은 우리의 탐색이 하나의 방향으로 모이도록 하는 유기적 혹은 의도된 과정이다. 수렴의 결과는 더 깊고 완전한 이해다. 수렴이 없다면, 우리의 호기심은 방황에 지나지 않을 것이다. 하지만 우리는 질서와 통제, 단순함 그리고 안정감을 원하는 익숙한 욕구에 따라 너무 일찍 수렴하고 싶어한다. 대부분 사람에게는 모호하고 불확실한 확산 상태에 있는 것이 어렵기 때문이다. 하지만 가장 성공적인 발명가와 혁신가는 다른 사람들보다 더 자주 그리고 더 오래 확산 상태에 머물 수 있다.

수렴만으로 탐색을 발견으로 전환할 수는 없다. 우리는 반드시 발견한 것들을 종합해야 한다. 즉 새로운 지식을 기존 지식이나 기술 등과 결합하여 새로운 것을 만들어내야 한다. 종합을 거쳐야 비로소 새로운 아이디어나 가설이 생긴다. 우리는 또 다른 새로운 질문을 얻게 되고 이 질문을 통해 확산, 수렴, 종합의 과정을 반복할 수 있다. 보어 사분면에서 새로운 근본적 진리를 발견하거나 파스퇴르 사분면에서 유용한 해결책을 찾을 때까지 확산-수렴-종합 과정은 여러 번 반복된다.

그렇기 때문에 우리는 혁신이 아이디어에서 시작된다는 생각에 의문을 제기한다. 아이디어가 나오기 전에 이미 많은 일이 일어났다. '번개처럼' 아이디어가 떠오른다는 말은 그 이전에 있었던 모든 경험과 의식적, 무의식적 영향을 무시하는 표현이다. 그러나 우리가 새로운 아이디어에 도달하는 방법을 알게 된다면 더 나은 혁신가가 될 수 있을 것이다. 그 첫걸음은 여기서 설명한 발견의 과정을 이해하는 것이다.

그렇다고 떠오른 아이디어를 무시하라는 뜻은 아니다. 성향 또는 습관 때문에 사람들은 혁신을 대부분 아이디어에서 시작한다. 만약 그렇다면 새로운 습관을 들이면 된다. 아이디어가 떠오르면 바로 디자인이나 개발 단계로 넘어가기 전에 한 걸음 물러나 발견 단계를 완성하는 것이다. 한 걸음 물러나는 방법의 하나는 아이디어에 대해 누가-왜 문장을 만드는 것이다.

1. 누가 – 이 아이디어를 가치 있게 느낄 사람이 누구인지 식별한다.
2. 무엇을 – 이 아이디어가 해결하는 문제가 무엇인지 정의한다. (해결 방법은 설명하지 않는다.)
3. 왜 – 1번에서 식별한 사람들이 이 아이디어를 다른 대안보다 가치 있게 여기는지 이유를 나열한다.

그런 다음, 이 문장을 바탕으로 각 항목에 질문을 던지며 사고를 확장한다. 예를 들어, 더 효과적인 쥐덫에 대한 아이디어를 다음과 같이 표현할 수 있다.

(1) 식당 운영자와 도심에 사는 주택 소유자 (2) 설치류를 제거하고 싶다. (3) 사업장과 가정을 청결하고 안전하게 유지해야 한다.

이제 각 항목에 대해 이렇게 질문하며 확장해 보자. "또 누가 더 나은 쥐덫을 원할까? 확장된 대상이 또 무엇을 가치 있게 여길까? 그들은 더 나은 쥐덫과 다른 문제를 왜 중요하게 생각할까?"

이 과정에서 '앵커링anchoring'에 주의해야 한다. 앵커링은 인지과학 용어로, 처음에 잡은 기준에 따라서 무의식적으로 결정을 내리는 습관을 말한다. 만약 아이디어가 고객이 실제로 원하거나 필요로 하거나 받아들일 준비가 된 것과 크게 어긋난다면, 진정한 기회를 찾기 위해 사고의 확장이 필요하다. 그렇지 않으면 시작도 하기도 전에 실패할 것을 개발하는 데 시간과 돈을 낭비할 수 있다. 반대로 방향은 옳지만, 더 강력한 제품을 출시할 수 있는 더 큰 기회를 놓치고 있을 수도 있다. 그렇다면 패스트팔로어에게 따라잡혀 시장을 빼앗길 수도 있다. (자세한 내용은 〈빙〉장 참고)

디자인 〈오피스〉장에서 설명한 것처럼 그리고 모든 사례 연구에서 드러나듯, 미학은 좋은 디자인의 여러 요소 중 하나일 뿐이다. 디자인은 기능과 적합성을 최우선으로 한다. 디자인의 진정한 힘을 실현하려면 초기 단계부터 디자인을 포함하여 의미 있고 영향력 있는 해결책을 정의하고 전달하는 데 활용하는 것이 좋다.

디자이너는 다양하게 탐색하고 공감하도록 훈련받은 사람들이다. 이들은 여러 가지 소통 방식을 사용하지만 특히 시각적 소통을 통해 협업을 촉진하고 실험하며 이를 반복한다. 디자이너와 엔지니어가 동등한 관계로 협력할 때 창의성은 증가하고 위험은 감소한다.

발견 단계처럼 디자인도 확산에서 시작한다. 디자인에서도 확산은 질문과 관찰과 같은 도구를 활용해 가능한 한 다양한 관점에서 탐색하고 배우며 이해하려는 시도다. 중요한 차이점은 디자인에서 확산은 이미 잘 형성된 가설이나 아이디어에서 출발하여 시간과 역량이 허용하는 한 최대한 다양하고 폭넓게 해결책을 시각화하는 것이다. 이는 빨리 수렴하려는 충동을 억제하는 데 도움이 된다. 디자인 주도 조직이 평균적으로 2:1의 수익을 달성하는 이유이기도 하다.[65]

디자이너는 수렴하고 종합하는 과정에서도 고유한 문제 해결 도구를 활용한다. 예를 들어, 시각적 스토리텔링을 통해 상상했던 다양한 해결책 중 몇 가지가 실제로 어떻게 사용될지를 단계별로 보여줄 수 있다. 이를 만화처럼 생각해 보면, 각 프레임에서 사람들이 새로운 해결책과 상호작용하는 모습을 그릴 수 있다. 이런 기법을 통해 빠르지만 비용 효율적으로 많은 것을 배울 수 있다.

디자인 단계의 결과물은 기능과 스타일 면에서 잘 정의된 여러 잠재적 솔루션의 간략한 목록이다. 팀은 이러한 솔루션들을 미래 사용자 일부와 함께 테스트해 왔다. 이는 종이로 만든 시제품이든 초기 개념 증명proof of concept 형태든 상관없다. 이 과정에서 잠재적 실패 요인이 상당히 해결되고 많은 걸 배운다. 게이밍 사례에서 보듯 초기 프로토타입은 경영진의 승인을 얻고 큰 투자를 확보하는 데 도움이 된다. 빙과 오피스 팀은 개념 증명을 활용해 신기술 도입의 속도를 높일 수 있었다.

이 가운데 일부는 개발 단계처럼 들릴 수 있다. 좋은 신호다. 최고의 팀에서는 디자인과 엔지니어링이 긴밀하게 협력하기 때문이다. 그 결과로 디자인과 개발 단계 사이에 있던 뚜렷한 경계가 사라진다.

개발 개발 단계에서는 프로토타입을 실제로 작동하는 제품으로 전환한다. 이 단계 역시 확산, 수렴, 종합을 반복하는 과정을 거친다. 초기에는 디자인 단계에서 중단한 부분을 이어받아 다양한 실험이 이루어진다. 팀은 초기 버전을 철저히 테스트하여 결함이나 개선할 부분을 찾아낸다. 그리고 다시 한번 사용자로부터 피드백을 받아 제품을 더욱 정교하게 다듬는다.

방법이나 재료는 달랐지만, 팀들이 이 과정을 설명하는 방식은 놀랍도록 일관성 있다. 반복해서 등장한 핵심 개념은 신속성과 지속성 그리고 투명성이었다.

신속성 첫 제품을 출시하든 기존 제품을 유지하고 발전시키든, 모든 팀이 속도의 중요성을 강조했다.

코그니티브 서비스팀과 VS Code팀은 시작한 지 3개월 만에 첫 제품을 출시했다. 이는 소프트웨어 분야에서도 매우 빠른 속도이며, 그들이 만든 제품의 범위와 복잡성을 고려하면 더욱 그렇다. 두 팀 모두 실질적 가치를 빠르게 전달함으로써 앞으로 필요한 직간접 지원을 확보할 수 있었다.

모든 제품팀은 연 단위로 업데이트하던 방식에서 벗어나 월별 또는 더 짧은 주기로 제품을 개선하여 회사와 사용자에게 가치를 제공한 것을 강조한다. 예를 들어, VS Code는 고객 피드백에 민감하게 반응하며 새로운 기능을 자주 공개함으로써 사용자와의 깊은 연결을 유지하고 있다.

흔히 말하는 '빠르게 실패하라'는 개념과 달리, 모든 팀은 '빠르게 배우라'는 점을 강조했다. 실패는 배움의 한 방식일 뿐이다. 예를 들어, 빙은 딥러닝이라는 인공지능 기술을 빠르게 실험하여 신기술 분야를 이끄는 전문가가 되었고 이에 힘입어 마이크로소프트가 생성형 AI 분야의 첨단에 설 수 있었다.

<u>지속성</u> 주의력은 감소하고 경쟁은 가속화되는 시대에 지속성은 고객을 만족시키고 시장 우위를 확보하는 핵심 요소다. 이와 반대로 게이밍팀은 제품에 대한 잘못된 판단으로 Xbox One 출시 이후 어려움을 겪었다. 이미 10년이 지났지만, 팀은 여전히 회복 중이라고 밝혔다.

인터뷰에서는 다양한 실천 방법이 강조되었다. 지속적인 가치 창출과 지속적인 고객 참여, 지속적인 학습, 지속적인 비판적 검토 등이었다. 특히 VS Code 팀의 핵심 가치를 묻는 질문에 팀 리더들은 '품질을 갖춘 제품을 지속적 출시하는 것'이라고 답했다. 게이밍에서 신기술을 이끄는 한 리더는 좋은 의미로 지속적인 공포를 강조한다고 말하기도 했다.

내 목표는 최소 한 달에 한 번은 기술 동료들을 놀라게 하는 겁니다. '황당'하지만 그렇다고 무시할 수 없는 제안이나 아이디어를 가지고 갑니다. "도대체 이게 뭐야? 뭐 가능하긴 하겠네. 그래도 엄청 어려울 것 같은데. 하지만 해내면 대단하겠어"라고 반응하게 만드는 겁니다. 주변 사람들에게 공포를 주고 싶은 욕망은 저를 골똘히 고민하게 만듭니다. 우리는 어디로 가고 있고 무엇을 하고 싶은지, 어떻게 할 수 있을지 말이죠.

이 통찰을 공유한 카림 초드리는 클라우드 게이밍과 하위 호환성 등 게이밍에서 수많은 혁신을 이끈 주역이며 게임 패스의 초기 지지자이기도 하다. 좋은 의미에서 지속적인 공포는 도입할 만한 실천 방법처럼 보인다!

<u>투명성</u> 마이크로소프트는 전사적으로 제품을 초기부터 다양한 사용자들과 자주 공유하고, 이는 사례 연구에서 소개된 플라이트, 도그푸딩, 패스트푸딩, 비공개 미리보기 등과 같은 관행을 통해 이루어진다. VS Code팀과 오피스팀에서 '자주 공유하기'란 매일 공유한다는 뜻이다. 고객 피드백 없이 한 달 이상 지나가는 제품은 없다. 수년에 걸쳐 진행되는 연구가 많은 마이크로소프트 리서치에서도 정기적인 점심 세미나, 임원 브리핑, 학술 협력 공개 모집, 지속적인 제품 협업을 통해 피드백의 흐름을 만들어간다. 또한 매달 '실패한 프로젝트' 시리즈를 열어 시도했지만 잘 되지 않았던 프로젝트에 대해 주요 연구자가 실패와 교훈을 공유한다.

VS Code팀은 개발 단계에서의 투명성을 '사용자와의 거리 제로'로 훌륭히 표현했다. 그들은 코드를 오픈소스로 공개하고 이슈 트래킹, 기획, 테스트, 제품 로드맵, 디자인 논의 등을 모두 볼 수 있게 했다. 그들

이 '공개적으로 일을 진행'하는 이유는 자신들과 커뮤니티의 모든 구성원이 이익을 얻는다고 판단했기 때문이다.

혁신은 순환한다

요약하자면 혁신은 발견-디자인-개발 단계가 순환하는 과정이다. 각 단계 안에서는 확산-수렴-종합의 과정이 반복된다. 단계들을 거치고 순환 안의 순환이 완료되면서 목표는 무에서 유로, 그리고 구체적이며 확장할 수 있는 것으로 발전한다.

크리스 아지리스Chris Argyris가 제시한 이중 고리 학습double-loop learning처럼 이전 단계로 되돌아가기도 한다. 개발 단계에서 디자인으로, 디자인에서 발견으로, 혹은 개발 단계에서 곧바로 발견으로 되돌아갈 수 있다.[66] 이는 게이밍 사례에서 뚜렷하게 나타났다. 팀은 비즈니스 모델을 여러 차례 재평가하고 재구성하는 과정을 거쳤다. 처음에는 콘솔과 게임 판매에 중점을 뒀지만 이후 구독 기반 서비스로 방향을 틀었고, 결국에는 모든 기기에서 게임을 즐길 수 있도록 진화했다.

이 과정을 반복하면서 그들은 사람과 기술의 현재 상황을 파악하여 원하는 게임 경험을 재발견하고 그 경험을 제공하기 위해 비즈니스 모델을 재설계하고 재개발했다. 단일 고리 학습single-loop learning에서 제품은 변하더라도 그 제품을 만든 기본 가치와 가정은 변하지 않는다. 이

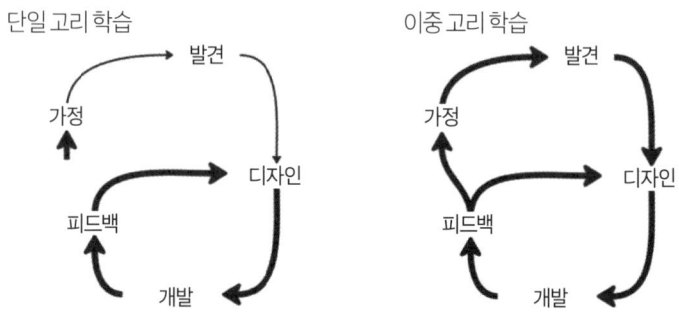

그림 9.3 단일 고리 학습과 이중 고리 학습

중 고리 학습은 모든 것에 질문을 던진다. 실제로 이중 고리 학습을 촉진하는 가장 강력한 질문은 이것이다. 우리가 알고 있는 것으로 무엇이 가능할까?

혁신 프로세스는 단순화하기 위해 선형으로 표현되곤 하지만 실제로는 항상 순환한다. 또한 이전 단계로 되돌아간다고 표현하지만, 과정 자체는 항상 앞으로 나아간다. 확산-수렴-종합의 과정을 반복할수록 우리는 더 많은 것을 배운다. 그 이전으로는 돌아갈 수 없다.

마이크로소프트는 모든 수준에서 과거와 현재 그리고 팀과 개인이 이 '순환성'을 받아들였다. 이를 통해 혁신에 체계적인 접근과 의도를 부여하고 그 과정에서 엄청난 가치를 창출할 수 있었다.

추가 실천 방법

딘 혁신을 실행가능하게 만드는 것은 매우 중요한 주제이므로 두 가지 실천 방법을 공유하려 한다. 첫 번째는 이중 고리 학습을 위한 간단하지만 강력한 기법이다. 우리 팀이 어떤 프로젝트에서 중요한 의사결정을 해야 하는 시점에 도달하면, 그 결정에 도달하게 된 '세계의 상태에 대한 가정'을 문서로 작성한다. 예를 들어 과학적으로, 기술적으로 무엇이 가능한가? 우리 회사 안에서 무엇을 실행할 수 있는가? 고객들은 이 혁신에 얼마나 준비되어 있는가? 같은 질문이다. 그리고 정기적으로 이 가정들이 여전히 유효한지 되짚어 본다. 원래 결정 이후 세계의 상태가 변했는지 확인하는 것이다. 만약 변화가 있다면 그 변화가 우리의 접근 방식에 어떤 영향을 미치는지를 논의하고 조정한다.

이 실천 방법의 한 가지 장점은 '시기 선택'의 중요성을 강조한다는 점이다. 혁신이 지연되는 이유는 종종 뒷받침할 기술이 아직 성숙하지 않았거나, 파트너나 고객이 준비되지 않았기 때문일 수 있다. 다시 말해서 아이디어 자체는 훌륭하지만, '시대를 앞서간' 것이다. 우리는 세계의 상태에 대한 가정을 문서화함으로써, 시기 선택에 관한 판단을 더 잘 내릴 수 있다. 타당하지만 시기상조인 아이디어를 일시 중단하고 충분히 준비되었을 때 다시 시작하기도 한다.

두 번째는 초기 마이크로소프트에서 항상 인상 깊었던 '생각 주간Think Week'이다. 매년 두 차례, 전 직원이 획기적인 혁신 기회를 설명하는 짧은 논문을 제출하도록 장려하는 행사였다. 빌 게이츠는 일주일간 외딴곳으로 가서 이 논문들을 읽고 숙고하는 시간을 가졌다. 작성자들은 빌 게이츠가 작성한 논평을 받았고, 일부는 직접 발표할 기회를 얻기도 했다. 우수한 아이디어들은 고위 경영진에게 공유되었고 전략 계획에 공식적으로 반영되었다.

생각 주간은 조직 전체가 사고의 폭을 '넓히도록' 정기적이고 체계적으로 장려하는 훌륭한 사례다. 논문은 회사와 관련된 '어떤' 기회라도 다룰 수 있었다. 이 기간에 많은 팀이 일상 업무를 잠시 늦추며 깊은 사고와 글쓰기에 집중했다. 이후 회사는 수렴과 통합의 과정을 체계적으로 밟았고 최고 경영진이 최고의 아이디어를 제품 로드맵에 반영했다.

생각 주간은 빌 게이츠 개인과 밀접하게 연결되어 있었기 때문에 그가 CEO에서 물러난 뒤 회사 차원에서는 종료되었다. 그러나 이 관행은 원래 취지와 목표를 추구하는 부서 단위의 활동으로 여전히 이어지고 있다.

조앤 혁신 과정에서 중요한 순간은 어떤 기회가 추구할 가치가 있는지를 결정하는 일이다. 이러한 결정을 너무나 자주 직감에만 의존하게 된다. 직관이 하는 역할도 물론 있겠지만, 결정 기준을 세우면 과정에 엄격함을 더할 수 있다.

몇 년 전, DARPA의 하드 테스트 Hard Test라는 프레임워크를 접했다. DARPA는 제안서를 평가할 때 장기적 영향력, 기술적 난이도, 다학제적 접근, 실행 가능성이라는 네 가지 차원을 사용했다. 이 개념을 배운 이후로 다른 프레임워크와 결합하여 의사결정 매트릭스를 만들었다. 이 매트릭스는 팀원들과 내가 아이디어를 평가하고 우선순위를 정하는 데 도움이 될 뿐 아니라, 더 큰 영향력을 추구하도록 자극한다. 다음은 내가 실제로 팀에서 사용한 매트릭스다.

그림 9.4 영향력 테스트 예시

팀원 누구라도 팀의 시간과 예산이 필요한 아이디어를 제안하고 싶으면, 이 매트릭스를 바탕으로 7분 동안 발표를 진행했다. 자유로운 질의응답 시간을 가진 후, 모든 구성원이 아이디어에 점수를 매겼다. 경영진이 최종 결정을 내리긴 했지만, 대부분은 팀의 집단적 의견을 존중했다. 즉시 자금 지원을 받지 못하더라도 곧바로 폐기되는 아이디어는 거의 없었다. 이런 과정을 통해 아이디어를 결합하거나, 더 적합한 팀으로 이관하거나, 향후 검토를 위해 작업 목록에 저장해두거나, 우리가 추구하는 목표를 심화하는 데 활용했다. 그 결과 우리는 팀에 도전이 되면서도 회사에 가치를 창출할 수 있는, 전략적으로 균형 잡힌 혁신 포트폴리오를 함께 구축할 수 있었다.

패턴 2: 수년간의 혁신

지속적이고 적응력 있는 혁신을 달성한다

이 책은 발상과 발명 그리고 혁신의 경험적 차이를 성찰한 디젤의 글을 인용하며 시작했다. 요약하자면,

'발상'과 '발명'은 발견과 창조를 위한 시기다. 이는 현재 세상의 상태를 깊이 연구하고 새로운 기회를 자유롭게 탐색한다. 이 과정은 유용한 무언가의 개발로 이어질 수도 있고 그렇지 않을 수도 있다.

'혁신'은 발명의 상위 개념이다. 새로운 무언가를 창조하는 것뿐만 아니라, 그것을 개발하고, 생산하고, 마케팅하고, 판매하고, 유통하고, 지원하고, 실제 고객에게 가치를 제공하며, 지속가능한 사업으로 구축하는 데 필요한 모든 추가 작업을 포함한다. 디젤이 열거한 다양

한 이유로 인해 이 시기는 대개 치열한 투쟁의 시기이며 적응력과 끈기가 요구된다.

발상과 발명, 혁신을 구분하는 건 중요하다. 일반적으로 발명에만 끌리기 때문이다. "더 나은 쥐덫을 만들면 사람들은 저절로 찾아온다."라는 말처럼, 훌륭한 발명 하나만 있으면 나머지는 자연스럽게 따라올 것이라는 믿음이 있다.

하지만 현실은 다르다.

사례 연구에서 보듯, 직접 경험하고 관찰했듯이, 발명은 혁신 수명주기의 시작일 뿐이다.

혁신의 전체 수명주기란?

혁신의 수명주기를 이해하고 싶다면 끊임없이 혁신을 이어가는 자연을 살펴보는 것이 좋다. 들판을 떠올려보자. 눈앞에 펼쳐진 것은 풀과 야생화뿐이다. 그러던 어느날 바람이나 동물에 의해 씨앗이 이동하고, 햇빛과 비를 받아 그 씨앗은 나무로 자라난다. 시간이 지나면서 그 들판은 숲으로 진화한다. 하지만 결국 변화가 찾아온다! 이를테면 건기 동안 번개 한 줄기가 수년간 자라온 숲을 순식간에 불태워버릴 수도 있는 것이다. 울창했던 숲은 다시 황폐한 들판으로 돌아간다. 그러나 시간이 지나면 다시 씨앗과 햇빛과 비가 어우러져 타버린 땅에서 새싹이 돋아나고 새로운 숲을 이루기 시작한다. 자연에 맡겨두면 들판과 숲은 씨앗에서 시작해 숲이 되고, 파괴적 변화를 거쳐 다시 씨앗으로 돌아가는 끊임없이 재생의 주기를 반복하게 된다.

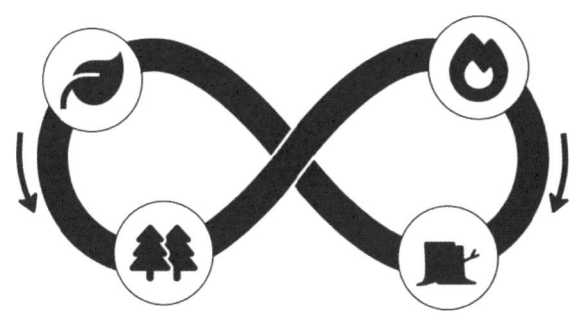

그림 10.1 자연의 적응 주기: 숲의 예[67]

이 개념을 혁신에 적용하기는 어렵지 않다. 씨앗을 발명으로, 어린 숲을 첫 상업적 제품으로, 번개를 사업 위기로, 숲의 재생을 기업이 위기를 극복하고 회복하는 과정으로 치환할 수 있다. 사회생태학에서 유래한 경직성 함정rigidity trap[68]이라는 용어가 있다. 이는 변화에 적응하지 못하는 시스템을 뜻한다. 이런 시스템은 과거에는 여러 차례 순환을 성공적으로 거쳤지만, 어느 순간 유연성을 잃고 변화에 대응하지 못하게 된다. 혁신가의 딜레마와 비슷하지 않은가? 이 부분은 곧 더 자세히 설명한다.

〈패턴 1: 매일 혁신〉장에서 소개한 혁신의 단계를 반영하여 그림 10.1을 다시 그리면 다음과 같은 혁신의 적응 주기가 완성된다.

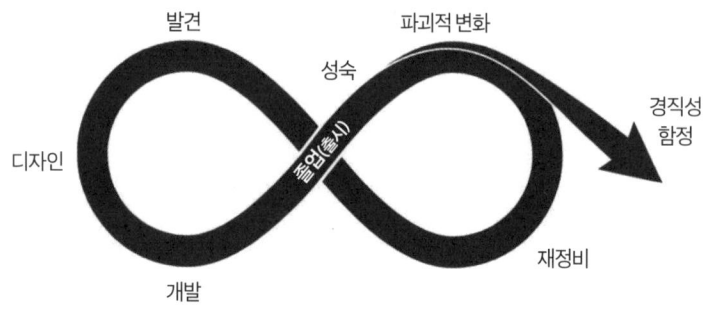

그림 10.2   혁신의 적응 주기

곡선의 왼쪽은 발명과 혁신의 시기를, 오른쪽은 상용화 시기를 나타낸다. 이 안에는 혁신의 S 곡선(발견에서 시작해 파괴적 변화에서 끝난다.)이 포함되어 있다.[69] 적응력이 부족한 기업은 이 곡선에서 벗어나 경직성 함정에 빠지게 된다. (시장 점유율을 잃거나 심지어 문을 닫기도 한다.) 반면 유연한 기업은 재정비를 통해 주기를 이어간다. 흔한 경직성 함정에 빠지면 실수에서 배우지 못하고, 실패한 제품에 집착하고, 기존 시스템과 구조로 새로운 제품과 서비스를 지탱하려고 한다.

왜 이렇게 어려운 걸까?

혁신이 쉬운 일이었다면 아무도 경직성의 함정에 빠지지 않을 것이다. 하지만 현실은 그렇지 않다는 점에서 혁신의 전체 수명주기를 관리하는 일이 왜 어려운지를 몇 가지 요인으로 이해하려 한다.

첫 번째 요인은 모두가 겪는 시간과의 싸움이다. 해결책의 범위에 따라 걸리는 시간은 매우 다르지만, IT업계에서는 백지상태에서 시작해 실행가능한 비즈니스로 성장하기까지 보통 5-7년 정도가 걸리는 것으로 알려져 있다. 하지만 이 시간은 분기별 성과 지표, 연간 예산 계획, 대기업에서 흔히 있는 잦은 조직 개편과는 잘 맞지 않는다. 소규모 기업에서는 매달 현금 흐름을 유지하는 일도 절박한 과제다. 생성형 AI나 다른 도구들이 발명 속도를 크게 높일 수는 있어도, 혁신의 다른 많은 측면은 상용화에 요구되는 가장 느린 시스템들의 속도에 맞춰 움직일 수밖에 없다. 이러한 시스템 대부분은 사람으로 이루어져 있고, 사람은 대체로 빠르게 변하지 않기 때문에 대부분의 혁신은 원하는 것보다 더 긴 시간이 걸릴 수밖에 없다.

이는 두 번째 요인으로 이어진다. 혁신은 연속성을 유지하기 위해 지속적인 지원이 필요하다. 경영 구조의 변화나 단기적 경기 변동은 혁신에 치명적인 방해 요소가 된다. 대기업에서는 최고위급 리더들에게만 전략적 인내심이 허락된다. 하지만 안타깝게도 많은 리더가 그 인내심을 실천하지 않는다. 중소기업에는 추진하는 계획이 적고 모든 구성원이 더 밀접하게 연관되어 있어 전략적 지원을 얻기가 좀 더 쉬울 수는 있다. 그러나 이들 기업에는 지속적인 재정 지원이 더 큰 과제가 된다.

세 번째이자 마지막 요인은 혁신을 전달하는 과정의 어려움이다. 발명가는 해결책의 씨앗을 프로토타입팀에 넘기고, 이들은 그 씨앗을 눈에 보이고 만질 수 있게 만든다. '개념 증명'이 완료되면 프로토타입팀에서 엔지니어와 프로젝트 관리자팀이 넘겨받아 현실 세계에서 사용할 수 있는 제품으로 개발한다. 최종적으로 이것은 영업팀과 지원팀에 넘겨져 시장에 출시되고 그 제품이 시장에서 잘 성장하도록 도움을 받는다. 이 과정은 매우 섬세하고 참여자 모두에게 긴장되는 일이지만 혁신의 다음 단계를 위해서는 반드시 거쳐야 하는 단계다. 기업의 규모가 클수록 이 과정은 더 어려워진다. 이어달리기의 배턴처럼 혁신이 전달될 때마다 떨어트릴 위험이 커진다. 작은 기업은 소수의 사람이 모든 역할을 맡게 된다는 장점이 있다. 물론 장시간 근무로 이어질 수 있지만, 전달 과정이 적어 위험은 줄어든다.

혁신을 더 쉽게 만드는 방법

이 책에 소개된 모든 팀은 혁신의 전 과정을 성공적으로 여러 번 수행한 경험이 있다. 이들은 시간 문제와 지속적인 지원의 어려움, 작업 전달 과정도 모두 겪었다. 시행착오와 실패에 빠져 재정비해야 할 때도 있었다. 이들의 성공과 실패를 분석해 보면 대부분 세 가지 실천 방법이 공통으로 나타났다.

실천 방법 1: 단계에 맞게 사람을 배치한다

많은 팀이 혁신의 단계와 사람의 성향과 능력을 연결하는 일반적인 분류 방식을 활용하고 있었다. 여기에는 개척자, 정착민, 도시 계획자라는 세 가지 유형이 등장한다.[70]

개척자는 새로운 것에 끌린다. 새로운 도전, 기회, 관점, 지식을 추구하며 본능적으로 호기심이 많고 위험을 기꺼이 감수한다. 이들은 혁신 초기 단계인 발견부터 개발 사이에 두각을 나타낸다. 〈마이크로소프트 리서치〉장에서 소개한 파스퇴르 사분면 프레임워크 중 보어 사분면에 가까운 성향을 지닌다.

정착민은 새로운 질서를 정립한다. 이들은 개척자와 비슷하게 새로운 것에 끌리지만, 더 완성된 것을 만들려는 욕구도 있다. 그들은 새로운 것과 기존 것이 교차하는 지점에서 발생하는 문제를 해결하며 뿌리를 내린다. 정착민은 디자인 단계와 졸업(출시) 단계 사이에서 주로 활동한다. 이들은 파스퇴르 사분면에 속한다.

도시 계획자는 앞선 두 그룹의 결과물을 바탕으로 세상을 만들어간다. 이들은 프로세스, 도구, 다른 시스템을 통해 규모를 확장하고 효율성을 확보한다. 도시 계획자는 보통 경쟁 속에서 초기 솔루션을 성숙시키는 어려운 작업을 맡는다. 이들은 개발에서 성숙 단계로 가는 가파른 곡선 위에 있다. 에디슨 사분면에 가장 적합하다.

하지만 〈코그니티브 서비스〉와 〈마이크로소프트 리서치〉장을 떠올리면 네 번째 그룹이 필요하다는 것을 알 수 있다. 바로 경계를 넘나드는 경계 이동자다.

경계 이동자는 다른 세 그룹 사이의 간극을 메우고 겹치는 부분을 조율한다. 어떤 이들은 보어 사분면과 파스퇴르 사분면 사이의 흐릿한 경계, 즉 초기 단계에 더 끌린다. 다른 이들은 파스퇴르 사분면과 에디슨 사분면이 만나는 지점, 즉 더 나중 단계에 더 적합하다. 어디에 있든 이들은 서로 다른 그룹 사이의 번역자, 중재자, 촉진자 역할을 한다. 이렇게 해서 배턴이 떨어지는 위험을 줄이고 성공 가능성을 높인다.

개척자와 정착민에게 가장 답답한 일은 자신이 속한 조직이 현재 새로운 것을 만들지 않는 것이다. 반면 도시 계획자는 높은 품질과 대규모 확장을 달성하지 못하는 상황에서 큰 좌절을 겪는다. 어떤 사람은 모호함과 불확실성 속에서 성공하지만, 어떤 사람은 무너진다. 다른 단계에서도 마찬가지다. 개척자-정착민-도시 계획자 같은 프레임워크를 채택한 팀은 구성원이 높은 성과를 내고 만족도도 높은 상태를 일관되게 유지할 수 있었다.

실제 사례로는 마이크로소프트 리서치가 '추진력과 방향성'을 모두 갖춘 연구자를 채용한 것, 코그니티브 서비스팀이 '호기심과 용기'를 지닌 연차가 낮은 직원을 뽑은 것, 빙이 '사명감 있는' 인재를 찾은 것 등이 있다. 이는 전형적인 개척자와 정착민의 특성이다.

게임 분야에는 개척자와 정착민이 많지만, 지속적인 혁신을 위해 반복과 확장이 가능한 실천 방식을 구축한 것은 도시 계획자들이었다. 대표적인 예로 문화를 전략적 중심으로 삼는 것과 개발 프로세스에 안전장치를 추가하는 것이 있다.

비주얼 스튜디오 코드의 경우에는 처음부터 개척자, 정착민, 도시 계획자가 협업하여 기존 조직 안에서 새로운 제품을 키워내고 새로운 시장을 개척하면서 기존 제품과의 상호 이익을 창출했다.

오피스팀의 도시 계획자들은 35년 된 제품군을 재설계하여 3,5년이던 출시 주기를 월 단위로 단축했다. 덕분에 개척자와 정착민은 더 자주 실험하고 협력할 수 있는 파트너들과 함께 작업할 수 있었으며, 비교적 오래된 제품임에도 AI를 다른 신생 제품들보다 몇 년 앞서 수용할 수 있었다.

실천 방법 2: 반복되는 순환을 받아들인다

앞에서 논의한 것처럼 혁신은 선형적인 게 아니다. 반복되고 '순환'한다. 초기 단계에서만 그런 것이 아니라 전체 적응 주기 내내 그렇다. 고위 리더부터 현장 실무자에 이르기까지 모든 사람이 파괴적 변화가 올 것이며, 모든 것이 변할 수 있다는 것을 알게 되었다. 이들은 조직 전체에 걸쳐 지속적인 혁신의 필요성을 인식하고 있었다. 전체 혁신 수명 주기를 잘 이해하고 있었고, 어떤 프로젝트가 어떤 단계에 있는지 알고 있었다. 또한 무언가가 주기 내에서 진행됨에 따라 필요한 것이 달라질 수 있다는 점을 이해했다. 이들은 변화의 요구를 예상하고 팀을 준비시켜 변화에 따른 좌절감과 불안 그리고 그 외 자연스러운 반응을 최대한 피할 수 있었다.

초기 단계의 혁신가들은 하나의 발명을 상업적 성공으로 전환하기 위해 필요한 모든 비즈니스 기능을 이해하고 존중했다. 이들에게 반복해서 들었던 말은 "새로운 제품을 그냥 벽 너머로 던진다고 성공하는 것이 아니다."였다.

이 혁신가들은 또한 협력이 단지 다른 팀을 설득해 기존 프로세스나 운영에 새로운 제품을 포함하는 문제가 아니라는 사실을 깨달았다. 무언가가 급진적으로 새롭다면, 기존의 제조, 마케팅, 판매 방식 등이 맞지 않을 가능성이 크다. 초기 단계의 혁신가들은 나중 단계의 파트너들이 기존 시스템을 조정하거나 새로운 시스템을 만들 수 있도록 상당한 시간을 들여 지원했다. 가장 뛰어난 팀들은 이러한 불가피한 문제들을 해결하기 위해 프로젝트 초기부터 다양한 분야에서 협업 관계를 구축했다. 이들은 협력을 요청하기 오래전부터 신뢰와 유대감을 쌓았다.

이것만으로도 충분히 어려운데, 새로운 제품은 아직 검증되기 전이라는 복잡한 문제가 추가된다. 이 제품은 기존 고객도 없고, 매출도 없으며, 실적도 없다. 즉 모두가 모험을 감수해야 한다는 뜻이다. 회사 전체가 첫 수익이 발생하기도 전에 귀중한 시간을 들여 새로운 것에 대해 배우고 적응해야 한다. 가장 성공적인 혁신가들은 혁신의 '가능성'과 '비전'을 잘 팔 줄 아는 사람들이었다. 그들은 종종 감성에 호소하는 방식과 이성적 분석을 결합한 제안을 통해 이를 이뤄냈다. 이에 대해서는 〈패턴 3: 모두가 함께하는 혁신〉에서 더 자세히 다룰 것이다.

후반 단계의 파트너들은 아무것도 없는 상태에서 무언가를 만들어내는 과정의 복잡성을 이해하고 존중했다. 이들은 혁신을 망칠 수 있는 여러 장애물, 예컨대 발견 단계에서 너무 많은 것을 너무 빨리 기대하거나 초기 실험에서의 실패를 전체 개념의 실패로 받아들이는 등의 오류를 경계했다. 또한 현상 유지 편향에 기반한 피드백을 제공함으로써 혁신을 의도치 않게 점진적인 개선으로 제한하지 않도록 주의를 기울였다.

후반 단계 파트너들이 기능을 조직하고 체계화하는 방법 역시 지속적이고 적응력 있는 혁신의 성공에 매우 중요하다. 본문에 소개된 다양한 사례에서 반복되는 순환을 받아들이는 모습이 자주 등장한다.

〈오피스〉장에서는 증강 루프가 마이크로소프트의 다른 부서들이 기존 오피스 제품에 새로운 AI 기능을 실험적으로 적용할 수 있도록 어떻게 지원했는지를 보여준다. 증강 루프를 통해 오피스팀은 최소한의 노력으로 여러 개의 개발 루프를 병렬적으로 실행할 수 있었다. 그중 가장 유망한 실험들은 혁신 주기의 다음 단계로 진행될 수 있었다.

빙은 오피스의 전략을 반대로 채택했다. 빙팀은 딥러닝 모델을 내부에서 개발한 후, 이를 회사 전반의 다양한 제품에 테스트하고 채택할 수 있도록 공유했다. 이러한 접근 방식은 빙 외부에서도 향후 모델 개발에 유용할 수 있는 다양한 피드백 루프를 활성화했다.

〈마이크로소프트 리서치〉장에서는 혁신적인 연구를 제품팀으로 이전할 때 방해 요인이 될 수 있는 격차를 해소하기 위해 디딤돌을 만드는 방법을 설명했다. 중간 단계는 장기적인 연구 노력이 비즈니스에 필요한 단기 성과물로 이어질 수 있도록 했다.

〈오피스〉장에서 다뤘던 또 다른 방법은 코드를 작성하기 전에 새로운 소프트웨어 경험을 스케치나 예상 사용자 인터페이스 등의 시각 자료로 미리 만들어보는 것이었다. 이는 팀 전체가 같은 비전을 공유하고 각자 맡은 역할을 더 잘 준비할 수 있도록 도움이 되었다.

실천 방법 3: 경영진의 지원을 확보하고 유지한다

이번 방법은 다른 방법들보다 두드러진다. 경영진, 특히 최고 경영자와 주요 임원진은 지속적이고 적응력 있는 혁신을 달성하는 데 결정적인 역할을 했다. 이들은 조직 전반에 대한 충분한 경험과 통찰을 통해 혁신 수명주기의 모든 단계를 이해하고 적극적으로 지원할 수 있었다. 예를 들어, 새로운 혁신이 어떻게 작동할지 프로토타입이 만들어지기도 전에 심층 질문할 수 있는 기술적, 과학적 지식을 갖추고 있었다. 또한 엔지니어링과 개발 프로세스를 잘 알고 있어서 초기 팀이 이를 준비할 수 있도록 지원하고, 판매와 마케팅에 대해서도 다양한 가치 창출 경로를 구상하는 식견을 갖추고 있었다. 폭넓은 관점은 혁신 수명주기 전반에 걸쳐 요구되는 다양한 기술과 비즈니스 활동을 조율하는 데 필수적이다.

경영진에게는 또한 혁신의 가장 초기 단계, 즉 불확실성이 가장 큰 시기에 필요한 신뢰성이 있다. 성공할 가설과 실패할 가설을 완벽하게 구분하는 방법은 없다. 현실적으로는 조직이 성과를 낼 때마다 리더는 신뢰와 권위를 쌓는다. 그리고 이 두 가지 자질을 활용해 조직 내 다른 혁신가들에게 힘을 실어줄 수 있다.

게다가 대규모 조직을 이끄는 경영진은 포트폴리오 방식으로 리스크를 관리할 수 있는 위치에 있다. 한 사업 영역에서의 불확실성을 다른 영역의 안정성과 예측 가능성으로 상쇄할 수 있는 것이다. 40명 규모의 팀에서 고위험 프로젝트에 10명을 배치하는 것은 무책임한 일일 수 있지만, 5,000명 규모의 조직에서는 충분히 타당한 전략이 될 수 있다. 최고의 혁신가들은 리스크 관점에서 자신의 혁신에 적합한 관리 체계를 파악했고, 그 수준에서 적극적으로 지원을 끌어냈다.

많은 혁신은 부수적인 프로젝트에서 시작된다. 그러나 팀의 노력만으로는 한계에 부딪힌다는 공통점이 있다. 마치 바위를 산 위로 밀어 올리는 것과 마찬가지다. 어느 지점이 되면 경사가 너무 가팔라지고, 팀은 기술적인 문제보다 조직적인 난관에 부딪혀 어떤 때는 시간, 어떤 때는 에너지, 혹은 둘 다 소진해 버린다. 이럴 때 경영진의 적극적인 지원이 있다면 길이 열리고, 필요한 자원을 제공받는다. 위에서부터 끌어주는 힘이 생기는 셈이다.

모든 사례에서 한 명 이상의 경영진이 프로젝트를 '끌어주고' 있었다. 게이밍에는 빌 게이츠와 스티브 발머가 초기부터 있었고, 오늘날에는 필 스펜서와 사티아 나델라가 있다. 빙과 오피스도 사티아가 함께 했고, 코그니티브 서비스는 해리 섬이 지원했다. VS Code는 스콧 거스리와 제이슨 잰더가, 마이크로소프트 리서치는 빌 게이츠와 네이선 미어볼드가 이끌었다. 고위 경영진의 지원이 있었기에, 조직 내 다른 팀의 협력을 얻기도 쉬웠다. 이는 해당 혁신이 마이크로소프트에 전략적으로 중요하다는 신호가 되었다.

마지막으로 주목할 점은, 일부 혁신가들은 충분히 검증하고 준비될 때까지 혁신 노력을 경영진의 레이더 밖에 두고 싶어 한다는 것이다. "아직 공개하기 이르다."라는 말은 자신들의 작업을 감추려는 팀이 흔히 하는 표현이다. 그러나 가장 성공적인 혁신가들은 초기 단계부터 경영진의 후원을 받으려 노력한다. 모든 검증이 끝나기 전부터 그 '잠재력'을 최고 경영진에게 어필한다. 이 방식에는 여러 가지 장점이 있다. 우선 초기 단계에서 경영진의 피드백을 받을 수 있으니 기술적, 조직적 사각

지대를 미리 보완할 수 있다. 또한 경영진에게 혁신에 대해 주인의식과 친밀감을 주고, 이후 닥칠 다양한 도전과 좌절을 함께 견딜 수 있게 한다. 마지막으로 혁신이 아직 검증되지 않은 위험 단계일수록 경영진의 참여는 기업 내부에서의 신뢰성을 높여주는 중요한 요소가 된다.

변화의 곡선을 헤쳐 나가는 실용적인 조언

혁신의 적응 주기를 피할 수는 없다. 인식하든 못하든 그 곡선 어딘가에 있게 된다. 자신이 어느 단계에 있는지, 그 단계에서 무엇을 해야 할지 파악하는 데 도움이 되는 몇 가지 팁을 소개한다.

이제 막 시작하는 새싹 단계에서도 하나는 분명히 알아야 한다. 파괴적 변화는 피할 수 없다. 주기는 연속적이므로 혁신 과정도 연속적이어야 한다. 목표에 맞는 팀을 구성하고 변화에 잘 적응할 수 있는 시스템을 구축해야 한다. 〈마이크로소프트 리서치〉장에서 에릭 호비츠가 말했듯, 누구를 채용하느냐에 따라 조직의 정체성이 결정된다.

기술 사업가 벤 호로위츠Ben Horowitz는 그의 책 『하드씽: 경영의 난제를 푸는 최선의 한 수The Hard Thing About Hard Things』에서 이렇게 말한다. "올바른 야망을 품은 사람을 채용하라. …… 올바른 야망이란 회사의 성공을 위한 야망이며, 경영진의 개인적 성공은 회사의 성공에 부수적으로 따라오는 것이다. 반대로 잘못된 야망은 회사의 결과와 상관없이 경영진 개인의 성공만을 추구하는 것이다."[71] 호로위츠는 이 말을 경영진에게만 적용했지만, 마이크로소프트의 팀들은 이 원칙이 모든 구성원에게 적용된다는 것을 보여준다.

혁신 시스템뿐 아니라 운영, 영업, 서비스 등 다른 영역에서도 변화를 염두에 두어야 한다. 경직성의 함정은 조직 곳곳에 도사리고 있다. 숫자는 거짓말을 하지 않는다. 매출과 이익이 60퍼센트 성장한 것이 보여주듯, 유연함과 민첩성은 최고의 방어 수단이다.[72]

만약 나무나 숲 단계라면, 혁신은 이제 곡선의 왼쪽 하단을 지나 성숙 단계에 접어든 것이다. 자원이 한정되어 있다면 모든 것을 쏟아부어 이 상태를 유지하고 싶은 유혹이 생긴다. 하지만 성숙기의 제품만 있고 그 뒤를 이을 새로운 것이 없다면, 파괴적 변화가 닥쳤을 때 다른 기업과 함께 재정비 단계로 들어갈 수밖에 없다. 현명한 조직이라면 이미 다음 혁신을 위한 무언가를 키우고 있고, 이제 성장시킬 준비가 되어있을 것이다.

지속적인 혁신 실천을 가능하게 하는 핵심은 '자신을 알고 동료를 아는 것'이다. 개척자-정착민-도시 계획자-경계 이동자 프레임워크를 도입해 자신과 팀원이 혁신 주기의 어느 단계에서 가장 잘 활약할 수 있는지를 파악하자. 혁신은 정적인 활동이 아니기 때문에 개척자와 정착민 단계에서 도시 계획자를 투입해야 할 시점을 아는 것이 중요하다. 또한 팀원을 선택할 때 학력과 경력을 지나치게 중시하기보다 〈코그니티브 서비스〉장에서 보았듯이, 개인의 적성과 태도, 경험의 질이 오히려

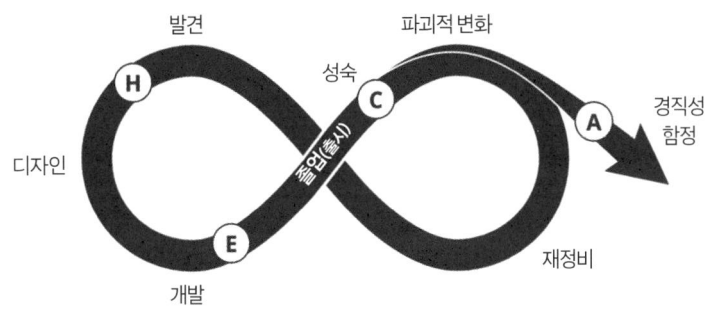

그림 10.3 지속적인 혁신 포트폴리오 만들기

더 중요할 수 있다.

만약 첫 번째 혁신이 실패하고 재정비 중이라면, 이제는 현명해질 때다. 지난번에는 나무를 한 그루만 심었는데, 번개에 맞아 불타버렸다. 하지만 여전히 혁신 주기 곡선 위에 있을 만큼 규모가 크거나 운이 좋았다. 그리고 이제는 더 현명해졌다. 파괴적 변화가 일어날 수 있다고 생각하지 말고 반드시 일어난다고 인식해야 한다. 그러니 이번에는 두 번째와 세 번째 어쩌면 네 번째 나무까지도 미리 생각해 두어야 한다. 다음 파괴적 변화를 대비해 포트폴리오를 구성해야 한다는 뜻이다. 그렇게 하면 하나는 성숙 단계(그림 10.3의 C), 다른 하나는 성장 단계(E), 또 하나는 인큐베이팅 단계(H)에 있을 수 있고, 실패를 위한 공간(그림에는 표시되지 않은 B, D, F, G)도 충분히 확보할 수 있다.

만약 지금 경직성 함정(A)에 빠져 있다면 어떻게 해야 할까? 조직이 경직되어 있으면 반응할 수 없고, 회복탄력성도 없는 상태가 된다. 조직이 너무 구조화되어 있으면 비즈니스 환경이 변할 때 유연하게 대처할 수 없다. 작은 기업도 얼마든지 경직될 수 있다. 첫 제품이나 서비스, 비즈니스 모델에 너무 집착하거나, 나쁜 아이디어를 내려놓지 못하거나, 이미 투입한 자원이 아깝다는 이유로 매몰 비용의 오류에 빠지면 그대로 경직된다. 경직성 함정에서 벗어나는 가장 좋은 방법은 애초에 그 함정에 빠지지 않는 것이다.

추가 실천 방법

딘 혁신에 있어 관계는 매우 중요하다. 내가 자주 활용하는 도구 가운데 회사 조직 구조 '히트맵heat map'이 있다. 이 히트맵은 우리 팀과의 연결성과 신뢰 수준에 따라 다양한 색상으로 다른 그룹들을 구분하여 보여준다. 초록색은 신뢰를 기반으로 잘 형성된 관계고, 빨간색은 거의 또는 전혀 협력한 적이 없는 관계를 나타낸다. 이 도구는 새로운 혁신을 지지해 줄 가능성이 있는 그룹과 더 많은 관계 구축이 필요한 그룹을 식별하는 데 도움이 된다. 우리는 이 히트맵을 바탕으로 필요해지기 전에 미리 관계를 구축하는 노력을 기울일 수 있다.

히트맵의 또 다른 장점은 협업에서 발생할 수 있는 '가용성 편향availability bias'을 줄일 수 있다는 것이다. 우리는 자주 접촉하는 사람들과 더 밀접하게 협력하는 경향이 있다. 멀리 떨어진 조직에 매우 중요한 협력자들이 있는데도 자주 접촉하지 않아서 '레이더에서 사라지는' 경우가 많다. 히트맵을 정기적으로 확인하면 연락이 뜸해져서 약해질 수 있는 중요한 관계를 파악할 수 있다. 다시 연락을 취하고 관계를 유지하면 다음에 협업할 기회가 올 때 견고한 협력 기반을 갖출 수 있다.

조앤 나는 사회 혁신을 위한 자연 모방biomimicry을 배우면서 자연의 적응 주기에 대해 알게 되었다.[73] 이 과정의 진행자였던 토비 헤르츨리히Toby Herzlich와 데이나 바우마이스터Dayna Baumeister가 칠판에 다이어그램을 그렸을 때, 나도 모르게 자리에서 벌떡 일어나 칠판 앞으로 달려가 상업적 혁신과의 유사성을 지적했다. (비공식적인 분위기였기에 이런 열정이 환영받았다) 우리는 이 주제에 대해 훌륭한 그룹 대화를 나눴다. 이 개념은 한 번 보고 나니 더 이상 안 볼 수 없게 되었다. 이제는 나에게 중요한 사고 모델 중 하나다.

이것은 내가 '자연 모방' 프로그램에서 배운 많은 도구 중 하나일 뿐이다. 자연 모방은 '자연에서 발견되는 전략을 학습하고 모방하여 인간의 디자인 문제를 해결하는 실천 방식'이다.[74] 지금은 너무 당연해 보이지만, 자연이 어떻게 작동하는지를 깊이 들여다보면 혁신에 대해 많은 것을 배울 수 있다. 아이러니하게도 나는 20년 동안 자연을 위한 혁신을 추구해 왔지만 정작 자연 자체로부터 배우려는 생각은 하지 못했다. 하지만 자연 모방을 배우기 시작하고 팀원들과 함께 실천에 옮긴 지난 5년 동안, 우리는 점점 더 복잡한 문제들을 훨씬 더 우아한 방식으로 해결할 수 있게 되었다. 마이크로소프트에서의 혁신을 논의하기 위해 기술 파트너인 에릭 피터슨Eric Peterson을 만났을 때, 그는 우리 프로그램과 여정에 대해 다음과 같이 말했다.

엔지니어는 주어진 요구사항을 해결합니다. 하지만 이제 나는 공식적인 요구사항에 있든 없든 자연 모방 목표를 작업 범위 안에 포함하고 있어요. 자연에 더 많은 관심을 두게 되었고, 자연에 관한 기사를 더 많이 읽고 있어요. 주로 자연 기반 해결책이나 자연이 어떻게 문제를 해결하는지, 과학자들이 자연에서 무엇을 발견하고 있는지에 관한 내용입니다. 바이러스가 어떻게 작동하는지, 단백질이 어떻게 이동하는지를 읽다 보면 아이디어가 떠올라요. 이런 정보 조각들이 머릿속에 쌓여서 데이터 센터 문제들을 해결할 때 그 조각을 꺼내서 적용할 수 있게 되겠죠.

에릭과 나는 모든 엔지니어가 자연 모방을 배워서 얻을 수 있는 가치에 대해 길게 이야기를 나눴다. 우리에게 이 접근법은 영감과 모델 그리고 자연에 이미 존재하는 해결책의 세계를 열어주었다.

패턴 3: 모두가 함께하는 혁신

감정으로 변화를 이끈다

혁신은 가치를 창출하는 것이다. 그렇지만 가치란 무엇일까?

이 질문에 간단히 대답하기는 쉽지 않다. 가치는 누구에게 묻느냐에 따라 달라지기 때문이다. 그래서 혁신의 다양한 정의를 이해하고 명확히 표현하는 것이 성공 여부에 중요하다. 회사 안에서 다양한 대화를 나누며, 혁신 여정에서 첫 번째 도전 과제 중 하나는 문제 해결이나 기회 포착이 관련된 여러 가지 가치의 정의를 식별하는 것이라는 이야기를 자주 들었다. 이 장에서는 혁신의 가치를 전달하는 일이 왜 어려운지 설명하고, 그 과정을 더 쉽게 만드는 프레임워크와 실천 방법을 공유한다.

누가 혁신에 가치를 두어야 할까? 극복해야 할 고통이나 실현될 이익, 일어나야 할 변화에 긍정적이든 부정적이든 영향을 받는 사람이면 모두 이해관계자라고 할 수 있다. 이를 더 명확히 설명하기 위해 비즈니스 분야에서 널리 쓰이는 3C 분석[75]을 사용할 수 있다.

첫 번째 **고객(Customer)**은 혁신의 가치를 최종적으로 정의하는 주체다. 고객이 수용하지 않는 혁신은 그저 멋진 아이디어에 불과하다. 물론 사람들은 가치를 느끼는 것에만 마음을 연다. 경험해 본 적 없는 것에 가치를 느끼기는 어렵다. 이 순환적 딜레마는 혁신가들이 겪는 고충의 핵심이다.

두 번째 **협력자(Collaborator)**는 혁신 과정에 필수적이다. 이들은 같은 회사 내 다른 팀일 수도 있고, 파트너 회사의 직원이나 팀일 수도 있다. 〈패턴 1: 매일 혁신〉에서 살펴본 것처럼, 아무것도 없는 상태에서 아이디어를 현실로 만들고 이를 확장가능한 형태로 발전시키기 위해서는 많은 사람과의 협력이 필요하다. 혁신의 잠재적 영향력이 클수록 실현을 위해 필요한 협력자의 범위와 층위도 넓어진다. 여기에서도 아직 경험하지 못한 무언가의 가치를 알아보아야 하는 순환적 딜레마가 존재한다. 협력자들은 훨씬 이른 단계부터 필요하므로 문제는 더 커진다. 이해관계자들의 역할은 다르지만, 각자에게 의미 있는 가치 창출을 해야 하는 도전은 본질적으로 같다. 그 도전이란 현상 유지를 극복하는 것이다.

세 번째 **경쟁(Competition)**은 혁신의 맥락에서 좀 더 미묘한 개넘이다. 혁신 초기에는 상업적 경쟁자가 없는 경우가 많다. 상업적 경쟁은 오히려 혁신에 '도움'이 되기도 한다. 경쟁이 생기면 혁신의 가치를 평가할 수 있는 기준이 생기기 때문이다. 〈빙〉장에서는 구글이 어떻게 검색을 하나의 비즈니스로 정착시켰는지 살펴보았다. 구글 이전에 검색은 단지 MSN 포털에 포함된 여러 기능 중 하나였을 뿐이었다. 검색은 독립된 사업도 아니었고 우선순위가 높은 기능도 아니었다. 구글이 없었다면 아마 빙도 없었을 것이다.

혁신의 진짜 경쟁은 앞서 언급한 현상 유지를 극복하는 것이다. 이는 '인지적 관성cognitive inertia'을 극복하는 것으로도 설명할 수 있다.

혁신의 가장 큰 경쟁자

관성의 과학적인 정의는 외부의 힘이 가해지지 않는 한 어떤 시스템이 현재 상태를 유지하려는 성향이다. 이 개념은 물리학에만 국한되지 않고 사고방식에도 적용된다. 고정된 사고방식을 유지하려는 경향이 인지적 관성이다. 개인, 팀, 조직이 특정한 행동 방식을 취할 때 변화를 유도하기 위해서는 정책 지침, 영향력, 설득, 보상과 같은 강력한 외부 요인이 필요하다. 대부분 혁신가는 성공에 필요한 조직이나 개인에 대해 공식적인 권한이 없는 경우가 많다. 혁신가는 변화를 '밀어붙일' 수 있는 범위가 제한되어 있으며, 이는 〈코그니티브 서비스〉장에서 살펴보았다. 그 한계를 넘어서려면 '끌어당기는 힘'이 필요하다. 즉 이해관계자들이 자발적으로 변화를 수용하도록 만드는 매력을 만들어야 한다.

인지적 관성을 극복하는 매력의 힘을 잘 보여주는 사례가 바로 데릭 시버스Derek Sivers가 만든 〈댄싱 가이(Dancing Guy, 춤추는 남자)〉라는 짧은 영상이다.[76] 상상해 보자. 햇살 좋은 날, 사람들이 풀밭 언덕에 앉아 대형 스피커에서 흘러나오는 음악을 듣고 있다. 그 뒤편에서 한 남자가 음악에 맞춰 춤을 추고 있다. 그는 자신만의 세계에 빠져 즐기고 있는 모습이다. 처음에 사람들은 그에게 별다른 관심을 두지 않는 듯하다. 그러나 곧 다른 한 남자가 그와 함께 춤을 추기 시작한다. 두 사람이 함께 춤을 추자, 군중은 호기심을 가지고 지켜본다. 마침내 세 번째 사람이 합류하면서 분위기가 바뀐다. 그 변화는 거부할 수 없을 만큼 강력해지고, 언덕에 앉아 있던 사람들이 일어나 함께 춤을 추기 시작한다.

이 짧고 간단하게 촬영된 영상은 고착된 사고방식과 습관적 행동 패턴이 새로운 행동을 처음에 어떻게 거부하는지를 보여준다. 사람들이 혼자 춤추는 사람에게 합류하기를 주저하는 모습에서 이를 확인할 수 있다. 하지만 시간이 지나면서 인지적 관성이 극복되고 새로운 행동 패턴이 받아들여지는 전환의 순간을 이 영상은 아름답게 담고 있다. 이는 점점 더 많은 사람이 춤에 동참하는 모습으로 나타난다.

인지적 관성을 어떻게 극복할 것인가를 이해하는 것, 그것이 바로 더 많은 사람을 더 빨리 춤추게 만드는 열쇠이자 고객과 협력자 들로부터 더 빠르게 가치를 인정받는 방법이다. 다행히 행동과학자들이 행동 변화가 어떻게 일어나는지에 대해 많은 연구를 진행했고, 그에 대한 과학적 이론도 확립되어 있다.

관성 극복: 행동 변화의 여정

1970년대 후반, 심리학자 제임스 프로차스카James Prochaska와 카를로 디클레멘테Carlo DiClemente는 행동 변화 과정을 설명하는 변화 단계 모델(또는 범이론 모델transtheoretical model, TTM)을 개발했다. 이 모델은 변화가 필요하거나 변화할 가치를 인식하지 못하는 상태에서 시작해서 결국 기존 행동을 버리고 새로운 방식을 받아들이는 과정을 여섯 단계로 보여준다.[77] 보스턴에 본사를 둔 전략커뮤니케이션 그룹 화이트 라이노

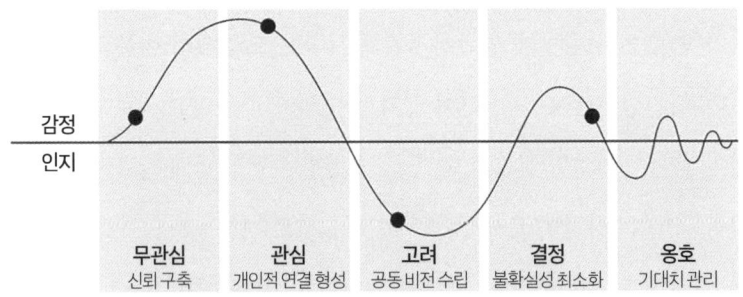

그림 11.1 화이트 라이노의 B2Me 행동 변화 여정

White Rhino는 이 복잡한 과정을 누구나 쉽게 이해할 수 있도록 행동 변화 로드맵을 만들었다. 이 여정은 사람들이 어떤 결정을 내릴 때마다, 또는 변화(예: 춤을 추기로 결정)를 수용할 때마다 거치게 되는 과정이다.[78]

'B2Me' 여정은 개인적 연결에 초점을 맞춘 표현이다. 마치 기업 간 거래(B2B)나 기업-소비자 거래(B2C)처럼 기존의 약어를 응용한 것이다. 이 여정은 새로운 방식에 대해 전혀 모르는 상태(그림 11.1의 왼쪽)에서 시작해서 변화를 받아들이고 결국 새로운 방식을 지지하는 옹호자(그림 11.1의 오른쪽 끝)가 되는 과정을 보여준다. 이 과정에서 관심, 고려, 결정이라는 세 단계를 거치게 된다.

혁신의 관점에서 보면 인지적 관성을 극복하는 일은 보통 한 번의 대화나 시연만으로 이루어지지 않는다. 이해관계자가 무관심 상태에서 곧바로 옹호자가 되는 일은 거의 없다. 변화는 점진적이고 반복적인 과정이다. 혁신가가 이를 지시할 수는 없지만 끌어나갈 수는 있다. 이를 위해서는 각 이해관계자 개인이나 그룹과 목적을 갖고 반복적으로 연결되어야 한다.

과학적 근거에 따르면, B2Me는 감정적 호소와 인지적 호소를 모두 포함한 참여가 필요하다는 것을 보여준다. 이는 그림 11.1의 중간선을 보면 알 수 있듯이, 사람들은 의사결정을 할 때 감정적 결정(중간선 위)과 인지적 결정(중간선 아래) 사이를 오가며 과정을 거친다. 특히 과정의 초기 단계에는 인지적 호소보다 감정적 호소가 '더' 중요하다. 사람들은 대부분 새로운 아이디어에 사용할 수 있는 인지 자원이 제한되어 있다.

때문에, 시선을 사로잡는 시각 자료나 감동적인 스토리텔링 또는 매력적인 콘셉트 영상 등이 보는 사람의 감정을 자극해 흥미를 유도한다. 일단 감정적으로 연결되면 사람들은 그제야 인지적 자원을 확보해 더 이성적인 방식으로 혁신을 탐색한다. B2Me는 혁신 과정 전반에서 이해관계자들과 공감하며 연결하는 방법을 보여주는 지도인 셈이다.

감정적 호소와 인지적 호소를 모두 강조하는 것은 〈오피스〉장에서 소개한 페니 콜리슨과 트리시 마이너의 생각, 행동, 감정 프레임워크와 일치한다. B2Me 다이어그램은 생각, 행동, 감정 프레임워크가 설명한 심리적 역학을 시각화한 것이다.

과정을 실천으로 옮기기

지금까지의 내용을 요약하면, 혁신을 위해서는 사람들이 일하는 방식을 바꿔야 한다. 하지만 세상은 변화에 대해 본질적으로 정체되어 있다. 사람들은 개인으로든 집단으로든 (진화적인 이유로) 현 상태를 선호하는 경향이 있으며, 변화를 위해서는 강한 동기가 필요하다. 혁신가는 이해관계자들에게 새로운 세상이 가능하다는 점을 감정적으로 설득력 있게 전달해야 하며, 이를 통해 그들의 지지를 이끌어내야 한다. 모든 사람에게 통용되는 접근 방식은 없으며, 각 이해관계자 또는 이해관계자 그룹에 맞춘 개별 맞춤 전략이 필요하다.

이를 실천하기 위해 화이트 라이노는 변화 단계 모델에서 얻은 통찰과 조직 인류학자 주디스 글레이저Judith Glaser의 연구를 결합했다. 글레이저는 저서 『대화 지능Conversational Intelligence』에서 변화 여정의 각 단계에 필요한 '신뢰의 지렛대trust lever'를 제시했다. 신뢰 구축, 개인적인 연결 형성, 공동 비전 수립, 불확실성 최소화, 기대치 관리가 그것이다. 이제 사례 연구들에서 확인한 실천 방식과 이 지렛대들이 어떻게 연결되는지를 첫 번째, 세 번째, 네 번째 지렛대를 통해 좀 더 자세히 살펴본다.

첫 번째 지렛대: 신뢰 구축

아무리 혁신의 가치를 강조해도 상대방이 당신을 신뢰하지 않는다면 아무 소용이 없다. 타인의 행동에 영향을 미치려는 모든 시도의 출발점은 신뢰를 구축하는 것이다. 이것은 인간의 본성이다. 신뢰는 상처받거나 속거나 배신당할 두려움을 줄여준다. 동시에 우리의 마음도 조금 더 약해져서 더 개방적이고 솔직한 대화가 가능해진다. 이것은 혁신가가 이해관계자의 필요, 욕구, 고통, 선호 등을 식별하기 위해 반드시 해야 할 협력적 대화의 핵심 요소다. 다시 말해, 고객이나 협력자가 어떤 것에 가치를 두는지를 파악하려면 먼저 신뢰를 쌓아야 한다.

신뢰는 믿을 수 있고 일관되며 협조적이고 투명한 행동을 통해 형성된다. 우리가 이런 방식으로 행동할수록 신뢰는 더욱 깊어진다. 그럴수록 감정적인 안정감이 생긴다. 이해관계자들은 혁신가가 자신의 이익을 최우선으로 생각한다고 믿을 때, 새로운 것을 시도하고 더 큰 위험을 감수할 의지가 생긴다. 신뢰를 구축하고 유지하는 것은 관계를 지속시키고 혁신 기회를 확장하는 선순환을 만들어낸다.

반면 신뢰를 깨는 것은 그 반대 결과를 초래한다. 대개는 관계가 끝난다. 개인이나 회사가 일관성이 없거나 신뢰성 없이 불투명하게 행동하면 이해관계자들과 쌓아온 감정적 안정감이 무너지게 된다. 그것이 실제이든 상상이든, 위험에 대한 인식이 커지고 생존 본능이 작동하면서 사람들은 다시 안전함을 찾기 위해 에너지를 소모한다. 혁신에 치명적인 일이다.

신뢰는 이 책을 집필하는 과정에서 이루어진 수많은 대화 속에서 자주 언급된 주제 중 하나였다.

- **게이밍**   팀 스튜어트는 게임 부문이 어떻게 재무 목표를 꾸준히 달성하여 마이크로소프트 경영진의 신뢰를 얻었는지 공유했다. 그 결과, 경영진은 게임 부문에 혁신할 수 있는 많은 권한을 위임했다. 필 스펜서는 Xbox One 출시 실패 이후, 게이머 커뮤니티와의 신뢰 회복이 최우선 과제였다고 말했다. 줄리아나 티오안다와 케이트 루는 신뢰 기반의 문화를 조성함으로써 조직 문화에 '적합한' 인재 대신 조직 문화를 '더해줄' 인재를 채용할 수 있었다고 설명했다.

- **비주얼 스튜디오 코드**   에릭 감마와 카이 메첼은 '사용자와의 거리 제로'라는 관행이 어떻게 VS Code팀에 실험 정신을 지닌 충성

도 높은 사용자층을 형성했는지 이야기했다. 이들은 디자인, 로드맵, 이슈 로그, 심지어 코드까지 투명하게 공개함으로써 새로운 아이디어를 실험할 수 있는 허가를 얻었고, 매달 새로운 가치를 꾸준히 제공해 왔다. 실험이 이 목표를 방해하지 않도록 철저히 관리했으며, 커뮤니티는 이에 대해 신뢰하고 있다.

- **오피스** 수밋 초한은 오피스팀이 워드와 파워포인트에 AI를 도입한 후, 사용자 반응을 유지율로 측정하여 내부적으로 신뢰를 쌓은 방법을 공유했다. 처음 춤추기 시작한 사람 뒤를 이어 두 번째와 세 번째 사람이 합류한 것처럼, 다른 제품 팀들도 뒤따르기 쉽도록 했다. 오피스팀은 또한 생각, 행동, 감정 프레임워크와 최소 신뢰 경험(MTE), 변혁적 가치(TV) 같은 지표를 사용해 빠른 개발 속도와 높은 완성도 사이에서 균형을 유지했다.

- **마이크로소프트 리서치** 레드먼드 외부에 있는 연구소들은 제품팀과 개인적인 연결을 위해 정기적으로 대면 활동을 마련했고(두 번째 지렛대), 공동의 비전을 수립하기 위해 노력했다(세 번째 지렛대). 이 부분은 이후 더 자세히 설명한다.

- **빙** 이 팀은 수년간 마이크로소프트 경영진과 신뢰를 쌓아왔다. 그래서 경영진은 오픈AI의 고급 모델을 마이크로소프트 제품에 통합하는 회사 역사상 큰 도전 중 하나가 닥쳤을 때 주도적인 역할을 빙에 맡겼다.

신뢰가 없으면 관계는 거래적으로 바뀐다. 이는 〈패턴 1: 매일 혁신〉에서도 말했던 신뢰할 수 있는 혁신 프로세스를 구축하는 것이 중요한 이유다. 혁신 초기 단계에는 단지 가설이나 초보적인 수준의 해결책만 존재하기 때문에, 신뢰는 과거의 성과를 기반으로 쌓이게 된다.

세 번째 지렛대: 공동 비전 수립

신뢰가 형성되고 개인적 연결이 구축된 후에는 공유할 비전을 만들 차례다. 비전을 공유하면 목표의 방향이 정렬되고 유연성을 갖게 하며 위험을 관리하는 데 도움이 된다. 비전 공유는 혁신이 무엇을 달성할 것이며, 모든 이해관계자에게 어떤 가치를 전달할 것인지를 나타내는 진화된 표현이다. 비전은 간단한 말에서 그림이나 시제품으로 발전하며 구체화된다. 초기 단계에서는 비전은 설령 세부 사항이나 계획이 변경되더라도 집중력과 방향성을 유지할 수 있게 도와준다. 또한, 모든 참여자에게 주인의식을 심어줌으로써 목표 달성을 위해 적극적이고 지속적인 참여를 이끌어낸다. B2Me 다이어그램이 보여주듯, 공동 비전 수립은 이해관계자가 고려 단계에서 결정 단계로 이동하게 하는 중요한 지렛대다. 이때 가정이 잘 이뤄지면 그 결정은 혁신을 받아들이는 긍정적인 결정이 될 가능성이 높다.

"사람들에게 무엇을 원하는지 물었다면, 그들은 더 빠른 말horses이라고 대답했을 것이다." 헨리 포드가 남긴 말로 잘못 알려진 이 격언은 그럼에도 공동 비전을 만드는 가장 확실한 방법은 이해관계자들과 대화하는 것이란 깨달음을 준다.[79] 혁신가로서 우리는 이해관계자들이 어떻게 일하고 어떤 문제가 있는지, 무엇을 중요하게 여기는지, 어떻게 의사결정을 내리는지, 자신이 하는 일을 어떻게 표현하는지를 이해해야 한다. 혁신가의 역할은 단순히 이해관계자들이 '말하는' 바를 반영하는 것이 아니라, 그들이 상상조차 못 했던 것을 만들어내고, 일단 보고 나면 그것 없이는 살 수 없게 만드는 것이다.

흥미로운 점은 이러한 정보를 얻기가 어렵지 않다는 것이다. 사람들에게 그들 자신과 그들의 일, 필요한 것 등에 관해 물어보면, 그들은 기꺼이 대답한다. 오히려 답변이 너무 길어질 수도 있다. 진심 어린 관심과 공감을 가지고 다가간다면 거의 모든 사람이 자신에 대해 기꺼이 이야기할 것이다.(솔직히, 당신도 그렇지 않은가!) 그리고 혁신의 중심에서 멀리 떨어진 사람, 이를테면 내부적으로 운영, 유지보수, 고객 지원 담당자나 외부적으로 일반 고객과의 상호작용이야말로 '그들에게는' 더 소중하고 의미 있는 경험이 될 수 있다.

인터뷰에 참여한 모든 혁신가는 내부 및 외부 커뮤니티와의 소통에 대해 길게 이야기했다. 이 팀들은 도그푸딩, 패스트푸딩 같은 '내부' 커뮤니티를 형성하는 방법을 공유했다. 이러한 환경은 이해관계자들이 존중받고 있다고 느끼게 해주며, 관심, 지원, 명성 등의 혜택을 제공한다.

또한 인터뷰 전반에 걸쳐 일관되게 나타난 주제는 혁신적인 아이디어가 '어디에서든' 올 수 있다는 것이었다. 회사 내 다른 팀이나 고객 또는 경쟁사, 더 나아가 세상으로부터 말이다. "우리가 만들지 않았다. Not Invented Here."는 태도는 전혀 찾아볼 수 없었다. 이 팀들은 외부의 영향을 단순히 수용하는 것을 넘어서 이를 보장할 수 있는 시스템을 구축했다. 다른 팀과의 정기적인 협업 세션을 마련하고 파트너들이 자사 제품을 실험해 볼 수 있는 도구를 개발했으며, 양방향 소통 채널을 구축했다.

예를 들어, 마이크로소프트 리서치에는 오피스팀과의 지속적인 협력 관계인 리서치 오피스 협업이 있었다. 게이밍은 전용 피드백 사이트, 소셜미디어, CEO와 다른 리더들과 직접 게임하고 대화할 수 있는 게임 세션을 통해 플레이어와 창작자와 소통하는 방법을 공유했다. VS Code는 사용자 피드백을 한 단계 더 끌어올려서 자사 코드를 오픈소스로 공개했다.

공동 비전을 만드는 또 다른 이유는 이해관계자들이 혁신을 뒷받침하는 데 필요한 변화에 미리 준비할 수 있도록 하기 위해서다. 고객에게도 해당하지만 협업자들에게는 매우 중요한 일이다. 영업, 마케팅, 공급망, 운영, 보안, 재무, 고객 서비스 등이 발명을 혁신으로 바꾸는 데 필요할 수 있다. 혁신은 회사의 기존 시스템에 아직 통합되지 않았기 때문에 처음부터 불리한 상황이다. 또한 혁신은 아직 실적도 없으므로 이를 지원하는 데 들어가는 노력은 본질적으로 위험을 수반한다.

이러한 변화를 식별하고 실행에 옮기는 일은 혁신가와 협업자들이 함께 해야 할 과업이다. 〈마이크로소프트 리서치〉장에서 수전 두메이가 말한 것처럼 이 과정은 반복된다. 수전은 다음과 같이 요약했다.

> 다른 팀 사람들과 대화를 나누며, 그들의 문제를 어느 정도 해결할 수 있는 혁신 아이디어를 이야기하게 됩니다. 그러면 그들은 '그게 전부가 아니다'라고 말합니다. 그러고 나서 많은 의견 교환이 이어집니다. 가장 성공적인 관계는 양쪽 모두 겸손할 때 가능합니다. 양쪽이 서로에게 배워야 합니다.

코그니티브 서비스는 이러한 과정을 보여주는 훌륭한 사례다. 소규모의 핵심 프로그램 관리자 팀이 디자이너, 엔지니어, 분석가 등 일곱 개의 비즈니스 그룹에서 사람들을 모았다. 이들은 AI를 서비스로 제공한다는 공동 비전을 만들었고, 그 결과 오늘날 회사 내에서 가장 크고 자금 지원이 잘 되는 조직 중 하나를 출범시켰다.

시작 단계에서의 실행이 원활하면 끝은 더 쉬워진다. 신뢰를 쌓고 개인적 연결을 형성했기 때문이다. 이해관계자들이 비전 수립에 참여했기 때문에 결과물에 자신들의 영향력을 느낄 수 있다. 이것은 그들의 문제를 해결하거나, 완전하지 않더라도 그들의 목표를 실현하는 데 도움이 된다. 따라서 그 혁신은 그들에게 본질적으로 가치 있는 것이 된다.

네 번째 지렛대: 불확실성 최소화

네 번째 지렛대인 불확실성 최소화는 모든 이해관계자가 각자의 출발점에서 여정을 시작한다는 사실을 인식하는 것에서 출발한다. 신뢰를 구축하고 개인적으로 연결되며 공동의 비전을 만드는 것은 혁신가인 당신이 이해관계자가 있는 그 자리에서부터 출발할 때만 가능하다. 그렇지 않을 때 발생하는 위험은 인간 심리의 또 다른 부산물이다. 혁신을 받아들이거나 협업자로서 혁신을 지지하려면 행동 변화를 요구받게 되는데, 그 변화가 너무 크면 실패할 가능성이 높아진다. 큰 도약은 충격이 있고 위험하기 때문에 도약이 클수록 실패하기도 쉽다. 상대방이 어디에서 시작하는지 알아야만 그들이 원하는 지점으로 이끌기 위한 디딤돌을 설계할 수 있다. 이는 〈마이크로소프트 리서치〉장에서도 소개한 개념이다.

그러려면 이해관계자를 자세히 이해해야 한다. 그들의 일상은 어떠한가? 어떤 책임을 지고 있는가? 어디에 거주하는가? 누구와 함께 일하는가? 예산은 얼마나 있는가? 어떤 기술과 도구를 자주 사용하는가? 그들의 우선순위에서 혁신은 얼마나 중요한가? 이런 질문에 답하며 그들의 삶을 진정으로 이해하는 것이 필요하다. 세부 사항을 많이 알수록 좋다. 맥락이 전부이기 때문이다.

복잡한 이해관계자 생태계에는 다양한 출발점이 존재한다. 우리는 각 출발점을 상세히 이해해야 한다. 이러한 세부 사항을 잘 정리하고 겹치는 지점을 파악하면 혁신가의 작업이 단순해진다. 이럴 때 유용한 도구가 바로 제품 관리에서 사용하는 경험 지도 experience map 다.

경험 지도는 이해관계자의 프로세스와 환경을 시각적으로 표현한

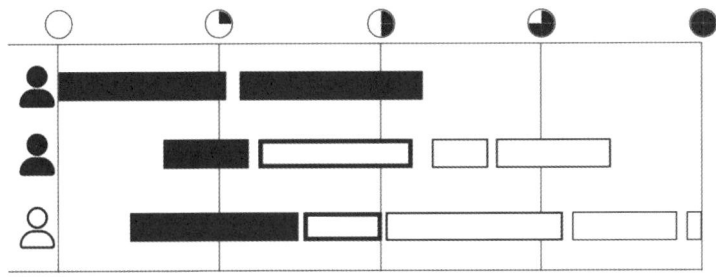

그림 11.2 경험 지도 예시

것이다. 위에서 제시한 질문들에 대한 답을 시각화한 지도라고 할 수 있다. 이 경험 지도는 현재 상태를 포착하거나, 원하는 미래 상태를 시각화하는 데 사용된다. 일반적으로 각 이해관계자는 행으로, 단계나 이정표는 열로 나타낸다. 여러 이해관계자의 지도를 하나의 다이어그램으로 결합하면 이들 사이의 관계를 쉽게 파악할 수 있다. 또한 격차, 의존성, 시기 선택 등 중요한 정보도 명확하게 드러난다.

VS Code의 창립자들은 웹 기반 개발자가 기존 애플리케이션 개발자들과 다르게 작업한다는 것을 인식하고 이 개념을 실제로 활용했다. 코그니티브 서비스는 모바일 개발자 시장에서 AI 격차를 인지했다. 오피스팀은 이해관계자에 대한 이해를 바탕으로 새로운 기능을 추가하는 대신 기존 기능을 더 쉽게 사용할 수 있도록 개선하기 시작했다.

각 사례에서 팀은 이해관계자의 현재 경험과 공유한 미래의 비전을 경험 지도로 정리했다. 이를 통해 더 가치 있는 기회를 식별하고 그 기회를 실현하기 위한 구체적인 단계를 마련할 수 있었다.

마지막 팁: 마케팅과 더 일찍 협업하라

오피스팀은 혁신적인 프로젝트를 시작할 때 디자인팀과 마케팅팀을 처음부터 참여시킨 과정을 설명했다. 마케팅을 사후 기능으로 여기는 일반적인 관점에서 벗어난 방식이었다. 오피스 제품군의 디자인 및 리서치 부문 부사장인 존 프리드먼Jon Friedman은 다음과 같이 설명했다.

우리는 이제 마케팅과 디자인을 동시에 접근합니다. 제품과 패키징 그리고 사용자 경험까지 함께 작업하면서 더 큰 이야기로 이어지도록 피처 엔지니어링feature engineering 작업을 진행합니다. 시간이 걸리는 반복적인 과정이지만, 우리가 실제로 만드는 제품과 일관된 이야기를 공개적으로 전달할 수 있습니다. 그리고 고객은 훨씬 더 즐거운 경험을 하게 되죠.

혁신을 추진하는 과정에서 이해관계자의 참여를 효과적으로 이끌어가기 위해 활용할 수 있는 다양한 마케팅 도구가 존재한다. 그중 메시지 매트릭스message matrix는 경험 지도와 행동 변화 여정을 보완하는 간단하면서도 강력한 도구이다.

그림 11.3 간단한 메시지 매트릭스

메시지 매트릭스란 모든 이해관계자와 커뮤니케이션 채널에 걸쳐 일관되고 명확하며 설득력 있는 메시지를 전달할 수 있는 도구다. 이는 조직의 전체 목표, 가치, 브랜드 정체성과 언어를 정렬하는 데 사용된다. 이러한 정렬은 다양한 부서 간 일관된 목소리를 유지하는 데 중요하다. 또한 메시지 매트릭스는 복잡한 아이디어를 명료한 표현으로 정제하여 다양한 이해관계자에게 효과적으로 전달할 수 있게 도와준다.

메시지 매트릭스를 사용하면 여러 이점이 있다. 가장 큰 장점은 핵심 메시지를 한 곳으로 통합하는 것이다. 커뮤니케이션 전략의 기획 단계에서 메시지 매트릭스는 각 이해관계자 그룹에 가장 효과적인 언어를 개발하는 데 큰 도움이 된다. 중앙 집중식 접근 방법은 메시지의 일관성을 유지하면서 실시간 조정이 가능하다.

메시지 매트릭스는 일반적으로 이해관계자별로 세분화한 표 형식으로 구성한다.

이제 혁신 여정에 적용해 보자. 어떤 혁신이든 기존의 관성에 부딪히기 마련이므로 조직 내 모든 사람이 처음부터 그 가치를 이해하고 전달할 수 있어야 한다. 관여하는 이해관계자의 수는 많아질 테고, 혁신이 진전하면 사용하는 언어도 함께 진화해야 한다. 메시지 매트릭스는 이 과제에 적합한 도구다. 중앙 집중 저장소이자 일관된 프레임워크의 역할을 하면서 동시에 시간이 지남에 따라 맞춤형 메시지로 변화할 수 있는 유연성을 제공한다. 이러한 적응력은 다양한 대상에게 일관되면서도 상황에 맞는 커뮤니케이션을 가능하게 한다.

행동 변화, 나아가 혁신의 여정은 신뢰에서 시작해 신뢰로 끝난다. 마케터와 그들의 도구를 프로젝트 초기에 협업 테이블로 초대함으로써, 팀은 비즈니스와 솔루션을 동시에 설계하며 다양한 이해관계자의 감정적 필요를 충족시킬 수 있다. 메시지 매트릭스를 개발하고 지속적으로 관리하면 팀의 모든 구성원이 가치를 일관되고 효과적으로 전달할 수 있다. 행동 변화의 여정에 대한 깊은 이해와 결합하면, 팀의 사고는 더욱 깊어진다. 이해관계자가 있는 곳에서 만나 신뢰를 쌓고 감정적으로 연결되며, 변화를 유도하고, 지지자 커뮤니티를 만들어 나갈 준비를 할 수 있다.

추가 실천 방법

딘   나는 이 패턴을 가장 좋아한다. 고객이나 협력자 등 이해관계자들과 소통하며 그들의 우선순위를 이해하고 혁신을 위한 윈-윈 전략을 만드는 것이 정말 즐겁기 때문이다. 가장 선호하는 실천 방식은 혁신을 실현하기 위해 초기 단계부터 이해관계자들의 참여를 체계화하는 것이다. 이 과정은 〈패턴 2: 수년간의 혁신〉장에서 설명한 이해관계자 히트맵에서 시작한다. 이 히트맵은 우리 팀이 회사 내 다양한 그룹과 맺고 있는 관계의 깊이를 보여준다. 우리는 특정 혁신의 성공에 가장 중요한 이해관계자가 누구인지를 식별하고, 어떤 그룹이 우리를 지지하고 어떤 그룹은 중립적이고, 어떤 그룹은 반대하는지를 표시한다. 이를 모른다면 그들의 필요와 우선순위를 더 잘 이해하기 위해 직접 만나기도 한다.

특히 반대 의견의 근본적인 요인을 이해하는 것이 중요하다. 저항은 혁신의 성패를 좌우할 수 있기 때문이다. 우리는 반대 그룹이 왜 지지하지 않는지를 파악하려고 한다. 정보가 부족해서라거나 잘못 알고 있는 경우라면, 더 많은 정보를 공유하면서 소통한다. 구조적인 문제가 있을 수도 있다. 예를 들어, 우리의 신제품을 판매하는 것이 영업팀의 목표 실적에 반영되지 않는다면, 보상계획팀과 협의하여 인센티브를 조정해야 할 수도 있다. 우리 일에 무관심하거나 다른 우선 업무로 벅차다면, PR 업무를 나누는 것과 같은 감정적 접근이 효과적일 수 있다. 이 모든 것은 이해관계자의 관점을 이해하고 그들과 조화를 이루기 위해 창의적으로 생각하는 것과 관련이 있다.

나는 마케팅 조직에서 오랜 시간 일하며 이 전술을 배웠다. 마케팅은 본질적으로 '설득'에 초점을 맞춘 분야다. 마케팅 도구와 방법은 고객뿐 아니라 회사 내 협업자들을 설득할 때도 마찬가지로 유용하다.

조앤 데이터센터는 마이크로소프트의 엔진과 같은 존재다. 회사의 모든 측면에 동력을 공급하여 회사를 움직인다. 이런 데이터센터를 설계하고, 구축하고, 소유하며, 운영하는 데 거대한 조직이 필요하다. 지역사회가 이를 유치하고, 고객들은 여기에 의존한다. 이해관계자들은 많고 그들 모두가 강하고 깊은 관점을 가지고 있다. 재생형 차세대 데이터센터팀과 나는 이른 시점부터 다양한 사람과 자주 소통해야 했다. 차세대 데이터센터가 어떤 모습일지에 대해 단 하나의 아이디어를 만들기도 전에, 우리는 회사 안팎에서 200명의 사람을 만났다. 내부적으로는 엔지니어링, 운영, 재무, 구매, 건설, 보안, 법무 및 환경, 에너지, 부지, 네트워크, 하드웨어, 소프트웨어 등 분야도 다양했다.

발견 단계는 4개월이 걸렸지만, 투자한 시간의 가치는 충분했다. 디자인 단계에 들어간 지 몇 주 만에 우리는 수백 개의 아이디어를 만들어냈고, 이는 많은 문제점을 해결하고 이해관계자들이 제시한 전략적 기회를 실현하는 데 도움이 되었다. 프로젝트가 진행됨에 따라, 우리는 그 아이디어들을 하나의 통합된 해결책으로 정리했고, 이는 다양한 가치 제안을 담고 있다. 이 개념들을 다른 팀들과 공유했을 때 그들의 열정을 볼 수 있었고 지속적인 지지를 얻을 수 있었다.

프로젝트의 시작 단계에서 전문가 생태계를 구축했기 때문에, 우리 팀은 작고 민첩하게 유지될 수 있었다. 핵심팀은 단 여섯 명이지만, 필요에 따라 하루에도 수십 명이 유연하게 합류해 필요한 모든 일을 해낼 수 있었다. 그중에는 전략 커뮤니케이션 전문가들도 있었는데, 이들과 협력하여 메시지 매트릭스를 만들었다. 이는 방대한 수의 다양한 이해관계자에게 우리의 제안과 진행 상황을 어떻게 구성하고 전달할지를 정리하는 데 매우 유용했다.

패턴 4: 기술 이상의 혁신
가치 사슬 전체를 혁신한다

친구들에게 인류 역사상 가장 영향력 있는 혁신을 꼽아보라고 하면 아마 전구나 자동차, 인터넷을 언급할 것이다. 반면 애자일 소프트웨어 개발 프로세스나 매트릭스 조직 구조, 데이터 기반 마케팅과 같은 혁신은 쉽게 떠올리지 못할 것이다. 현대 생활에 지대한 영향을 끼치는 혁신들인데도 말이다. 이는 혁신과 기술을 직관적으로 연결하고, 기술을 가치 있게 현실화하는 비즈니스의 많은 측면은 고려하지 않기 때문이다. 이런 오해는 대부분의 기업에도 널리 퍼져 있다.

마이크로소프트는 물론 기술 기업이다. 그러나 이 책을 위해 진행한 인터뷰에서는 모든 팀이 제품 그 이상을 혁신하고 있다는 것을 알 수 있었다. 예를 들어, 빙팀은 검색 성능을 향상하기 위해 AI 딥러닝 기술을 도입했다. 하지만 2023년 마이크로소프트 전체에서 생성형 AI 도입을 가능하게 한 것은 딥러닝 모델을 회사 내 다른 제품팀에 배포하는 네트워크 혁신이었다. 빙의 성장 및 배포 파트너 부문을 총괄하는 디나 손더스는 이렇게 말했다. "우리 팀은 어떤 한 부분만 담당한다고 말하지 않아요. 엣지, 오피스, 윈도, 스카이프 등 어떤 팀과도 협력하여 특정 영역에 국한되지 않는 제품 간 혁신을 추구하기 때문이죠."

VS Code팀도 다양한 프로그래밍 언어를 지원하는 코드 편집기를 개발했다. 마이크로소프트에는 새로운 기술이었지만, 이 제품으로 웹 기반 개발자 시장에 진입할 수 있었다. 그러나 이 제품을 시장에서 가장 인기 있게 만든 것은 '공개 개발' 방식의 고객 참여 전략이었다. 이 전략 덕분에 충성도 높고 활발한 개발자 커뮤니티가 형성되었고 그것이 제품의 성공으로 이어졌다.

수많은 학술 연구가 제품 혁신을 넘어선 비즈니스 혁신이 가치 창출하고 경쟁 우위를 점할 수 있는 핵심 원천이라고 지적한다. 한 추정에 따르면 이러한 혁신이 전체 가치 창출의 90퍼센트를 차지하지만, 실제로는 투자 자원의 단 10퍼센트만이 이 영역에 투입되고 있다고 한다.[80]

일상적 혁신과 근본적 혁신을 넘어서

2019년에 출간된 책 『혁신의 정석 Creative Construction』에서 저자인 개리 피사노Gary Pisano는 다양한 실증 사례들(넷플릭스 대 블록버스터, 페이스북 대 마이스페이스, 안드로이드 대 애플과 마이크로소프트 등)을 분석하여 대부분의 산업에 적용할 수 있는 혁신 유형에 대한 프레임워크를 개발했다. 그는 '기술 변화'와 '비즈니스 변화'라는 두 가지 차원에서 기회를 매핑하면 기업의 혁신 전략을 더욱 명확하고 효과적으로 수립할 수 있다고 설명한다.

여기에서 기술은 과학적 지식을 실용적 목표 달성에 적용하는 넓은 의미다. 이 방식으로 혁신을 정의하면 네 가지 범주로 나눌 수 있다.

일상적 혁신은 지속적 개선이라고도 불린다. 피사노는 '일상적'이라는 말이 쉽고 빠르거나 다른 유형보다 덜 가치 있다는 뜻은 아니라고 강조한다. 이 사분면은 기업의 '기존' 사업 및 기술 역량을 활용하는 혁신에 해당한다. 일상적 혁신은 기업이 시장 경쟁력을 지속해서 유지하기 위한 최소한의 기준이다. 예를 들어 마이크로소프트 윈도의 업데이트는 일상적 혁신에 해당한다.

파괴적 혁신은 동일하거나 유사한 기술을 새로운 방식으로 제공하는 것이다. 피사노는 이 정의를 클레이튼 크리스텐슨의『혁신 기업의 딜레마』에서 설명한 개념과 일치시킨다. 이 사분면은 '비즈니스'의 변화에 중점을 둔다. 예를 들어, 마이크로소프트 게이밍의 게임 패스 출시는 개별적인 게임 구매에서 게임 라이브러리 구독으로 비즈니스 모델을 전환함으로써 파괴적인 혁신이었다. 게임

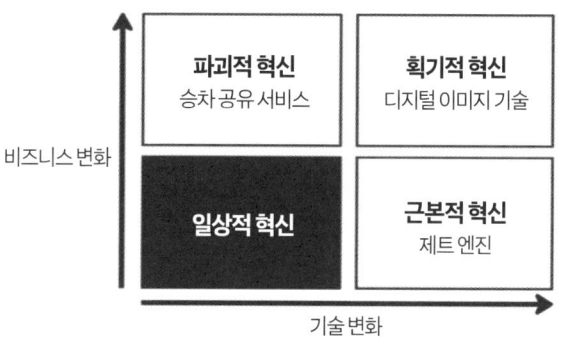

그림 12.1 피사노 혁신 지형도

이 이미 디지털로 제공되고 있었기 때문에 기술적 변화는 크게 필요하지 않았다.

근본적 혁신은 기술 제공 방식에 중요한 변화가 있지만 그에 상응하는 비즈니스 모델 변화는 필요하지 않는 경우를 말한다. 예를 들어, 마이크로소프트 오피스가 제품의 핵심 기능에 AI를 통합하여 사용자 경험을 혁신한 것은 근본적 혁신의 예다.

획기적 혁신은 기술 변화와 비즈니스 변화가 결합된 경우다. '획기적'이라는 단어가 암시하듯, 이 사분면에 해당하는 시도는 '제품이나 서비스'의 설계 및 구성 방식뿐만 아니라 시장에 제공하는 '방식'에도 영향을 준다. 비주얼 스튜디오 코드는 그 전신인 비주얼 스튜디오와 비슷한 목적을 가지고 있지만, 기술과 비즈니스 두 가지 측면 모두에서 차이를 보이기 때문에 획기적 혁신의 좋은 사례라고 할 수 있다.

이를 염두에 두면, 지속적 개선(일상적 혁신)이라는 필수적인 실천과 기술 혁신(근본적 혁신)에만 의존하지 않고, 더 폭넓은 기회의 포트폴리오를 더 쉽게 구성할 수 있다. 그러나 비즈니스 혁신(파괴적 혁신과 획기적 혁신)을 추구하려면, 제품을 중심으로 업스트림과 다운스트림에 해당하는 비즈니스 차원을 더 명확히 정의하는 것이 도움이 된다.

업스트림은 하나의 제품이나 서비스를 만들어내는 데 필요한 인력, 시스템, 프로세스, 조직 구조 등을 의미한다. 여기에는 제조 및 기타 공급망 서비스의 파트너가 포함되며, 수익 모델도 해당한다.

다운스트림은 제품이나 서비스가 어떻게 마케팅되고 전달되는지, 고객이 어떻게 참여하고 지원받는지, 기업이 어떻게 인식되는지(브랜드)를 포함한다. 이 책 전반에 언급된 마이크로소프트의 다양한 '내부 커뮤니티'는 다운스트림의 예다.

기술 혁신과 비즈니스 측면의 변화를 함께 추구하는 것은 더 어려운 일이지만, 이러한 노력을 통해 경쟁하기 어려운 강력한 비즈니스 모델이 만들어진다. 〈빙〉장에서는 구글이 출시된 직후 마이크로소프트가 이러한 도전에 직면하며 불리한 입장 되었던 상황을 설명했다. 이때부터 마이크로소프트 직원들 사이에서는 기술과 비즈니스 혁신을 결합한 새로운 위협이 나타날 때마다 "이번에는 구글에 밀리지 말자"라는 말이 자주 나왔다. 이 뼈아픈 교훈은 책의 여러 사례 연구에 나타난 비즈니스 혁신에 원동력이 되었을 것이다. 다음은 그 과정에서 나타난 몇 가지 실행 패턴들이다.

실천 패턴 1: 업스트림을 혁신하여 다운스트림에서 성공한다

마이크로소프트의 혁신가들은 조직의 구조와 프로세스, 수익 모델 그리고 협력 파트너를 능동적으로 재검토하고, 필요에 따라 이를 조정하는 모습을 보여주었다. 이러한 혁신의 결과로 마이크로소프트와 파트너 그리고 고객 모두에게 막대한 가치가 창출되었다. 여기에는 몇 가지 전략이 드러났다.

조직 구조를 전략적으로 혁신한다

조직 구조를 혁신한다는 것은 단순히 조직도를 다시 그리는 게 아니었다. 손익에 대한 책임과 의사결정 권한 재분배, 전략적 인재 채용 등 보다 근본적인 요소들을 다시 고려하는 것이 포함되었다. 예를 들어 게임 부문 사례에서는 게임 패스의 출시를 지원하기 위해 게임 스튜디오의 손익 책임을 제거한 점, 다양한 산업과 분야의 인재를 유치하고 유지하기 위해 혁신적인 조직 문화를 도입한 점 등이 언급되었다. 한편 오피스 부문은 제품 팀의 핵심을 재구성하며 디자인을 엔지니어링과 동등한 지위로 격상했다. 사례에서 언급했듯 이러한 변화에 힘입어 혁신적인 전환과 가치 창출이 가능했다.

프로세스를 꾸준히 혁신한다

최고의 혁신가들은 기존의 기업 프로세스를 맹목적으로 따르지 않았다. 그들은 자신의 노력이 고유하다는 점을 인식했고, 따라서 문제 해결을 위해서는 다른 방법이 필요하다는 것도 알았다. 이들은 민첩성을 유지하려고 노력했고, 변화하는 상황에 맞춰 유연한 프로세스를 만들어냈다. 그렇다고 해서 운영상의 규율을 완전히 무시한 것은 아니었다. 혁신가들은 프로세스에 대한 비판적 평가와 반성의 시간을 일부러 마련했으며, 이를 통해 무엇이 효과적이고 그렇지 않은지를 판단하고 조정할 수 있었다.

예를 들어 마이크로소프트 리서치는 초기부터 위험을 감수하는 것이 성공의 핵심이라는 사실을 인식했다. 하지만 기존 마이크로소프트의 보상 체계는 주로 결과에 기반을 두고 있었다. 경영진은 프로세스를 전면적으로 개편하여, 결과뿐만 아니라 의사결정의 질에도 중점을 두도록 했다.

〈책임 있는 혁신〉장에서 설명한 보안 개발 수명 주기(SDL)는 전통적인 소프트웨어 개발 프로세스를 근본적으로 바꿨다. '시프트 레프트' 접근법을 도입하여 보안과 신뢰성 문제를 개발의 마지막 단계가 아닌 시작 단계에서 포함했다.

네트워크를 자주 혁신한다

새로운 지식과 기술은 지속적이고 적응력 있는 혁신에 필수다. 이를 가장 빠르게 얻는 방법은 다양한 조직과 배경을 가진 전문가들과의 협력이다. 핵심은 모든 참여자에게 가치를 창출할 수 있는 효과적이고 효율적인 협업 방법을 배우는 것이다. 코그니티브 서비스 사례는 이를 실제로 보여주는 사례. 팀은 마이크로소프트 내 AI 모델 개발자들과 애저와 같은 유통 채널 사이를 '연결하는' 역할을 담당했다.

수익 모델은 신중하게 혁신한다

가치 창출 방식 못지않게, 어떻게 포착하는지도 중요하다. 이 둘은 동전의 양면과 같다. 하지만 수익 모델을 혁신하는 것은 가장 도전적이고 위험한 일이기도 하다. 기존에 얻던 수익을 잃을 위험은 명확하고 측정가능하지만, 새로운 수익원을 얻을 가능성은 불확실하고 추측의 영역이기 때문이다. 또한 새로운 수익 모델에서 실질적인 이익을 얻기 위해서는 상당한 운영 및 비즈니스 변화가 수반되어야 한다.

그럼에도 불구하고 사례 연구에서는 수익 모델 혁신의 다양한 예가 등장했다. VS Code는 출시부터 지금까지 무료로 제공되고 있다. 무료 모델은 웹 기반 개발자들을 애저 플랫폼으로 유치하는 데 성공하면서 그 가치를 입증했다. Xbox 360은 수십 년간 게임 산업을 지배하던 전통적인 하드웨어 중심 비즈니스 모델을 탈피했다. 대신 Xbox Live와 이후 게임 패스와 같은 구독 서비스를 통해 추가적인 수익을 확보했다.

마이크로소프트 게이밍의 CEO 필 스펜서는 이러한 혁신을 실현하는 것에 대해 다음과 같이 말했다.

30억 명의 사람이 모두 사랑하고 부담 없이 즐길 수 있는 단 하나의 사업 모델이 있을까요? 아마 없을 겁니다. 그렇다면 우리는 어떻게 30억 명에게 기쁨을 줄 수 있을까요? 아마도 우리가 이전부터 해왔던 것들을 깨트려야 할 겁니다. 그리고 분명히, 지금까지 해오던 방식들을 다르게 생각해야 할 겁니다. 바뀐다는 것이 더 흥미로워진다는 뜻이기를 바랍니다. 왜냐하면 우리는 기준을 더 높였기 때문입니다.

즉 진보를 향한 여정은 우리가 기쁘게 하려는 사람들만큼이나 역동적이고 다양해야 한다는 뜻이다. 이를 위해서는 용기와 통찰력으로 새로운 길을 개척해야 한다.

실천 패턴 2: 모두가 파트너다

> "당신이 가진 유일한 도구가 망치라면
> 모든 문제를 못으로 보게 된다."
>
> 에이브러햄 매슬로 Abraham Maslow

업스트림과 다운스트림을 포함한 성공적인 혁신의 핵심 실천 사항은 자신과 다른 도구와 관점을 가진 사람들과 지속 가능한 관계를 구축하는 것이다.

고객을 파트너로 대한다
모든 사례에서 팀들은 사용자를 단순히 소비자가 아니라 공동의 가치를 추구하는 협력 커뮤니티의 필수 구성원으로 여기고 있다. 기존의 마케팅 방식 대신 고객과의 직접적이고 정기적인 대화를 통해 수많은 혁신 기회를 발견해 왔다.

예를 들어 VS Code는 오픈 소스와 극도의 투명성을 바탕으로 개발자 커뮤니티로부터 획기적인 아이디어와 직접적인 코드 기여를 이끌어 낼 수 있었다. 게이밍 부문은 Xbox One의 실패 이후 개발 우선순위를 게임 커뮤니티와 공유하고 특정 투자 항목을 사용자 투표로 결정하면서 회복의 발판을 마련했다. 업계에서 불필요하다고 여기던 하위 호환성은 게이밍 역사상 가장 열렬한 환호를 받은 발표 중 하나였다. 팀은 이러한 방향을 제시한 커뮤니티에 공을 돌리고 있다.

또 다른 흐름은 사용자 중심의 지표를 만들고 이를 텔레메트리(사용자 행동 데이터 수집)와 결합함으로써 사용자 경험의 질을 재무 목표만큼이나 중요한 요소로 다루게 된 것이다. 예를 들어, 오피스팀은 AI가 생성한 콘텐츠 중 사용자가 문서에 얼마나 유지하는지를 측정하는 유지율 지표를 중시했다. 이를 통해 어떤 기능이 사용자에게 잘 작동하고 있고, 어떤 것은 그렇지 않은지를 꾸준히 피드백 받을 수 있었다.

외부 업체를 파트너로 대한다

오늘날처럼 초연결된 세상에서, 특히 팬데믹 이후의 환경에서는 전 세계 인재를 활용하는 것이 전략적 우위를 넘어 경쟁에서 살아남는 필수 요건이 되었다. 그 첫걸음은 특정 업무에 가장 적합한 인재가 반드시 구직 중인 사람일 필요는 없다고 인식하는 것이다. 예산과 시간의 제약으로 인해 모든 역할을 정규직으로 채용하는 것이 항상 가능한 건 아니다. 그러나 컨설턴트, 자문역, 계약 인력 등 외부 계약자를 단순히 공급자가 아닌 파트너로 바라보면 엄청난 가치를 발견할 수 있다.[81]

외부 업체를 파트너로 대하는 것은 근본적인 인식의 전환을 의미한다. 전통적인 고객-공급자 위계를 버리고 모든 협업자가 동등하게 기여할 수 있도록 초대하는 것이다. 이러한 수평적 접근 방식은 팀 내 응집력을 강화하고, 소속과 관계없이 최고의 두뇌를 하나의 목표를 향해 집중할 수 있게 한다. 그 결과, 단순한 거래 관계로는 얻을 수 없는 혁신으로 이어지는 것이다.

파트너를 진정한 파트너로 대한다

마이크로소프트는 언제나 파트너 중심의 기업이었다. 상업 매출의 90퍼센트 이상이 액센츄어Accenture와 같은 대기업부터 마이크로소프트 플랫폼을 활용해 맞춤형 솔루션을 개발하는 소규모 기술 회사에 이르기까지 다양한 파트너 회사를 통해 창출된다.[82] 이러한 환경에서 중요한 실천 중 하나는 파트너들을 혁신 과정에 직접 참여시키는 것이다. 내부와 외부의 파트너 조직은 혁신의 핵심 동반자이자 공동 창조자다. 이 접근 방식은 생태계 내의 벽을 허물고, 아이디어 구상부터 고객 전달에 이르기까지 모든 비즈니스 기능과 이해관계자를 통합한다. 이러한 다양성은 혁신의 범위를 기존 제품 영역을 넘어 더 넓게 확장시킨다.

예를 들어, 게이밍은 콘솔과 게임 개발자 키트 같은 전문 소프트웨어 도구를 동시에 개발하는 전략을 채택했다. 이는 게임 유통사들이 가능성의 한계를 넘어갈 수 있도록 지원한다. 마이크로소프트 리서치는 기업 연구 조직에서는 드물게 공개 출판 정책을 채택하여 학계와 긴밀하고 투명하게 협력할 수 있도록 한 것도 마찬가지다.

여기서 중요한 점은 끊임없는 변화의 속도가 자칫 모든 파트너십을 단순한 거래 관계로 전락시킬 수 있다는 것이다. 진정한 혁신을 이루기 위해서는 생태계 전반에 걸쳐 공생 관계를 구축해야 한다. 사례 연구에서 확인할 수 있듯이, 공생하지 않고 획기적인 성공은 어렵다.

실천 패턴 3: 상리공생 관계 만들기

자연계에서 두 개 이상의 종이 서로 영향을 주고받는 관계를 공생이라고 하며, 공생 가운데 모든 참여자가 이익을 얻는 관계를 '상리공생mutualism'이라고 한다. 대표적인 예로 수분(꽃가루받이)이 있다. 벌이나 새, 나비 등의 동물은 꿀을 얻는 동안 식물의 수분을 돕는다. 식물은 꽃가루가 퍼져 번식에 도움이 되고, 동물들은 먹이를 얻는다.

단순한 윈-윈 관계처럼 보일 수 있지만 실제로는 훨씬 더 복잡한 관계다. 윈-윈은 일회성 거래에서도 성립할 수 있지만 상리공생에는 동적인 상호작용이 필요하다. 각 참여자의 성공이 서로의 성공을 뒷받침하는 관계로, 지속적이고 적응력 있는 혁신을 위해 필요한 관계 유형이다.

자연에서의 상호주의를 혁신에 적용할 수 있도록 자연 모방 방법론을 개발한 컨설팅 회사 바이오미미크리3.8Biomimicry 3.8은 상리공생 관계를 다음의 네 가지 기준으로 정의했다.[83]

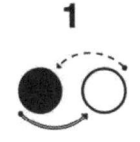 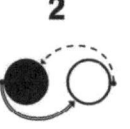  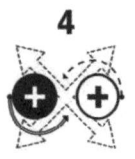

1. 가치 교환은 서로 다른 자원이나 서비스 간에 이루어진다.
2. 자원과 서비스는 상대방에게 쉽게 제공할 수 있는 것이다.
3. 파트너는 서로에게 그리고 변화하는 환경에 반응하고 적응한다.
4. 이는 각 당사자에게 순이익을 창출하며, 강화되는 피드백 루프를 형성한다.

그림 12.2 바이오미미크리3.8: 상리공생의 조건

혁신에서 상리공생이 작동하려면 각 파트너가 관계에 고유한 무언가를 제공해야 한다. 이는 지식 자본일 수도 있고 벤처 자본일 수도 있으며 디자인이나 엔지니어링 역량일 수도 있다. 중요한 것은 상대방에게 필요한 것을 제공해야 한다. 두 당사자의 역량이 겹치는 부분이 많을수록 협업의 가치는 줄어들게 된다.

각 파트너는 지속적이고 안정적으로 자원이나 역량을 제공할 수 있어야 한다. 제공이 어렵거나 일관성을 지키지 못하면 그 관계는 긴장되고 결국에는 유지하기 힘들어진다.

관계는 매우 동적인 것이다. 사람도 바뀌고 예산도 바뀌고 전략도 바뀐다. 게다가 파트너십을 둘러싼 비즈니스 환경도 시간이 지남에 따라 변할 것이다. (때로는 하루아침에 바뀌기도 한다) 이러한 변화에 적응할 수 있어야 관계가 지속적으로 서로에게 이익이 된다.

이 모든 기준이 충족되면 양측 모두 궁극적으로 이익을 얻게 된다.

각 파트너는 시간, 돈, 다른 자원과 같은 비용이 드는 무언가를 제공하고, 그 대가로 더 큰 이익이 되는 필요를 충족한다.

이 네 가지 기준을 충족하는 관계는 '긍정적 강화 피드백 루프positive reinforcing feedback loop'를 형성한다. 이는 시간이 지날수록 모두에게 성장과 이익이 되는 관계다. VS Code팀은 이를 실천으로 보여주었다. 커뮤니티 피드백에 응답하여 매달 고품질의 업데이트를 제공했고, 이는 충성도 높은 커뮤니티를 만들었다. 그리고 그 커뮤니티로부터 더 많은 피드백을 이끌어냈다.

이제 긍정적 피드백 루프를 만들어내는 개념과 도구를 살펴보자.

피드백 루프: 수요와 공급의 매핑

피드백 루프는 다양한 분야에 존재하는 개념이다. 사용자 피드백과 관련한 사례 연구에서도 여러 번 언급되었다. 분야가 무엇이든, 피드백 루프의 본질은 시스템 내에서의 원인과 결과를 설명한다는 것이다. 긍정적(강화) 피드백 루프는 시스템의 특정 측면을 증폭시키고, 부정적(균형) 루프는 특정 측면을 억제한다.

그 결과로 생성된 다이어그램은 단순하다. 예를 들어, 고객과 제품 사이의 피드백 루프는 하나의 원인과 하나의 결과만 포함할 수 있다. 여러 개의 원인과 결과를 포함하는 복잡한 다이어그램도 가능하다. 다이

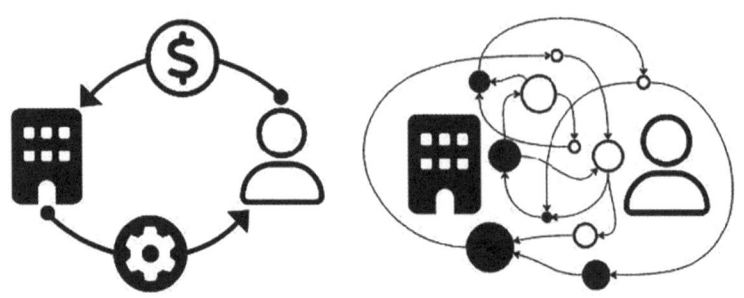

그림 12.3 단순한 피드백 루프(왼쪽)와 복잡한 피드백 루프(오른쪽)

어그램의 복잡성은 그 자체가 목표는 아니다. 그러나 다이어그램이 자세할수록 상호이익이 되는 관계를 지원할 수 있는 수요와 공급을 식별할 기회가 더 많아진다. 그림 12.3의 두 다이어그램을 사용하여 새로운 무언가를 설계한다면 전혀 다른 해결책이 나올 수 있다.

왼쪽 다이어그램이 한 회사와 고객의 관계를 나타낸다고 가정해 보자. 회사는 돈이 필요하므로 고객이 필요로 하는 기능을 담은 제품을 제공한다. 그 기능이 필요한 고객은 회사에 돈을 지불하고 제품을 구입한다. 이는 단순한 긍정적 강화 피드백 루프다. (기능에 대한 돈, 돈에 대한 기능) 하지만 혁신할 수 있는 기회는 많지 않다.

오른쪽 다이어그램에서 추가된 노드는 회사와 고객의 다양한 요구사항을 나타낸다. 회사의 경우라면 돈, 브랜드 인지도, 사용자 수, 유통 파트너, 새로운 성장 영역 등을 의미할 수 있다. 고객의 경우 이것은 제품 기능, 관련 워크플로 완료, 팀원과의 협업, 전문성의 입증 등을 의미할 수 있다. 양측의 맥락을 확장하면 서로의 요구와 제안의 연결 기회를 더 많이 만들 수 있다. 여기에 실천 패턴 3의 상리공생에서 언급한 파트너, 시간, 기타 맥락적 차원을 추가하면 선택지는 더욱 다양해진다. 이를테면 신규 고객의 요구사항은 제품을 수년간 사용한 기존 고객의 요구와 같을까? 회사는 이제 막 시작한 단계인가 아니면 오랜 기간 운영되었는가? 회사가 필요한 것은 수익인가 시장 점유율인가? 문화적, 사회적 차이는 사용자의 상호작용에 어떤 영향을 미칠까? 이처럼 나이, 사용 기간, 위치, 사회적 규범, 규제 등 다양한 차원을 탐색함으로써 상호 가치 창출의 숨겨진 기회와 장애물을 발견할 수 있다.

모두 종합해 보면

마이크로소프트의 폭 넓고 성공적인 혁신 방식을 이해하기 위해서는 마지막으로 한 가지 요소가 더 필요하다. 바로 마이크로소프트 리서치(MSR)이다. 사례 연구에서 보았듯, MSR은 마이크로소프트의 필수 부분이다. 많은 기업 연구소처럼 별도로 분리된 조직이 아니다. MSR의 설립 목적이자 지속적인 사명은 최첨단 기술을 선도하는 동시에 제품 그룹과 함께 마이크로소프트의 미래를 공동 창조하는 것이다. 이 두 가지 차원을 실제로 연결하기는 무척 어려울 수 있다. 코닥과 제록스가 유망한 연구 성과를 상업화하지 못한 것이 그 예다. 하지만 이

두 가지 차원이 잘 구조화되면 꽤 자연스럽게 어울릴 수 있다.

〈마이크로소프트 리서치〉장에서 소개한 파스퇴르 사분면 프레임워크를 떠올려 보자. 이 프레임워크는 세 가지 연구 유형을 두 가치 차원에서 정의한다. 순수 기초 연구(보어), 실용적 기초 연구(파스퇴르), 응용 연구(에디슨)를 '지식 발전'과 '응용 가능성'(기존 문제 해결) 차원을 사용하여 그림 12.4의 왼쪽 면처럼 표현할 수 있다. 피사노의 혁신 지형도(그림 12.1)의 X축과 Y축 방향을 바꾸면 오른쪽 면에 정확히 맞춰진다. 이 두 프레임워크를 결합하면, 단순한 호기심 기반 탐색부터 종종 간과되는 비즈니스 전환 기회까지 아우르는, 종단 간 혁신 전략을 위한 가이

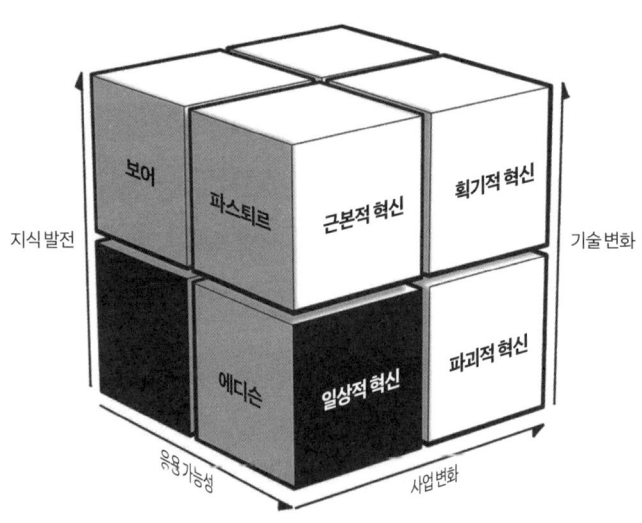

그림 12.4 파스퇴르-피사노 혁신 구성

드가 완성된다. 조앤은 이것을 파스퇴르-피사노 혁신 구성Pasteur-Pisano Innovation Configuration, 간단하게는 혁신 구성이라고 부른다.

    마이크로소프트에서는 다양한 혁신 유형에 대한 초점이 회사 전반에 걸쳐 각 팀에 분산되어 있다. 이는 혁신 구성의 모든 측면을 포함한다. MSR은 보어와 파스퇴르 사분면을 우선시하며, 따라서 근본적 혁신에 중점을 둔다. 비즈니스 그룹 내 팀들은 에디슨/일상적 혁신 블록을 주로 담당하며 종종 MSR과 협력하여 근본적 혁신을 주도한다. 비즈니스 그룹의 고위 리더십과 회사 경영진은 파괴적 혁신과 획기적 혁신을 주도한다. 이러한 노력은 일반적으로 복잡한 내부 및 외부 협업이 필요하며 더 큰 변화로 이어진다. 각 혁신 영역에 대한 책임은 명확한 선이 아니라 이 책 전반에서 논의한 강력한 협업 문화로 형성된 모호한 경계로 정의된다.

    빙의 딥러닝 전문성 개발은 '블록 중심' 혁신의 좋은 사례다. 빙은 딥러닝 기술이 초기 단계였을 때 도입했고, 이후 MSR과 학계의 AI 과학자들과 협력하여 전문성을 갖추었다. 이는 파스퇴르 사분면과 보어 사분면의 경계에 있는 근본적 혁신의 사례로, 실용적 기초 연구가 기술 변화로 이어졌다. 빙팀은 이러한 진보를 활용하여 검색 경험을 사용자 중심의 AI 비서 코파일럿으로 재구성하고 재개발했다. 이 과정에서 기술과 비즈니스가 모두 변해야 했다. 따라서 이 노력은 획기적 혁신 범주에 해당한다. 빙은 이러한 발전을 회사 전반의 다른 제품들과 공유했다. 사실상 마이크로소프트의 제품과 회사 전체가 이제 이 혁신 경로를 따르고 있는 셈이다.

블록 중심 혁신은 실현하기 어려운 과업이며, 이 책에서 제시된 모든 내용을 종합한 결과물이다. 구성 요소들을 이해하고 마이크로소프트 내부에서 어떻게 적용되었는지를 살펴봄으로써, 혁신 구성을 활용하여 팀을 새로운 차원으로 이끌 수 있다.

추가 실천 방법

딘 눈에 잘 띄지는 않지만 가장 자주 사용하는 기술 중 하나가 조직 전반에 걸쳐 결정 권한을 설정하는 것이다. 기업 환경에서 결정 권한이란 어떤 그룹이나 개인이 어떤 유형의 결정을 내릴 수 있는 힘이 있는지를 뜻한다.[84] 혁신은 조직을 미지의 영역으로 이끌기 때문에 이와 관련된 결정 권한이 명확히 정의되어 있지 않은 경우가 많다. 그 결과 비효율적인 의사결정을 하게 된다. 최악의 경우에는 팀 간 갈등과 불화로 이어질 수 있다.

이러한 모호성을 완화하는 데 유용한 도구가 RACI 워크숍이다. RACI는 다음의 역할을 의미한다.

> **책임자(Responsible, R):** 특정 작업을 직접 수행하는 사람 또는 그룹이다. 작업을 완료하거나 전달하는 데 필요한 결정 권한을 가진다. 프로젝트의 측면이 다양하면 여러 명이 책임자가 될 수 있다.
>
> **최종 책임자(Accountable, A):** 프로젝트의 모든 작업을 감독하는 사람이다. 책임자들이 프로젝트의 기대치를 이해하고 정해진 시간 내에 작업을 완료하도록 보장할 책임이 있다.
>
> **자문역(Consulted, C):** 작업에 대한 의견이나 피드백을 제공하는 사람이다. 프로젝트 결과에 이해관계가 있지만 이들의 의견은 조

언으로 참고할 수 있다.

통보 대상자(Informed, I): 프로젝트 진행 상황에 대한 알림이나 업데이트를 받는다. 공식적인 결정 권한은 없다.

RACI 워크숍은 혁신 프로젝트에 참여하는 모든 조직이 모여 의사결정 권한을 명확히 하고 공식화하는 자리다. 보통 두세 시간이면 완료된다. 누가 어떤 결정을 내릴 수 있는지에 대한 오해와 혼란으로 인해 낭비될 수 있는 몇 주 혹은 몇 달의 시간을 절약할 수 있다. 혁신을 가능하게 하는 유동적인 조직 환경에서 꼭 필요한 도구다.

조앤 우리 팀이 오랫동안 사용해 온 핵심 실천 중 하나는 외부 업체까지 포함해 파트너로 대하는 것이다. 마이크로소프트 같은 큰 조직조차 모든 역할을 정규직으로 채용할 여유는 없다. 게다가 모든 역할이 항상 정규직으로 필요한 것도 아니다. 외부 업체는 내가 구성한 다분야 팀에 필수적인 구성원이었다.

이러한 수평적 환경을 조성하기 위해 우리는 "투박하게 말하자"라는 원칙을 도입했다. 누군가에게 "투박해도 괜찮아요"라고 요청하거나, 발언하기 전에 "투박하게 말하면"이라고 하는 것은 누군가를 불쾌하게 할까 봐 걱정하지 말고 질문이나 아이디어를 최대한 빨리 공유하자는 신호이다. '있는 그대로 말하고 함께 다듬자'라는 것이다. 우리가 혁신의 자리에 있을 때, 그것이 실제 회의실이든 온라인 공간이든 혹은 비유적인 표현이든, 우리는 하나의 팀이며 모두 동등한 구성원이다. 그 자리에서는 직책도, 소속도, 자존심도 잠시 내려놓는다.

결론

이 책은 일련의 대화에서 출발했다. 우리는 스스로 질문을 던졌다. 마이크로소프트에는 혁신에 대한 보편적 진리가 존재할까? 회사 안팎에서 나눈 이야기들을 바탕으로 우리는 그러한 진리가 존재하며, 그것을 발견할 수 있을 것이라는 첫 번째 가설을 세웠다. 이에 따라 본격적인 작업에 착수했고, 두 가지 가설을 더 세웠다. 두 번째 가설은 마이크로소프트의 혁신 사례들을 수집하고 요약하는 일이 회사 구성원 모두에게 유용하다는 것이었다. 세 번째 가설은 마이크로소프트의 경험이 외부의 혁신가들에게도 의미 있는 통찰을 제공할 수 있다는 것이었다. 인터뷰를 진행하면서 첫 번째와 두 번째 가설은 매우 타당하다고 입증되었다. 그러나 진정으로 놀라웠던 것은 세 번째 가설의 타당성이었다. 혁신 패턴들은 마이크로소프트나 기술 산업에 국한되지 않고 효과가 있었다. 혁신 패턴에서 소개한 도구, 사고방식, 협업 방식은 산업의 규모나 분야와 무관하게 어느 기업에서든 적용할 수 있었다. 우리의 노력을 통해 얻은 교훈은 다음 세 가지 기본 원칙으로 요약할 수 있다.

기본 원칙 1: 혁신은 회사 전체의 노력이다

이것은 우리가 조사한 모든 사례에서 가장 일관되게 나타나는 주제였다. 각 팀은 상부 조직과 강하게 연결되어 있었다. 하부 조직과도 영업 및 마케팅 부서를 통해 연결고리를 가지고 있었으며, 무엇보다 고객과의 연결이 탄탄했다. 이들은 혁신을 특정 부서만의 책임으로 여기지 않고 회사 전체가 협력하는 과정으로 인식했다.

하지만 단순히 혁신이 회사 전체의 노력이라고 말하는 것으로는 충분하지 않다. 장벽을 허무는 구체적인 행동이 필요하다. 서로 다른 분야 간에도 새로운 개념을 명확히 논의할 수 있도록 공통 언어를 개발해야 한다. 팀 사이의 격차를 좁히고 중재하며 협업을 촉진할 수 있는 '경계를 넘나드는 인재'를 찾아내고 권한을 부여해야 한다.(《패턴 2: 수년간의 혁신》 참조) 그리고 오피스의 증강 루프와 같이 공동 창작의 기술적 장애물을 줄이는 도구를 개발해야 한다.

전사적 혁신은 본질적으로 '일상' 업무를 넘어서는 것이며 조직도와 재무제표의 경계를 초월해 시간과 인재, 자원을 투자해야 한다. 이를 위해서는 최고경영자와 주요 경영진의 지원이 필수적이다. 물론 이런 혁신은 풀뿌리 차원에서도 시작될 수 있지만, 장기적으로 성공하려면 고위 경영진의 지속적인 지지와 참여가 필요하다. 경영진은 전략적 인내심이라는 특권을 갖고 있다. 변혁적 가치를 실현하기 위해 반드시 필요한 부분이다.

기본 원칙 2: 혁신은 순환한다

조립 라인이 등장한 이후로 기업들은 선형적으로 사고하고 사업을 운영하려는 경향이 있다. 프로세스와 목표는 명확한 시작과 끝이 있다. 파워포인트의 기본 설정도 왼쪽에서 오른쪽으로 흐르는 이미지에 적합한 가로 방향이다. '업트스림'과 '다운스트림' 같은 용어조차 한 방향적 흐름을 전제한다. (물론 우리도 예외는 아니다!) 일상의 비즈니스는 마치 저항이 가장 적은 경로를 따라 흐르는 강물과 같다.

하지만 혁신은 선형적인 것이 아니다. 혁신은 순환적이다. 가정을 설정하고, 가설을 수립한 뒤 질문을 던지고, 해답을 모색하고, 막다른 길에 부딪히다가 돌파구를 찾는 과정이다. 확산과 수렴, 종합을 반복한다. (〈패턴 1: 매일 혁신〉 참조) 혁신은 바다와 같아서 그 흐름은 끊임없이 순환한다. 이 책에 소개된 사례들과 같은 결과를 얻고 싶다면 더욱 그렇다. 하지만 진전의 파도는 솟구치고 부서지기를 반복한다.

모든 사례 연구에서 팀들은 이 순환성을 받아들였다. 이는 '플라이트'와 '플라이트 리뷰'(〈빙〉장 참조) 같은 일상적인 프로세스에 자연스럽게 녹아 있었고, 제품과 서비스는 물론 조직 문화와 커뮤니티 전반에 걸쳐 실험을 통해 실현되었다. 이들은 불편함에 익숙해지는 능력으로 이 순환적 사고를 체화했다.

〈패턴 1: 매일 혁신〉에서 설명한 확산적 탐색은 특히 운영 중심의 기업들에게는 상당히 불편한 일이다. 익숙한 자리에서 벗어나 여러 방향으로 모색하는 일은 표준 운영 절차, 납품 일정, 기타 규율 중심의 사고 방식에 익숙한 기업들의 직관에는 반하는 행동이다. 확산적 사고는 마치 물속에서 숨을 참는 것과 같다. 자연스럽게 다시 수면 위로 올라가고 싶은 일이다.

하지만 최고 혁신가들은 다른 누구보다 더 멀리 확산하는 법을 익혔다. 더 깊이 잠수하고 가능성의 세계 속에 더 오래 머물며, 마침내 수면 위로 오를 때는 강력한 통찰을 가지고 나온다. 그렇게 얻은 통찰은 혁신의 순환 고리를 앞으로 밀어주는 원동력이 된다.

기본 원칙 3: 혁신은 신뢰 위에서 움직인다

혁신은 본질적으로 변화다. 기술과 비즈니스 모델을 동시에 혁신하는 복합적인 변화는 가장 큰 가치를 창출한다.(《패턴 4: 기술 이상의 혁신》 참조) 하지만 사람들은 대부분 변화를 좋아하지 않으며 특히 복잡한 변화는 더욱 그렇다. 이것이 혁신가들이 마주하는 어려움이다.

이 어려움을 헤쳐 나가게 하는 힘은 신뢰다. 리더의 관점에서는 결과와 관계없이 잘 계획된 도전이 보상받는 환경을 만드는 것이 신뢰를 만드는 일이었다. 협업자들에게는 자신의 기여가 평가 절하되지 않을 것을 믿고 기꺼이 공로를 나누는 것이 신뢰를 쌓는 일이었다. 고객에게는 내부자처럼 정보에 접근하고 양방향 대화를 가능하게 함으로써 신뢰를 얻고, 질 높은 관계 형성이 충성도를 높이는 결과로 이어졌다.

투명성, 일관성, 책임감. 이 세 가지는 우리가 조사한 사례들에 반복해서 등장했다. 우리가 만난 팀들은 내부와 외부 모두에서 신뢰를 기반으로 한 관계 형성을 최우선으로 삼았다.

물론 마이크로소프트도 이 점에서 완벽한 건 아니다. 여전히 부서 사이에 단절이 존재하고 경쟁 구도가 나타나기도 한다. 하지만 사례 연구에서 가장 혁신적인 팀들은 신뢰 기반의 관계를 만들고 유지하는 방법을 알고 있었다.(〈패턴 3: 모두가 함께하는 혁신〉 참조) 공감과 겸손은 실천하는 것이었다. 문화는 동사verb다.

맺음말

혹시 우리가 마이크로소프트를 지나치게 응원하는 것처럼 들렸다면 그것은 우리가 진행한 모든 인터뷰에서 긍정적인 에너지를 많이 받았기 때문일 것이다. 우리가 만난 모든 혁신가는 우리가 '진지한 기쁨'이라고도 일컫는 특성을 보여주었다. 그들은 자기 일의 중요성을 매우 진지하게 받아들였고 최고 수준의 집중력과 실행력을 가지고 일에 임했다. 동시에 주변에 전염될 정도로 열정적이고 낙관적이며 기쁨에 차 있었다. 그들은 혁신이 어렵다는 것을 인정하면서도 그 어려움 자체를 즐거움의 반으로 여겼다. 나머지 절반은 혁신에 참여하는 모두에게 가져다주는 혜택이라고 생각했다.

그리고 이것이 이 책 전체에서 가장 중요한 메시지다. 자기 일에 혁신적인 요소를 더할수록 그 일이 더욱 흥미롭고 즐거워진다. 이것은 진지함이나 집중력, 규율과 충돌하는 게 아니다. 사실 이 세 가지는 성공적인 혁신을 이루는 핵심 요소다.

대화는 계속되어야 한다

이 책은 한 번의 대화에서 시작되었다. 우리는 이 대화를 여러분과 계속 이어나가고 싶다. 마이크로소프트의 혁신 이야기를 더 많이 전달하고 여러분의 경험도 듣고 싶다. 부디 함께 해주시길, 앞으로도 계속!

www.innovationatmicrosoft.com

감사의 글

감사한 분들이 많다. 먼저 귀한 시간과 이야기를 나눠준 분들에게 깊은 감사를 전한다. 데이브 올드Dave Auld, 로비 바흐Robbie Bach, 수밋 초한Sumit Chauhan, 카림 초드리Kareem Choudhry, 페니 콜리슨Penny Collison, 크리스 디아스Chris Dias, 수전 두메이Susan Dumais, 존 프리드먼Jon Friedman, 에릭 감마Erich Gamma, 에릭 호비츠Eric Horvitz, 쉐동 황Xuedong (XD) Huang, 루카스 조파Lucas Joppa, 유팅 쿠오Yu-Ting Kuo, 줄리아 리우슨Julia Liuson, 케이트 루Kate Luu, 카이 메첼Kai Maetzel, 젠 마틴Jen Martin, 세라 맥기Sarah McGee, 트리시 마이너Trish Miner, 에릭 피터슨Eric Peterson, 조르디 리바스Jordi Ribas, 애나 로스Anna Roth, 디나 손더스Dena Saunders, 마이클 섹터Micheal Schechter, 애비게일 셀렌Abigail Sellen, 로한 샤Rohan Shah, 해리 섬Harry Shum, 필 스펜서Phil Spencer, 팀 스튜어트Tim Stuart, 패티 티보도Patti Thibodeau, 줄리아나 티오안다Juliana Tioanda, 사우랍 티와리Saurabh Tiwary, 그리고 대니얼 배런Daniel Varon. 이 분들이 없었다면 이 책은 존재할 수 없었을 것이다. 그리고 과거와 현재의 마이크로소프트를 있게 한 모든 분께도 감사하다.

우리 팀에도 고마운 마음을 전한다. 글쓰기 코치이자 파트너인 마이크 데이비스Mike Davis와 래리 로버트슨Larry Robertson, 교정자이자 조앤의 평생 친구인 제이미 진스Jaimee Zins, 시각디자이너 리처드 보르게

Richard Borge, 댄 그린월드Dan Greenwald, 켄트 필처Kent Pilcher, 리서치 인턴 애덤 고프Adam Gough와 이만 칸바이Iman Khanbhai 그리고 이들을 소개해 준 캐리 크로신스키Cary Krosinsky. 독자이자 검토자 역할을 해준 테일러 블랙Taylor Black, 플라비아 코르테스 캐리그넌Flavia Cortes Carignan, 테리 에반스Teri Evans, 제인 메이시Jane Macey, 케빈 맥가헤이Kevin McGahey, 테리 선Teri Sun. 편집자 데비 잉글랜더Debby Englander와 케이틀린 버뎃Caitlin Burdette, 그리고 포스트 힐 프레스Post Hill Press 팀 전체에게 감사드린다.

우리 두 사람 모두 책을 쓰는 것이 처음이었다. 이 여정을 함께 해준 수많은 이들의 너그러움과 지지가 있었기에, 벌써부터 우리는 다음 기회를 기대하고 있다.

| 주석 |

1   Phil Spencer, "Building a Living and Learning Company Culture with Phil Spencer - DICE 2018," YouTube, IGN, February 21, 2018, video, 45:09, https://www.youtube.com/watch?v=zXg1mEVwpIw.

2   Ulunma. "Before Facebook There Was… Friendster?Yes, That's Right!" Digital Innovation and Transformation, March 21, 2020. https://d3.harvard.edu/platform-digit/submission/before-facebook-there-wasfriendster-yes-thats-right/.

3   Gregory DeVictor, "Year 2002 Fun Facts, Trivia, and History," HobbyLark, June 7, 2024, https://hobbylark.com/party-games/2002-Fun-Facts-Trivia#:~:text=Back%20in%20the%20year%202002,%2C%20Shakira%2C%20and%20Star%20Wars; John B. Horrigan and Lee Rainie, "Main Report: The Broadband Difference," Pew Research Center, June 23, 2002, https://www.pewresearch.org/internet/2002/06/23/main-report-thebroadband-difference/.

4   손익계산서(P&L): 손익계산서는 일정 기간 기업이 얼마를 벌고 지출했는지를 보여준다. 손익계산서를 관리하는 것은 전통적으로 고위 경영진의 역할로 인식됐다.

5   "Kinect," Wikipedia, February 1, 2024, https://en.wikipedia.org/wiki/Kinect#Sales.

6   "Xbox," Encyclopedia Britannica, June 29, 2024, https://www.britannica.com/technology/Xbox.

7   Nick Jasuja, "PlayStation 4 vs. Xbox One," Diffen, accessed January 7, 2024, https://www.diffen.com/difference/PlayStation_4_vs_Xbox_One.

8   고객의 '기쁨'을 창출하는 것은 제품 관리자와 인터랙션 디자이너들의 일반적인 목표다.

9   Daniel Hollis, "Looking Back at the E3 That Delivered Xbox Backwards Compatibility," Pure Xbox, June 7, 2021, https://www.purexbox.com/news/2021/06/feature_looking_back_at_the_e3_that_delivered_xbox_backwards_compatibility.

10 Marko Dimitrievski, "33 Evolutionary Gaming Statistics of 2024," TrueList, February 17, 2024, https://truelist.co/blog/gaming-statistics/.

11 Steve Watts, "Why Xbox Game Pass Is So Attractive for Devs, Whether It Cannibalizes Sales or Not," GameSpot, March 24, 2023, https://www.gamespot.com/articles/why-xbox-game-pass-is-so-attractive-for-devs-whetherit-cannibalizes-sales-or-not/1100-6512698/.

12 Kumar Mehta, The Innovation Biome: A Sustained Business Environment Where Innovation Thrives (Boston, MA: Harvard Business Review Press, 2017), 40.

13 "Top Ide Top Integrated Development Environment Index," TOP IDE index, December 2023. https://pypl.github.io/IDE.html.

14 Clayton M. Christensen, The Innovator's Dilemma (Boston, MA: Harvard Business Review Press, 2016), 180.

15 Marcus Cross, "Top 5 Free & Premium Code Editors(Hand-Picked)," Crocoblock, January 15, 2024, https://crocoblock.com/blog/best-code-editors/.

16 "Eating Your Own Dog Food," Wikipedia, December 23, 2023, https://en.wikipedia.org/wiki/Eating_your_own_dog_food.

17 마이크로소프트는 2018년에 깃허브를 인수했다.

18 마이크로소프트는 2022년 11월에 오피스 제품군을 마이크로소프트 365로 브랜드를 변경했다.

19 "Good Design," Interaction Design Foundation, accessed January 12, 2024, https://www.interaction-design.org/literature/topics/good-design.

20 "What Is Disruptive Innovation?" Harvard Business Review, December 2015, https://hbr.org/2015/12/what-is-disruptive-innovation.

21 "Microsoft Windows," Encyclopedia Britannica, July 2, 2024, https://www.britannica.com/technology/Microsoft-Windows.

22 Jordan Novet, "Bill Gates Says Letting Android Win Mobile Was His 'Biggest Mistake' at Microsoft," CNBC, October 15, 2020, https://www.cnbc.com/2019/06/24/bill-gates-why-microsoft-missed-mobile-and-letandroid-get-ahead.html.

23 "Brad Rutter," Wikipedia, January 7, 2024, https://en.wikipedia.org/wiki/Brad_Rutter; "Ken Jennings," Wikipedia, January 15, 2024, https://en.wikipedia.org/wiki/Ken_Jennings.

24 Allison Linn, "Microsoft's Project Oxford Helps Developers Build More Intelligent Apps," Microsoft: The AI Blog, May 6, 2015, https://blogs.microsoft.com/ai/microsofts-project-oxford-helps-developers-buildmore-intelligent-apps/.

25 "Committed to Our Culture," Microsoft Careers, accessed February 23, 2024, https://careers.microsoft.com/v2/global/en/culture.

26 Nikitina, Julia. "Cognitive Services Announced at //Build 2016: Azure Blog: Microsoft Azure," Azure Blog, May 11, 2023, https://azure.microsoft.com/de-de/blog/cognitive-service-2016-03-30/.

27 John Roach, "Microsoft Improves Facial Recognition to Perform Well Across All Skin Tones," AI Blog, June 26, 2018, https://blogs.microsoft.com/ai/gender-skin-tone-facial-recognition-improvement/.

28 "Whole Earth Catalog," Wikipedia, accessed February 23, 2024, https://en.wikipedia.org/wiki/Whole_Earth_Catalog#cite_note-4.

29 David Gann, "Kodak Invented the Digital Camera – Then Killed It. Why Innovation Often Fails," World Economic Forum, June 23, 2016, https://www.weforum.org/agenda/2016/06/leading-innovation-throughthe-chicanes/.

30 "Xerox Alto," Wikipedia, accessed January 23, 2024, https://en.wikipedia.org/wiki/Xerox_Alto.31 Lazonick, William and Matt Hopkins. "How Intel Financialized and Lost Leadership in Semiconductor Fabrication." Institute for New Economic Thinking. Accessed February 12, 2024. https://www.ineteconomics.org/perspectives/blog/how-intel-financialized-and-lostleadership-in-semiconductor-fabrication.

32 파스퇴르 사분면의 실제 응용에 대해 더 알고 싶다면 레기나 E. 두건Regina E. Dugan과 켄 개브리엘Kaigham J.Gabriel이 2013년 10월에 《하버드비즈니스리뷰》에 게재한 다음 링크의 기사를 참고하면 된다. https://hbr.org/2013/10/special-forces-innovation-how-darpa-attacks-problems

33 "The Meteoric Rise of Microsoft Research: An Oral History," Microsoft Research Blog, September 26, 2006, www.microsoft.com/en-us/research/blog/meteoricrise-microsoft-research-oral-history.

34 "Microsoft Research Timeline: 1991-2001," Microsoft News, September 5, 2001, https://news.microsoft.com/2001/09/05/microsoft-research-timeline-1991-2001/.

35 "Global Mobile Phone Shipments Top 1 Billion Units in 2006," Strategy Analytics, January 24, 2007, https://www4.strategyanalytics.com/default.aspx?mod=pressreleasevie wer&a0=3260.

36 Christensen, Innovator's Dilemma, 24.

37 Salil Vadhan, "Letter re closing of Microsoft Research Silicon Valley," Theory Matters (blog), October 14, 2014, https://thmatters.wordpress.com/2014/10/14/letter-reclosing-of-microsoft-research-silicon-valley/.

38 "Top Search Engine Market Share in March 2022." n.d.Similarweb. https://www.similarweb.com/engines/.

39 덕덕고는 조앤의 고향인 펜실베이니아주 필라델피아 지역에서 만들어졌다. 사파리Safari가 브라우저 목록에서 당연히 세 번째로 언급되어야 하지만, 우리는 친구들과 이웃을 기꺼이 강조하고자 한다.

40 Nick Routley, "Internet Browser Market Share (1996-2019)," Visual Capitalist, January 20, 2020, https://www.visualcapitalist.com/internet-browser-market-share/.

41 Michael Calore, "Sept. 28, 1998: Internet Explorer Leaves Netscape in Its Wake." Wired, September 28, 2009, https://www.wired.com/2009/09/0928ie-beats-netscape/.42 Kurt Eichenwald, "Microsoft's Lost Decade," Vanity Fair, July 24, 2012, https://www.vanityfair.com/news/business/2012/08/microsoft-lost-mojo-steve-ballmer.

43 Saul Hansell, "Where Does Microsoft Want You to Go Today?: The New Strategy: Keep Web Surfers Busy with a Series of MSN Sites," The New York Times, November 16, 1998, https://www.nytimes.com/1998/11/16/business/where-does-microsoft-want-you-go-today-new-strategykeep-web-surfers-busy-with.html.

44 "Sergey Brin and Larry Page," Lemelson MIT, accessed February 22, 2024, https://lemelson.mit.edu/resources/sergey-brin-and-larry-page.

45 Google, "Google Announces First Quarter 2008 Results," news release, April 17, 2008,

https://www.sec.gov/Archives/edgar/data/1288776/000119312508083665/dex991.htm.

46 Microsoft, Annual Report 2006, (Redmond, WA: Microsoft, 2006), https://www.microsoft.com/investor/reports/ar06/staticversion/10k_dl_dow.html.

47 Larry, Keeley et al., Ten Types of Innovation: The Discipline of Building Breakthroughs (New York, NY: John Wiley & Sons, 2013), 119.

48 "Search Engine Market Share Worldwide," Statcounter Global Stats, accessed January 7, 2024, https://gs.statcounter.com/search-engine-market-share#monthly-201201-201212.

49 사디아 나델라는 빙의 책임자로 근무한 후 애저 클라우드 사업부를 이끌었고, 이후 CEO 직을 맡았다.

50 Brian Dean, "Microsoft Bing Usage and Revenue Stats(New Data)," Backlinko, February 27, 2024, https://backlinko.com/bing-users.

51 Kaveh Kamali, "The Revolution of Deep Learning in 2012: A Paradigm Shift in Artificial Intelligence," Medium, September 22, 2023. https://medium.com/@kaveh.kamali/the-revolution-of-deep-learning-in-2012-a-paradigm-shift-in-artificial-intelligence-d4fdbfa87a42.

52 John Hughes and Lawrence Atkins, "GPT-4: How Does It Work?" Speechmatics, March 14, 2023, https://www.speechmatics.com/company/articles-and-news/gpt-4-how-does-it-work.

53 Yusuf Mehdi, "Confirmed: The New Bing Runs on OpenAI's GPT-4," Microsoft Bing Blog, March 14, 2023, https://blogs.bing.com/search/march_2023/Confirmedthe-new-Bing-runs-on-OpenAI%E2%80%99s-GPT-4.

54 Natasha Crampton, "Reflecting on Our Responsible AI Program: Three Critical Elements for Progress," Microsoft On the Issues, May 1, 2023. https://blogs.microsoft.com/on-the-issues/2023/05/01/responsible-ai-standardsprinciples-governance-progress/.

55 "OpenAI Charter," OpenAI, accessed April 9, 2018, https://openai.com/charter.

56 Regina Bailey, "Guide to the Six Kingdoms of Life," ThoughtCo, May 19, 2024, https://www.thoughtco.com/six-kingdoms-of-life-373414.

57 "Supply Chains Hold the Key to One Gigaton of Emissions Savings, Finds New Report," CDP, December 9, 2019, https://www.cdp.net/en/articles/media/supply-chains-holdthe-key-to-one-gigaton-of-emissions-savings-finds-new-report.

58 Melanie Nakagawa, "On the Road to 2030: Our 2022 Environmental Sustainability Report," Microsoft On the Issues, May 10, 2023, https://blogs.microsoft.com/on-theissues/2023/05/10/2022-environmental-sustainability-report/.

59 Tamas Cser, "The Cost of Finding Bugs Later in the SDLC," Functionize, January 5, 2023, https://www.functionize.com/blog/the-cost-of-finding-bugs-later-in-the-sdlc.

60 Roma Dhanani, "The History of Regenerative Sustainability," Akepa, November 17, 2023. https://thesustainableagency.com/blog/the-history-of-regenerationand-

regenerative-sustainability/.

61 "The Circular Economy in Detail," Ellen MacArthur Foundation, accessed January 15, 2024, https://www.ellenmacarthurfoundation.org/the-circular-economy-indetail-deep-dive.

62 Grassroots Carbon, "Grassroots Carbon to Provide Microsoft with Soil Carbon Storage Credits," PR Newswire, January 30, 2024, https://www.prnewswire.com/news-releases/grassroots-carbon-to-provide-microsoft-with-soilcarbon-storage-credits-302045925.html.

63 Mark Sullivan, "Satya Nadella: 'Absolutely, Tech Does Owe Something Back to Society,'" Fast Company, April 7, 2020, https://www.fastcompany.com/90486051/satya-nadellaabsolutely-tech-does-owe-something-back-to-the-society.

64 "Harnessing Right Speech: The Transformative Power of Words for a Brighter Tomorrow," FDCW, August 30, 2023, https://compassionandwisdom.org/harnessing-right-speech/.

65 Benedict Sheppard, Hugo Sarrazin, Garen Kouyoumjian, and Fabricio Dore, "The Business Value of Design," McKinsey & Company, October 25, 2018, https://www.mckinsey.com/capabilities/mckinsey-design/our-insights/the-business-value-of-design.

66 Chris Argyris, "Teaching Smart People How to Learn," Harvard Business Review 69, no. 3 (May 1991): 99–109. http://pds8.egloos.com/pds/200805/20/87/chris_argyris_learning.pdf.

67 "Adaptive Cycle." Resilience Alliance. Accessed February 25, 2024. https://www.resalliance.org/adaptive-cycle.

68 Stephen R. Carpenter and William A. Brock, "Adaptive Capacity and Traps," Ecology and Society 13, no. 2, (2008), http://www.jstor.org/stable/26267995.

69 Rokon Zaman, "Innovation S-Curve — Episodic Evolution," THE WAVES, November 30, 2023, https://www.the-waves.org/2022/03/13/innovation-s-curve-episodicinnovation-evolution/.

70 Neil Perkin, "A Structure for Continuous Innovation: Pioneers, Settlers, Town Planners," Medium, September 4, 2017, https://medium.com/building-the-agile-business/a-structure-for-continuous-innovation-pioneers-settlerstown-planners-2f33be932179.

71 Ben Horowitz, The Hard Thing About Hard Things: Building a Business When There Are No Easy Answers (New York, NY: Harper Collins, 2014), 150.

72 Jack Flynn, "16 Amazing Agile Statistics [2023]: What Companies Use Agile Methodology," Zippia, November 27, 2022, https://www.zippia.com/advice/agile-statistics/.

73 "Translating Nature's Intelligence Into Pathways for Cultural Evolution," Biomimicry for Social Innovation, accessed February 25, 2024, https://bsisocial.org/.

74 "What Is Biomimicry?" Biomimicry Institute, accessed February 21, 2023, https://biomimicry.org/what-isbiomimicry/.

75 "3Cs Model," Wikipedia, September 5, 2020, https://en.wikipedia.org/wiki/3Cs_model.

76 Derek Sivers, "First Follower: Leadership Lessons from Dancing Guy," YouTube, Derek Sivers, February 11, 2010, video, 2:57, https://www.youtube.com/watch?v=fW8amMCVAJQ.

77 "The Transtheoretical Model (Stages of Change)," Boston University School of Public Health, accessed February 25, 2024, https://sphweb.bumc.bu.edu/otlt/MPH-Modules/SB/BehavioralChangeTheories/BehavioralChangeTheories6.html.

78 "Know What Really Motivates People?" White Rhino. Accessed February 25, 2024. https://www.whiterhino.com/about.

79 Vlaskovits, Patrick. "Henry Ford, Innovation, and That 'Faster Horse' Quote." Harvard Business Review, August 29, 2011. https://hbr.org/2011/08/henry-ford-never-said-the-fast.

80 Irving Wladawsky-Berger, "It's All About Business Model Innovation, not New Technology," Wall Street Journal, November 2, 2018, https://www.wsj.com/articles/its-all-aboutbusiness-model-innovation-not-new-technology-1541185215.

81 Kate Duchene and Antonio Nieto-Rodriquez, "Creating a Cohesive Team for Corporate Transformation Projects," Harvard Business Review, September 29, 2023, https://hbr.org/2023/09/creating-a-cohesive-team-for-corporatetransformation-projects.

82 Gavriella Schuster, "Inspired and Powered by Partners," Official Microsoft Blog, February 5, 2019, https://blogs.microsoft.com/blog/2019/02/05/inspiredand-powered-by-partners/.

83 Biomimicry 3.8, a leader in bio-inspired innovation consulting, explains this in "Exploring the Power of Cooperative Relationships in Nature." Dayna Baumeister, "Exploring the Power of Cooperative Relationships in Nature," Biomimicry 3.8, April 29, 2019, https://synapse.bio/blog/2017/10/9/why-nature-fosters-cooperation.

84 Peter Jacobs, "Decision Rights: Who Gives the Green Light?" Harvard Business School, August 8, 2005, https://hbswk.hbs.edu/item/decision-rights-who-givesthe-green-light.

┃ 참고문헌 ┃

XBOX

Devictor, Gregory. "Year 2002 Fun Facts, Trivia, and History." HobbyLark, June 7, 2024. https://hobbylark.com/party-games/2002-Fun-Facts-Trivia.

Dimitrievski, Marko. "33 Evolutionary Gaming Statistics of 2024." TrueList, February 17, 2024. https://truelist.co/blog/gaming-statistics/.

Hollis, Daniel. "Looking Back at the E3 That Delivered Xbox Backwards Compatibility." Pure Xbox, June 7, 2021. https://www.purexbox.com/news/2021/06/feature_looking_back_at_the_e3_that_delivered_xbox_backwards_compatibility.

Horrigan, John B., and Lee Rainie. "Main Report: The Broadband Difference." Pew Research Center, June 23, 2002. https://www.pewresearch.org/internet/2002/06/23/mainreport-the-broadband-difference/.

Jasuja, Nick. "PlayStation 4 vs. Xbox One." Diffen. Accessed January 7, 2024. https://www.diffen.com/difference/PlayStation_4_vs_Xbox_One.

"Kinect." Wikipedia, February 1, 2024. https://en.wikipedia.org/wiki/Kinect#Sales.

Mehta, Kumar. The Innovation Biome: A Sustained Business Environment Where Innovation Thrives. Boston, MA: Harvard Business Review Press, 2017.

Spencer, Phil. "Building a Living and Learning Company Culture with Phil Spencer - DICE 2018." YouTube, IGN, February 21, 2018. Video, 45:09. https://www.youtube.com/watch?v=zXg1mEVwpIw.

Ulunma. "Before Facebook There Was… Friendster? Yes, That's Right!" Digital Innovation and Transformation, March 21, 2020. https://d3.harvard.edu/platform-digit/submission/before-facebook-there-was-friendster-yes-thats-right/.

Watts, Steve. "Why Xbox Game Pass Is So Attractive for Devs, Whether It Cannibalizes Sales or Not." GameSpot, March 24, 2023. https://www.gamespot.com/articles/why-xbox-game-passis-so-attractive-for-devs-whether-it-cannibalizes-sales-ornot/1100-6512698/.

"Xbox." Encyclopedia Britannica, June 29, 2024. https://www.britannica.com/technology/Xbox.

비주얼 스튜디오 코드

Christensen, Clayton M. The Innovator's Dilemma. Boston, MA: Harvard Business Review Press, 2016.

Cross, Marcus. "Top 5 Free & Premium Code Editors (Hand-Picked)." Crocoblock, January 15, 2024. https://crocoblock.com/blog/best-code-editors/.

"Eating Your Own Dog Food." Wikipedia, December 23, 2023. https://en.wikipedia.org/wiki/Eating_your_own_dog_food.

"Top IDE Index." Pypl.GitHub. Accessed December 2023. https://pypl.github.io/IDE.html.

마이크로소프트 오피스

"Good Design." Interaction Design Foundation. Accessed January 12, 2024. https://www.interaction-design.org/literature/topics/good-design.

"What Is Disruptive Innovation?" Harvard Business Review, December 2015. https://hbr.org/2015/12/what-is-disruptiveinnovation.

코그니티브 서비스

"Brad Rutter." Wikipedia. Accessed January 7, 2024. https://en.wikipedia.org/wiki/Brad_Rutter.

"Committed to Our Culture." Microsoft Careers. Accessed February 23, 2024. https://careers.microsoft.com/v2/global/en/culture.

"Ken Jennings." Wikipedia. Accessed January 15, 2024. https://en.wikipedia.org/wiki/Ken_Jennings.

Linn, Allison. "Microsoft's Project Oxford Helps Developers Build More Intelligent Apps." Microsoft: The AI Blog, May 6, 2015. https://blogs.microsoft.com/ai/microsofts-project-oxfordhelps-developers-build-more-intelligent-apps/.

"Microsoft Windows." Encyclopedia Britannica, July 2, 2024. https://www.britannica.com/technology/Microsoft-Windows.

Nikitina, Julia. "Cognitive Services Announced at //Build 2016: Azure Blog: Microsoft Azure." Microsoft Azure Blog, March 30, 2016. https://azure.microsoft.com/de-de/blog/cognitive-service-2016-03-30/.

Novet, Jordan. "Bill Gates Says Letting Android Win Mobile Was His 'Biggest Mistake' at Microsoft." CNBC, October 15, 2020. https://www.cnbc.com/2019/06/24/bill-gates-whymicrosoft-missed-mobile-and-let-android-get-ahead.html.

Roach, John. "Microsoft Improves Facial Recognition to Perform Well Across All Skin Tones." Microsoft: The AI Blog, June 26, 2018. https://blogs.microsoft.com/ai/genderskin-tone-facial-recognition-improvement/.

"Whole Earth Catalog." Wikipedia. Accessed February 23, 2024. https://en.wikipedia.org/wiki/Whole_Earth_Catalog#cite_note-4.

마이크로소프트 리서치

Dugan, Regina E., and Kaigham J. Gabriel. "Special Forces Innovation: How DARPA Attacks Problems." Harvard Business Review, October 2013. https://hbr.org/2013/10/specialforces-innovation-how-darpa-attacks-problems.

Gann, David. "Kodak Invented the Digital Camera – Then Killed It. Why Innovation Often Fails." World Economic Forum, June 23, 2016. https://www.weforum.org/agenda/2016/06/leading-innovation-through-the-chicanes/.

Garcia, Mariel. "An Open Letter to Microsoft: Drop Your $19.4 Million Ice Tech Contract." The Action Network. Accessed January 2, 2024. https://actionnetwork.org/petitions/an-openletter-to-microsoft-drop-your-194-million-ice-tech-contract.

"Global Mobile Phone Shipments Top 1 Billion Units in 2006." Strategy Analytics, January 24, 2007. https://www4.strategyanalytics.com/default.aspx?mod=pressreleaseviewer&a0=3260.

Lazonick, William and Matt Hopkins. "How Intel Financialized and Lost Leadership in Semiconductor Fabrication." Institute for New Economic Thinking, July 7, 2021. https://www.ineteconomics.org/perspectives/blog/how-intel-financializedand-lost-leadership-in-semiconductor-fabrication.

"Microsoft Research Timeline: 1991-2001." Microsoft News, September 5, 2001. https://news.microsoft.com/2001/09/05/microsoft-research-timeline-1991-2001/.

"The Meteoric Rise of Microsoft Research: An Oral History." Microsoft Research Blog, September 26, 2006. www.microsoft.com/en-us/research/blog/meteoric-rise-microsoft-research-oral-history.

"Xerox Alto." Wikipedia. Accessed January 23, 2024. https://en.wikipedia.org/wiki/Xerox_Alto.

빙

Calore, Michael. "Sept. 28, 1998: Internet Explorer Leaves Netscape in Its Wake." Wired, September 28, 2009. https://www.wired.com/2009/09/0928ie-beats-netscape/.

Dean, Brian. "Microsoft Bing Usage and Revenue Stats (New Data)." Backlinko, February 27, 2024. https://backlinko.com/bing-users.

Eichenwald, Kurt. "Microsoft's Lost Decade." Vanity Fair, July 24, 2012. https://www.vanityfair.com/news/business/2012/08/microsoft-lost-mojo-steve-ballmer.

Google. "Google Announces First Quarter 2008 Results." News release. April 17, 2008. https://www.sec.gov/Archives/edgar/data/1288776/000119312508083665/dex991.htm.

Hansell, Saul. "Where Does Microsoft Want You to Go Today?; The New Strategy: Keep Web Surfers Busy with a Series of MSN Sites." The New York Times, November 16, 1998. https://www.nytimes.com/1998/11/16/business/where-doesmicrosoft-want-you-go-today-new-strategy-keep-web-surfersbusy-with.html.

Hughes, John and Lawrence Atkins. "GPT-4: How Does It Work?" Speechmatics, March 14, 2023. https://www.speechmatics.com/company/articles-and-news/gpt-4-howdoes-it-work.

Keeley, Larry, Helen Walters, Ryan Pikkel, and Brian Quinn. Ten Types of Innovation: The Discipline of Building Breakthroughs. New York, NY: John Wiley & Sons, 2013.

Kamali, Kaveh. "The Revolution of Deep Learning in 2012: A Paradigm Shift in Artificial Intelligence." Medium, September 22, 2023. https://medium.com/@kaveh.kamali/the-revolutionof-deep-learning-in-2012-a-paradigm-shift-in-artificialintelligence-d4fdbfa87a42.

Microsoft. Annual Report 2006. Redmond, WA: Microsoft, 2006. https://www.microsoft.com/investor/reports/ar06/staticversion/10k_dl_dow.html.

Mehdi, Yusuf. "Confirmed: The New Bing Runs on OpenAI's GPT-4." Microsoft Bing Blog, March 14, 2023. https://blogs.bing.com/search/march_2023/Confirmed-the-new-Bing-runson-OpenAI E2%80%99s-GPT-4.

Routley, Nick. "Internet Browser Market Share (1996–2019)." Visual Capitalist, January 20, 2020. https://www.visualcapitalist.com/internet-browser-market-share/.

"Search Engine Market Share Worldwide." Statcounter Global Stats. Accessed January 7, 2024. https://gs.statcounter.com/search-engine-market-share#monthly-201201-201212.

"Sergey Brin and Larry Page." Lemelson MIT. Accessed February 22, 2024. https://lemelson.mit.edu/resources/sergey-brin-and-larry-page.

"Top Search Engine Market Share in March 2022." Similarweb. Accessed February 22, 2024. https://www.similarweb.com/engines/.

책임 있는 혁신

Bailey, Regina. "Guide to the Six Kingdoms of Life." ThoughtCo, May 19, 2024. https://www.thoughtco.com/six-kingdoms-of-life-373414.

Crampton, Natasha. "Reflecting on Our Responsible AI Program: Three Critical Elements for Progress." Microsoft On the Issues, May 1, 2023. https://blogs.microsoft.com/on-the-issues/2023/05/01/responsible-ai-standards-principlesgovernance-progress/.

Cser, Tamas. "The Cost of Finding Bugs Later in the SDLC." Functionize, January 5, 2023. https://www.functionize.com/blog/the-cost-of-finding-bugs-later-in-the-sdlc.

Dhanani, Roma. "The History of Regenerative Sustainability." Akepa, November 17, 2023. https://thesustainableagency.com/blog/the-history-of-regeneration-and-regenerative-sustainability/.

Grassroots Carbon. "Grassroots Carbon to Provide Microsoft with Soil Carbon Storage Credits." PR Newswire, January 30, 2024. https://www.prnewswire.com/news-releases/grassrootscarbon-to-provide-microsoft-with-soil-carbon-storagecredits-302045925.html.

Nakagawa, Melanie. "On the Road to 2030: Our 2022 Environmental Sustainability

Report." Microsoft On the Issues, May 10, 2023. https://blogs.microsoft.com/on-theissues/2023/05/10/2022-environmental-sustainability-report/.

"OpenAI Charter." OpenAI. Accessed April 9, 2018. https://openai.com/charter.

Sullivan, Mark. "Satya Nadella: 'Absolutely, Tech Does Owe Something Back to Society.'" Fast Company, April 7, 2020. https://www.fastcompany.com/90486051/satya-nadellaabsolutely-tech-does-owe-something-back-to-the-society.

"Supply Chains Hold the Key to One Gigaton of Emissions Savings, Finds New Report." CDP, December 9, 2019. https://www.cdp.net/en/articles/media/supply-chains-hold-the-keyto-one-gigaton-of-emissions-savings-finds-new-report.

"The Circular Economy in Detail." Ellen MacArthur Foundation. Accessed January 15, 2024. https://www.ellenmacarthurfoundation.org/the-circular-economy-in-detaildeep-dive.

패턴 1: 매일 혁신

Argyris, Chris. "Teaching Smart People How to Learn." Harvard Business Review 69, no. 3 (May 1991): 99–109. http://pds8.egloos.com/pds/200805/20/87/chris_argyris_learning.pdf.

"Harnessing Right Speech: The Transformative Power of Words for a Brighter Tomorrow." FDCW, August 30, 2023. https://compassionandwisdom.org/harnessing-right-speech/.

Sheppard, Benedict, Hugo Sarrazin, Garen Kouyoumjian, and Fabricio Dore. "The Business Value of Design." McKinsey & Company, October 25, 2018. https://www.mckinsey.com/capabilities/mckinsey-design/our-insights/the-business-value-of-design.

패턴 2: 수년간의 혁신

"Adaptive Cycle." Resilience Alliance. Accessed February 25, 2024. https://www.resalliance.org/adaptive-cycle.

Carpenter, Stephen R., and William A. Brock. "Adaptive Capacity and Traps." Ecology and Society 13, no. 2, (2008). http://www.jstor.org/stable/26267995.

Flynn, Jack. "16 Amazing Agile Statistics [2023]: What Companies Use Agile Methodology." Zippia, November 27, 2022. https://www.zippia.com/advice/agile-statistics/.

Horowitz, Ben. The Hard Thing About Hard Things: Building a Business When There Are No Easy Answers. New York, NY: Harper Collins, 2014.

Perkin, Neil. "A Structure for Continuous Innovation: Pioneers, Settlers, Town Planners." Medium, September 4, 2017. https://medium.com/building-the-agile-business/a-structure-for-continuous-innovation-pioneers-settlers-town-planners-2f33be932179.

"Translating Nature's Intelligence Into Pathways for Cultural Evolution." Biomimicry for Social Innovation. Accessed February 25, 2024. https://bsisocial.org/.

"What Is Biomimicry?" Biomimicry Institute. Accessed February 21, 2023. https://biomimicry.org/what-is-biomimicry/.

Zaman, Rokon. "Innovation S-Curve — Episodic Evolution." THE WAVES, November 30, 2023. https://www.the-waves.org/2022/03/13/innovation-s-curve-episodic-innovation-evolution/.

패턴 3: 모두가 함께하는 혁신

"3Cs Model." Wikipedia, September 5, 2020. https://en.wikipedia.org/wiki/3Cs_model.

"Know What Really Motivates People?" White Rhino. Accessed February 25, 2024. https://www.whiterhino.com/about.

Sivers, Derek. "First Follower: Leadership Lessons from Dancing Guy." YouTube, Derek Sivers, February 11, 2010. Video, 2:57. https://www.youtube.com/watch?v=fW8amMCVAJQ.

"The Transtheoretical Model (Stages of Change)." Boston University School of Public Health. Accessed February 25, 2024. https://sphweb.bumc.bu.edu/otlt/MPH-Modules/SB/BehavioralChangeTheories/BehavioralChangeTheories6.html.

Vlaskovits, Patrick. "Henry Ford, Innovation, and That 'Faster Horse' Quote." Harvard Business Review, August 29, 2011. https://hbr.org/2011/08/henry-ford-never-said-the-fast.

패턴 4: 기술 이상의 혁신

Baumeister, Dayna. "Exploring the Power of Cooperative Relationships in Nature." Biomimicry 3.8, April 29, 2019. https://synapse.bio/blog/2017/10/9/why-nature-fosters-cooperation.

Duchene, Kate, and Antonio Nieto-Rodriquez. "Creating a Cohesive Team for Corporate Transformation Projects." Harvard Business Review, September 29, 2023. https://hbr.org/2023/09/creating-a-cohesive-team-for-corporate-transformation-projects.

Jacobs, Peter. "Decision Rights: Who Gives the Green Light?" Harvard Business School, August 8, 2005. https://hbswk.hbs.edu/item/decision-rights-who-gives-the-green-light.

Schuster, Gavriella. "Inspired and Powered by Partners." Official Microsoft Blog, February 5, 2019. https://blogs.microsoft.com/blog/2019/02/05/inspired-and-powered-by-partners/.

Wladawsky-Berger, Irving. "It's All About Business Model Innovation, not New Technology." Wall Street Journal, November 2, 2018. https://www.wsj.com/articles/its-all-aboutbusiness-model-innovation-not-new-technology-1541185215.

**내부자가 파헤치는
마이크로소프트 혁신의 비밀**

1판 1쇄 인쇄 2025년 10월 21일
1판 1쇄 발행 2025년 10월 30일

지은이 딘 캐리그넌, 조앤 가빈
옮긴이 이윤진
펴낸이 김기옥

경제경영사업본부장 모민원
경제경영팀 박지선, 양영선
마케팅 박진모
경영지원 고광현
제작 김형식

표지디자인 유어텍스트
본문디자인 푸른나무디자인
인쇄 · 제본 민언프린텍

펴낸곳 한스미디어(한즈미디어(주))
주소 04037 서울특별시 마포구 양화로 11길 13(서교동, 강원빌딩 5층)
전화 02-707-0337 | 팩스 02-707-0198 | 홈페이지 www.hansmedia.com
출판신고번호 제 313-2003-227호 | 신고일자 2003년 6월 25일

ISBN 979-11-94777-62-5 (03320)

책값은 뒤표지에 있습니다.
잘못 만들어진 책은 구입하신 서점에서 교환해 드립니다.